中国财产保险运行

政策与市场

王向楠 边文龙 著

商务印书馆

图书在版编目(CIP)数据

中国财产保险运行:政策与市场/王向楠,边文龙著.—北京:商务印书馆,2020
ISBN 978-7-100-19241-5

Ⅰ.①中… Ⅱ.①王…②边… Ⅲ.①财产保险—研究—中国 Ⅳ.①F842.65

中国版本图书馆CIP数据核字(2020)第252831号

权利保留,侵权必究。

中国财产保险运行:政策与市场
王向楠 边文龙 著

商 务 印 书 馆 出 版
(北京王府井大街36号 邮政编码100710)
商 务 印 书 馆 发 行
北京虎彩文化传播有限公司印刷
ISBN 978-7-100-19241-5

2020年10月第1版 开本 880×1230 1/32
2020年10月北京第1次印刷 印张 9⅝
定价:58.00元

前　言

保险是个人家庭、企业和社会进行风险管理的一种基本方法，是金融体系和社会保障体系的一个支柱，是市场经济的重要制度之一。财产保险承保各类财产及相关利益，内涵丰富，2018年，中国财产保险部门为全社会提供风险保额2261万亿元，保费收入达到10770亿元，中国位居世界第二大财产保险市场。但是，从财产保险的深度和密度、对灾害事故损失的赔付程度、在人民生产生活中的必需程度、占金融业资产的比重、在服务贸易中的贡献等指标上看，中国与发达国家之间仍有很大的差距。发展财产保险对于满足人民日益增长的美好生活需要以及实现更平衡更充分的发展、对于中国实现从风险损失大国向风险管理强国的转变，均具有重要意义。

本书研究中国财产保险的运行状况，进而提出继续改革发展的建议。本书的创新意义在于如下两个方面。（1）本书从"政策"到"市场"，从"主导险种（车险）"到"其他险种"以及从"行业整体"到"单个公司"，研究了近些年中国财产保险运行中的多个重要话题。（2）本书的每一章在研究的话题/视角、论证方法、数据资料、对策建议等的一个或多个方面均有创新性尝试，对此，请具体参见各章。

根据所关注的研究视角和对象，本书分为4篇：第一篇是"侧重政策——车险"，第二篇是"侧重政策——非车财产保险"，第三篇是"侧重市场——行业篇"，第四篇是"侧重市场——公司篇"。每篇3章，共12章。

第一篇（第一—三章）侧重从"政策"角度分析机动车辆保险——中国财产保险业的第一大险种。费率市场化是保险业的价格改革，第一章通过理论模型证明了：保险公司以利润最大化为目标并能够对风险定价时，费率市场化能够通过"丰富条款"和"差别费率"机制同时实现"效率"和"安全"两个目标，并促进不同风险的消费者在价格上的"公平"；该章运用宏观政策评估模型，分析了2011年启动的深圳车险费率市场化改革试点的效果。2015年2月，中国启动了全国范围的商业车险费率市场化改革，第二章采用省际月度面板数据研究了这次改革对商业车险的市场规模、竞争程度和成本费用状况以及交强险运行状况的影响。道路交通安全第三者强制责任保险在中国已经运行了十多年，第三章分析中国交强险的整体运行状况以及交强险运行在车种、地区和公司3个维度上的结构性差异；该章还从6个方面分析了中国交强险的制度特点。

第二篇（第四—六章）侧重从"政策"角度分析农业、巨灾和环境污染责任保险这三个政策支持力度大的财产保险险种。中国的农业保险发展很快但地区差异明显，河南省是农业大省，其农业保险发展很快但仍有较大的提升空间，第四章总结了河南省农业保险发展的若干经验，分析了存在的问题（或困难）及其原因，提出相应的对策建议。中国是巨灾频发的国家，在防灾、救灾和减灾过程中，仅依靠政府的力量是不够的，第五章从模式、范围和类型、风险管理和分散机制、政策支持等方面比较分析了中国和美国的巨灾保险，并提出建设中国巨灾保险制度的对策建议。环境污染责任保险是国家治理生态环境问题的重要工具，中国环责险的普及程度还很低，第六章分析了美国环责险的建设过程和制度特点，结合中国国情，提出发展中国环责险的对策建议。

第三篇（第七—九章）侧重从"市场"角度分析财产保险"行业"的运行状况。第七章从行业发展程度、赔付水平、公司整体状况、产品结构等方面描述中国地级地区的财产保险行业状况。相对于大多数中高收入国家（或地区），中国财产保险市场的价格和集中度都偏高，普惠性和竞争性不强，第八章估计了市场集中度对中国财产保险价格的影响，其中，通过工具变量法处理了市场集中度的内生性问题。互联网改变了社会生产生活方式，第九章先将互联网解释为一种大幅降低信息搜寻成本的工具，分析了互联网普及如何影响中国财产保险的价格水平和价格离散程度。

第四篇（第十一十二章）侧重从"市场"角度分析财产保险"公司"的运行状况。第十章分析和解释了中国财产保险业的"速度规模"、"效益质量"和"社会贡献"三大类共12个经营指标的变化情况和分布情况。第十一章研究哪些因素影响了财产保险公司在12个经营指标上的"得分"。风险管理与长期储蓄是保险的基本功能，投资也是保险的重要功能，第十二章研究投资业务对财产保险公司经营效率产生的影响，并从国际比较视角分析中国财产保险公司收入中的投资贡献程度及其形成原因。

对于本书一些章节的合作研究，作者感谢：郭金龙研究员（中国社会科学院保险与经济发展研究中心主任，毕业于中国社会科学院研究生院）、韩文龙教授（西南财经大学经济学院经济系主任，毕业于西南财经大学）、李冉博士（就职于国际清算银行亚洲代表处，毕业于北京大学）、周华林博士（就职于云南财经大学，毕业于中国社会科学院研究生院）、谢璐博士（就职于成都理工大学，毕业于西南财经大学）、冯凌硕士（就职于长城国瑞证券股份公司，毕业于澳大利亚国立大学）。

  本书的错误由作者承担。作者也希望就本书及相关的研究内容与读者探讨。

王向楠、边文龙

目 录

第一篇　侧重政策——车险

第一章　保险费率市场化的机理和评估：基于深圳车险改革试点……　3
第二章　车险费率市场效果：基于2015年启动的全国改革…………　41
第三章　交强险的运行状况、制度特点及其完善……………………　65

第二篇　侧重政策——非车财产保险

第四章　农业保险在不发达地区的运行及其完善……………………　89
第五章　巨灾保险制度的中美比较……………………………………　107
第六章　环境污染责任保险的功能和美国经验………………………　119

第三篇　侧重市场——行业篇

第七章　中国地级地区财产保险市场状况……………………………　131

第八章　财产保险的市场集中度与价格………………………… 139

第九章　互联网普及对财产保险价格的影响…………………… 169

第四篇　侧重市场——公司篇

第十章　财产保险公司的经营绩效评价………………………… 205

第十一章　财产保险公司特征对经营绩效的影响……………… 233

第十二章　财产保险公司的投资业务与经营效率……………… 254

参考文献………………………………………………………………… 285

第一篇

侧重政策——车险

第一章
保险费率市场化的机理和评估：基于深圳车险改革试点

一、问题的提出

以利率市场化、汇率市场化和费率市场化为主的价格体制改革是中国金融改革的核心组成部分。市场化改革的目标是真正实现通过价格引导市场供给和需求，提高资源配置效率，促进经济稳定发展，提高社会福利。已有文献主要探讨了银行业利率市场化和人民币汇率市场化的时机选择及其影响（陈彦斌、陈小亮和陈伟泽，2014；熊衍飞、陆军和陈郑，2015），但鲜有文献研究保险市场的费率改革问题，尤其从理论上解释改革的机理以及对改革效果进行严谨的评估。做为金融体系的支柱力量之一，中国保险市场的费率改革一直在探索中前进，近几年的改革主要集中在两个领域：机动车险（简称"车险"）的条款费率市场化改革和人寿保险（简称"寿险"）的预定利率市场化改革。这两个领域改革的目标是建成科学合理的产品和价格的市场化形成机制，并引导市场供给主体形成自主定价、自主经营、自负盈亏的理性经营意识。2014年8月，国务院印发《关于加快发展现代保险服务业的若干意见》（保险业"新国十条"），在"深化保险行业改革"中提出，"全面深化寿险利率市场化改革，稳步开展商业车险费率市场化改革",明确了保险产品费率市场化改革的步调、决心与方向。

车险是中国财产险市场的主导性险种。1988年中国车险保费收入超过20亿元,占财产险业保费收入的37.6%。此后,车险一直是中国财产险业的第一大险种。2016年中国车险保费收入6834.55亿元,占财产险业的73.76%。中国是世界第二大车险市场。由于车险业务涉及众多普通消费者,产品复杂多样,占财产险业的业务比重大,车险条款费率市场化改革是保险市场费率改革的难点。中国于2013年8月、2015年2月和2015年10月分别开始了普通型寿险、万能型寿险和分红寿险的费率市场化,寿险费率的市场化形成机制初步确立,所以中国车险产品的市场化改革滞后于寿险产品。总之,车险条款费率市场化改革的成败事关整个保险业的稳定与发展。

评估某个金融领域市场化改革的效果,有两个标准。(1)改革是否推动了该产品或行业的增长,让更多的消费者愿意购买并且能够消费该产品,这主要是通过平均价格的降低和产品多样化来实现的。这可以称为"效率"目标。(2)改革是否维护了该行业的稳定,而不是造成行业中大量供给主体亏损破产,甚至诱发系统性、区域性金融风险。这可以称为"安全"目标。如果市场化改革提升了"效率"并且维护了"安全",那么,改革是"好的"和"可行的"。政策制定者通常要根据客观条件来设计制度去追求和权衡两个目标。

2010年6月,中国保监会在深圳启动了车险条款费率市场化改革试点。我们先是结合此次改革试点的背景和内容,通过构建理论模型说明保险条款费率市场化改革的作用机理。然后,基于2006年一季度—2014年二季度深圳和4个直辖市以及另外4个计划单列市（北京、天津、上海、重庆、大连、青岛、宁波和厦门）的保费收入和赔付支出的数据，采用Hsiao、Ching和Wan（2012）提出的面板数据项目评估方法进行实证研究。理论模型的数值模拟和实证研究得到的结论一致：费率市场化改革可以增加保费收入和降低赔付率。车险费率的市场化改革能够通过"丰富条款"和"差别费率"的机制同时实现"效率"和"安全"两个目标，并促进了不同风险消费者在价格上的"公平"。

与本章相关的研究主要是考察费率管制/市场化对保险市场影响的国外文献，其研究对象主要集中在车险市场。这些文献关注的主要是"费率"管制是设置了费率"上限"还是"下限"，认为费率管制政策面临"可负担性"和"可得性"的权衡；但是，在所研究的经济体中，保单"条款"可以是丰富多样的，保险公司也有数据和经营技术来识别被保险人的风险，使得不同被保险人的费率随自身的风险状况而变化。中国车险条款费率管制固然会令全行业的费率水平整体上高于或低于无管制时的费率，但更重要的问题是，保险公司不能通过设计多样化的保单条款来实现对不同风险的被保险人的差别定价，从而造成被保险人之间的交叉补贴和逆向选择问题。

此外，中国保险业处于初级发展阶段，车险的经营和管制环境还有不同于发达经济体的一些特点。（1）中国财产险公司数目较少，市场垄断程度较高。例如，2004—2013年，中国年均有48.48家财产险公司，而美国年均有3381家，OECD的33个国家（不含美国）平均起来年均有100家左右（数据来自：《中国保险年鉴》和OECD Insurance Statistics）。（2）中国车险产品的条款粗糙，保险公司的定价能力较弱。例如，美欧车险定价中普遍纳入了驾驶员因素（性别、年龄、婚姻状况、教育程度、驾龄、理赔记录、信用状况等）、机动车因素（型号、年份、安全设备、维修点位置等）、用途因素（上下班、旅行或营运、行驶里程等）、地区因素等，这些因素中大部分在近几年才开始被中国财产险公司考虑做为定价因素。（3）中国居民的保险知识和保险意识较弱，保险没有进入必需品行列，所以中国车险的管制也基本不存在"剩余市场"（residual market）问题，即政府不需要出面承保由于风险较高而"被剩下"的被保险人，或者将这部分被保险人强制分配给各家财产险公司。因此，车险产品市场化改革产生影响的主要作用机理在中国与发达经济体之间存在差异。

少数国内学者研究了中国第一次车险条款费率市场化改革试点（2001年10月至2003年1月于广东省）和全国车险条款费率市场化（2003年1月至2005年12月）的情况。为了解释2003年条款费率市场化后车险业赔付率的上升，董志勇（2011）通过建立线性需求函数证明了保险公司的目标为收入最大化时的赔付率高于目标为利润最大化时的赔付率，并认为当时的保险公司以收入最大化为目标、过度追求扩大市场规模是造成费率市场化后赔付率上升的主要原因。崔惠贤（2012）通过建立博弈模型说明：保险公司以收入最大化为目标是车险市场化时期行业赔付率上升的主要诱因。不过，这两篇文献仅对保险公司的行为进行建模分析，没有考虑被保险人的行为以及被保险人与保险公司的互动；其次，他们没有对改革的核心内容——从单一的条款和定价转向差别的条款和定价进行建模；最后，他们没有进行经验检验。此外，这两篇文献也均没有研究第二轮车险条款费率市场化改革的情况。

与以往相比，深圳车险费率改革试点的整体环境已经大为改善。（1）中国保险业建立了偿付能力监管系统（2003年起）和公司治理监管制度（2006年起），推动保险公司的经营理念从注重规模、速度向注重质量、效益的方向转变。（2）各家保险公司的数据积累更多，深圳市的车险信息共享平台已经建立完毕并运行良好，并且保险公司在精算、承保、理赔等方面的技术水平有很大提高。这些条件使得保险公司有能力根据机动车和车主的多种特征，较为准确地评估被保险人的真实风险状况并且区别定价。

本章从以下三个方面拓展了现有文献。（1）通过构建基于信息经济学的理论模型，说明了车险条款费率市场化改革的作用机理。本章证明了，保险公司在利润最大化的目标下，根据被保险人的风险特征提供差异化的产品，能够实现：更多潜在的被保险人主动投保和被承保，增加了保费收入；不同风险的被保险人以不同的费率被承保，克服逆向选择，降低赔付率。此外，我们还通过理论模型讨论了2003—2005年第一次车险条款费率市场化效果较差的原因。

（2）在经验研究方法上，我们利用深圳的改革试点，首次采用Hsiao、Ching和Wan（2012）[简称"HCW（2012）"]的"宏观政策评估模型"衡量金融保险业市场化改革的效果。当一项政策出台后，如何评估政策效果一直是决策层关心的问题。传统的做法有两种：比较个体在实施政策前后的变化或者比较受政策影响的个体和不受政策影响的个体在实施政策后的差异。前者无法控制随时间变化的不可观察因素对个体的影响,后者没有控制两组个体的异质性。在微观计量领域,双重差分法(Difference in Differences)以及断点回归设计(Regression Discontinuity Design,RDD)得到了广泛应用,它们基于"反事实"的思想,用可观察的控制组去模拟假设实验组没有受到政策影响时的状态,比如,曾海舰和苏冬蔚(2010)运用双重差分法探讨了信贷政策对公司资本结构的影响;张川川和陈斌开(2014)基于只有年满60周岁的老人才能领取养老金的政策规定,采用断点回归设计考察了农村"社会养老"对"家庭养老"的替代性。然而,上述方法都需要假设有足够多的样本进入"实验组"和"对照组"。对于一项宏观政策来说,它的实验组可能只有1个或少数几个:美联储实施量化宽松政策的对象只有美国;2011年中国实施房产税的试点城市只有重庆和上海;2011年车险费率市场化改革的试点城市只有深圳。在这种情况下,无法用双重差分方法和断点回归方法评估相关政策的效果。对于这种情况,Hsiao、Ching和Wan(2012)提出了一个宏观政策评估模型,它的实验组只有1个,巧妙地利用实验组和对照组之间的相关性衡量某项政策的效果。本章采用Hsiao、Ching和Wan(2012)的模型评估中国车险条款费率市场化改革的效果。

（3）在研究结论上,我们发现,较之于假设没有发生市场化改革的情形,深圳车险条款费率市场化改革使得市场规模扩大(保费收入增加)了,同时赔付率下降了。这说明车险市场化改革令消费者和行业经营主体均受益,符合理想的改革的"效率"和"安全"标准。本章结论具有重要的政策含义:由于车辆保险信息共享平台建立等原因,中国保险公司已经基本能够根据被保险人的风险状况差别定价；由于偿付能力监管制度已经有效运行等原因，中国保险公司普遍以利润最大化为经营目标。中国应当推广深圳的试点经验，在全国层面实施车险条款费率的市场化改革。

本章随后部分的结构安排如下：第二节梳理中国车险市场发展和保险监管体制的演变历程；第三节基于不同于发达国家的、中国保险市场的特点构建理论模型，分析车险条款费率市场化改革的作用机制；第四节说明计量模型、数据，分析经验结果；第五节讨论中国第一次车险市场化改革（2003—2005年）为什么没有取得预期成果；第六节提出对策建议。

二、中国商业车险条款费率形成机制

梳理中国车险市场及其监管体制的发展演变历程，可以发现：自1979年11月中国保险业"复业"，车险条款费率形成机制经历了5个阶段：从"监管审定"、"监管统颁"到"市场化的初步探索"，再回归"行业协会统颁"，最后到目前的"第二轮市场化改革"。在"监管统颁"和"行业协会统颁"时期各开展了一次市场化改革试点。

（一）中国车险条款费率形成机制的五个阶段

1. 监管机构审定车险条款费率阶段（1979年11月—1995年2月）。

2. 监管机构"统颁"车险条款费率阶段（1995年2月—

2003年12月）。

3. 车险条款费率市场化初步探索阶段（2003年1月—2005年12月）。

4. 行业协会"统颁"车险条款费率阶段（2005年12月—2015年6月）。

以上四个阶段的演变过程和主要特点请见《金融监管蓝皮书：中国金融监管报告（2017）》（胡滨等编）中的专题报告《中国保险费率监管机制的回顾和改革》（王向楠撰写）。

5. 第二轮市场化改革阶段（2015年6月至今）。在此行业协会"统颁"车险条款费率阶段，中国车险市场的费率战得到治理。然而，和其他一些领域的行政管制一样，行业协会"统颁"车险条款费率存在很多问题。（1）各经营主体只能使用统一的产品和价格，与中国经济体制的市场化改革方向不符。（2）车险条款费率制定得比较粗放，车辆划分笼统，各家公司的车险费率标准仅与座位数、车龄、新车购置价这3个因素相关，对"风险"因素的考虑不足。价格信号失灵使得高风险被保险人的实际价格偏低、低风险被保险人的实际价格偏高，造成了被保险人之间的交叉补贴和逆向选择问题。（3）消费者投保车险的积极性不高，有调查数据显示，2007年中国车险的投保率仅为38.70%［数据来源：《中国机动车保险市场发展报告（2014）》，2015］。（4）给保险公司竞争和创新空间不足，难以激发车险市场的活力。

2015年6月起，新一轮商业车险条款费率改革试点启动，先在黑龙江、山东、山东青岛、广西、重庆、陕西等6个地区（青岛为计划单列市，下文关于计划单列市不再说明）试点实施。在此之前，保险行业已经进行了精心准备，多家保险公司申报了新的商业车险条款费率。2016年1月起，试点地区扩大到天津、内蒙古、吉林、安徽、河南、湖北、湖南、广东、四川、青海、宁夏、新疆等18个省区市。在总结前期试点改革经验的基础上，2016年7月起，全国范围内实施了"商车费改"试点。

按照"先条款后费率、先统一后差异"的原则，此次"商车费改"试点包括3项主要内容：（1）建立健全商业车险条款形成机制，包括行业示范条款和创新型条款形成机制；（2）建立健全商业车险费率形成机制，包括建立行业基准纯风险保险费的形成、调整机制，逐步扩大保险公司的费率厘定自主权；（3）加强和改善商业车险条款费率监管，主要包括建立对条款费率的动态监管机制和完善偿付能力监管制度。

（二）中国车险条款费率市场化改革的两次试点

1. 第一轮车险条款费率市场化改革试点——广东省（2001年10月—2002年12月）。在车险条款费率市场化开始全国铺开（2003年1月）之前的2001年10月，中国保监会发布通知规定，车险在广东省不再做为主要险种管理，其条款费率由各保险公司自主开发和厘定后报送保监会备案。自此，广东省开始了中国第一轮的车险条款费率市场化改革试点。在此轮试点中，广东省车险市场上产品有所丰富，保险公司竞争和改进服务的意识有所提高，但是，车险市场上的保险价格和手续费竞争非常激烈，2001和2002年的车险赔付率分别增长了3.74个百分点和11.26个百分点，行业陷入亏损状态［数据来源：《中国机动车保险市场发展报告（2014）》，2015］。

造成这种局面主要有两个原因。(1)当时的保险公司普遍以保费收入最大化而不是以利润最大化为目标,致使保险公司不计成本进行规模扩张,缺乏效益和风险管理的意识。以1986年成立的中国第二家保险公司——中华联合为例,该公司从2001到2008年(2009年该公司被保监会接管)的车险保费收入年复合增长率为88%,高于行业66个百分点,市场份额从0.41%(排名第8)上升到8.40%(排名第4);但是这一时期,该公司车险赔付率高出全行业整体水平37个百分点,公司平均的资产利润率为-10.99%。(2)当时保险公司的数据积累很少,中国还没有建立车辆保险信息共享平台,保险公司难以获得被保险人的交通违章次数、保险赔付次数和累积赔付金额等能够反映被保险人风险状况的重要信息[1],并且保险公司在精算、承保、理赔等方面的技术水平非常有限[2]。这使得即使放开条款费率管制,由于保险公司不够重视风险定价且缺乏技术,没有根据被保险人的风险状况制定车险费率。

2. 第二轮车险条款费率市场化改革试点——深圳市(2011年3月启动)。历经近6年的等待,中国保监会再次启动了车险条款费率市场化改革,并将深圳做为试点城市。2010年6月,保监会发布了《关于在深圳开展商业车险定价机制改革试点的通知》,规定"此次改革试点立足于丰富产品体系,建立科学合理

---

[1] 周桦和曾辉(2008)使用两种参数估计的研究发现,整体上讲,车险市场的确存在信息不对称情况,但是高额赔付部分的不对称信息情况并不明显。

[2] 中国于2006年7月开始建设车辆保险信息共享平台,该平台通过计算机网络和远程信息系统,实现了公安交通管理部门、保险监管机构、保险行业协会及各省级保险公司之间的车辆保险动态数据信息互联共享。

的车险费率形成机制，满足消费者的多样化保险需求，形成公平、有序的市场竞争环境。"《通知》允许各家财产险公司自主开发基于不同客户群体、不同销售渠道的车险深圳专用产品，报保监会审批后在深圳地区使用。2011年3月起，商业车险深圳专用产品开始进入深圳市场。

与第一次试点相比，此次试点的整体环境已经大为改善。（1）中国保险市场上存在的"粗放式"发展理念有了很大转变，尤其是经历第一次试点失败的教训后，各财产险公司逐渐从单纯追求规模扩张逐渐转变为以利润最大化为经营目标。中国保险业开始建立的偿付能力监管制度（2003年起）和公司治理监管制度（2006年起）对保险公司转变经营理念产生了重要影响。（2）各家保险公司的数据积累更多，深圳市的车险信息共享平台已经建立完毕并运行良好，并且保险公司在精算、承保、理赔等方面的技术水平有很大提高。这些条件使得保险公司可以根据机动车和车主的多种特征，准确评估被保险人的真实风险状况并且区别定价，实现车险业务的"精细化"经营。

最后，本节需要说明"交强险"。2004年5月《道路交通安全法》实施，规定"国家实行机动车第三者责任强制保险制度"；2006年3月，国务院正式公布《机动车交通事故责任强制保险条例》（简称《交强险条例》）；2006年7月，全国统一施行了"机动车交通事故责任强制保险"（简称"交强险"）。《交强险条例》规定：①交强险实行全国统一的保险条款和费率；②保监会按照不盈利不亏损的原则审批交强险费率；③保险公司的交强险业务与其他保险业务分开管理，单独核算。交强险实施后，虽然长期受到统一定价、统一赔付限额、风险分类粗糙等批评，但尚未进行改革[1]。如中国保监会2015年11月的工作报告写到，"商业车险市场化改革工作的开展，对完善交强险制度提供了有益的探索"，"保监会将积极会同有关部门加强调研和总结，深入研究交强险当前面临的主要问题，研究进一步发挥市场在交强险制度中的作用，推进交强险制度进一步完善"。因此，本章对车险条款费率市场化改革的分析不涉及交强险业务。

三、机理分析和研究假设

基于深圳车险费率市场化改革的背景，本节建立理论模型说明车险市场化改革的作用机理。我们首先介绍理论模型的基本假设和机制设计，继而在改革前、后两种环境下推导模型，最后报告采用Matlab软件进行数值模拟的结果。

（一）模型假设

模型假设主要包括两个部分，即核心改革内容假设和保险市场主体假设。（1）改革的核心内容是保险公司是否可以差异化定价，即，改革前保险公司采用单一条款和定价，而改革后保险公司根据被保险人的风险水平差异化定价。（2）在保险市场主体方面，假设被保险人是风险厌恶的，以期望效用最大化为目标；保险公司是风险中性的，以利润最大化为目标；保险合同由保险公司制定；车险市场是垄断市场。被保险人和保险公司的风险偏

---

1 资料来源：http://www.circ.gov.cn/web/site0/tab5171/info3978905.htm。

好和决策目标假设是相关文献中通常的做法，也与现实一致。考虑到研究寡头市场需要假设数量竞争、价格竞争、领导者竞争等不同竞争方式，会带来主观性和复杂性，我们假设车险市场为垄断市场。

假设被保险人拥有相同的初始财富 W，发生事故时所受损失为 d，但被保险人的风险水平 θ 是异质的，即，类型为 θ 的被保险人出险的概率为 θ，θ 在 $[0,1]$ 上服从均匀分布。被保险人的效用采用对数效用函数表示。

保险合同由无事故和有事故两种情况下被保险人从保险公司获得的净收入来表示。具体来说，令 α_1 表示被保险人向保险公司支付的保险费，α_1 表示事故发生时保险公司向被保险人赔付的保险金（记为 $\hat{a}_2$）减去保险费（α_1）。因此，被保险人 θ 的财富将服从两点分布：

$$\begin{cases} w-d+\hat{a}_2-\alpha_1=w-d+\alpha_2 & w.p.\ \theta \\ w-\alpha_1 & w.p.\ 1-\theta \end{cases} \quad (1.1)$$

为了方便推导和表述，引入正规化（以初始财富为基准进行标准化处理）的合同参数，$\{x_1, x_2\} = \{\alpha_1/w, \alpha_2/w\}$，引入反映被保险人初始财富—损失比率的参数 n，$n = w/d$。

（二）市场化改革前：单一条款和定价

在单一条款和定价情形下，保险公司考虑在某一价格下，潜在被保险人是否选择投保，进而推导出利润最大化的合同设定 $\{\alpha_1^b, \alpha_2^b\}$。

首先考虑被保险人行为。在某一保险合同（$\{x_1, x_2\} = \{\alpha_1/w$,

a_2/w})下,被保险人选择投保的条件是,当且仅当投保后的期望效用大于等于不投保时的期望效用,即:

$$U_\theta = (a_1, a_2) = \theta \ln(w-d+a_2) + (1-\theta)\ln(w-a_1) \geq \theta \ln(w-d) + (1-\theta)\ln(w) \quad (1.2)$$

或者表示为:

$$F(\theta) = \theta \ln\left(1 + \frac{n}{n-1}x_2\right) + (1-\theta)\ln(1-x_1) \geq 0_\circ \quad (1.3)$$

由于 $F(\theta)$ 关于 θ 连续和单调递增,且 $F(0) < 0$,$F(1) > 0$,因此存在唯一的 $\hat{\theta}_1$ 满足:

(a) $\theta \in [0, \hat{\theta}_1]$ 的被保险人,不愿意投保该合同;
(b) $\theta \in [\hat{\theta}_1, 1]$ 的被保险人,愿意投保该合同。

通过(1.3)式的 $F(\hat{\theta}_1) = 0$ 可得到:

$$\hat{\theta}_1 = \frac{\ln\left(\frac{1}{1-x_1}\right)}{\ln\left(1+\frac{n}{n-1}x_2\right) + \ln\left(\frac{1}{1-x_1}\right)} \in (0, 1)_\circ \quad (1.4)$$

虽然 $\theta \in [\hat{\theta}_1, 1]$ 的被保险人愿意投保该合同,但保险公司承保其中风险过高的被保险人将会产生损失,即,$(1-\theta)x_1 - \theta x_2 < 0$。因而存在另一个阈值:

$$\hat{\theta}_2 = \frac{x_1}{x_1+x_2}, \quad (1.5)$$

使得保险公司不会承保风险水平高于 $\hat{\theta}_2$ 的被保险人。

对于 $\theta \in [\hat{\theta}_1(x_1, x_2), \hat{\theta}_2(x_1, x_2)]$ 的被保险人,保险公司制定最优的单一定价组合以实现利润最大化。该问题表述为:

$$\text{Max}_{\{x_1,x_2\}} \int_{\hat{\theta}_1}^{\hat{\theta}_2} [(1-\theta)x_1 - \theta x_2] d\theta = x_1(\hat{\theta}_2 - \hat{\theta}_1) - \frac{\hat{\theta}_2^2 - \hat{\theta}_1^2}{2}(x_1 + x_2)$$

(1.6)

其中，$\hat{\theta}_1$、$\hat{\theta}_2$ 如（1.4）式、（1.5）式所示，均为 x_1 和 x_2 的函数。上式的最优解组合 $\{x_1, x_2\}$ 为初始财富—损失比率 n 的函数，记为 $\{x_1^b(n), x_2^b(n)\}$，两个阀值也为 n 的函数，记为 $[\hat{\theta}_1(n), \hat{\theta}_2(n)]$。

保险公司的总保费收入（标准化为单位初始财富）为：

$$GI_b = \int_{\hat{\theta}_1(n)}^{\hat{\theta}_2(n)} x_1^b d\theta = x_1^b(n)[\hat{\theta}_2(n) - \hat{\theta}_1(n)]。$$ （1.7）

总赔付支出（标准化为单位初始财富）为：

$$P_b = \int_{\hat{\theta}_1(n)}^{\hat{\theta}_2(n)} \theta(x_1^b + x_2^b) d\theta = \frac{x_1^b(n) + x_2^b(n)}{2}[\hat{\theta}_2^2(n) - \hat{\theta}_1^2(n)]。$$ （1.8）

赔付率为：

$$R_b = \frac{P_b}{GI_b}。$$ （1.9）

由于 GI_b、P_b、R_b 难以求得显示解，本节随后使用 Matlab 进行 Newton-Raphson 迭代求解。

（三）市场化改革后：差别条款和定价

在改革后，保险公司根据被保险人风险水平 θ 设计不同的合同。保险公司仍将在保证潜在被保险人投保期望效用不下降以及自身利润非负的条件下，确定保险合同。保险公司最优化问题表示为：

$$\text{Max}_{\{\alpha_1,\alpha_2\}} \pi = [(1-\theta)\alpha_1 - \alpha_2]$$
$$s.t.\ \theta\ln(w-d+\alpha_2)+(1-\theta)\ln(w-\alpha_1) \geq \theta\ln(w-d)+(1-\theta)\ln(w)$$
$$(1-\theta)\alpha_1 - \theta\alpha_1 \geq 0$$
(1.10)

首先，先考虑第一个效用约束是紧的，得到最优组合 $\{\alpha_1^a(\theta), \alpha_2^a(\theta)\}$ 满足：

$$w - d + \alpha_2^a = w - \alpha_1^a, \tag{1.11}$$

等价于：

$$\ln(w-\alpha_1^a) = \theta\ln(w-d) + (1-\theta)\ln(w)。 \tag{1.12}$$

进一步求得：

$$\alpha_1^a(\theta) = w\left(1 - \left(\frac{w-d}{w}\right)^\theta\right), \tag{1.13}$$

$$\alpha_2^a(\theta) = d - \alpha_1^a(\theta)。 \tag{1.14}$$

下面只需证明保险公司给被保险人 θ 的合同为 $\{\alpha_1^a(\theta), \alpha_2^a(\theta)\}$ 时，获得非负利润即可。证明如下：

$$\pi_a(\theta) = (1-\theta)\alpha_1^a(\theta) - \theta\alpha_2^a(\theta) = \alpha_1^a(\theta) - \theta d = w\left[1 - \left(\frac{w-d}{w}\right)^\theta\right] - \theta d$$
(1.15)

由于 $\pi_s(0) = 0$ 和 $\pi_s(1) = 0$，可以得到：

$$\pi_{a'}(\theta) = w\left(\frac{w-d}{w}\right)^\theta \ln\left(\frac{w-d}{w}\right) - d, \tag{1.16}$$

$$\pi_{a''}(\theta) = -w\left(\frac{w-d}{w}\right)^\theta \left[1\left(\frac{w-d}{w}\right)\right] < 0,\ \forall\theta \in [0,1]。 \tag{1.17}$$

因此，$\pi_a(\theta)$ 是 $[0,1]$ 上的凹函数，且两个端点的函数值为 0，故 $\pi_a \geq 0,\ \forall\theta \in [0,1]$。就此证明了 $\{\alpha_1^a(\theta), \alpha_2^a(\theta)\}$ 是关于被

保险人 θ 的最优合同。

保险公司的总保费收入（标准化为单位初始财富）为：

$$GI_a = \int_0^1 x_1^a \, d\theta = 1 + \frac{1}{n\ln\left(\frac{n-1}{n}\right)}。 \quad (1.18)$$

总赔付支出（标准化为单位初始财富）为：

$$P_a = \int_0^1 \theta(x_1^a + x_2^a) \, d\theta = \int_0^1 (\theta/n) \, d\theta = \frac{1}{2n}。 \quad (1.19)$$

赔付率为：

$$R_a = \frac{GI_a}{P_a} = \frac{1}{2n} \left/ \left[1 + \frac{1}{n\ln\left(\frac{n-1}{n}\right)}\right]\right.。 \quad (1.20)$$

（四）市场化效果模拟

我们通过数值模拟分别得到了车险市场改革前的保费收入和赔付率 $\{GI_b, R_b\}$、改革后的保费收入和赔付率 $\{GI_a, R_a\}$。在不同初始财富—损失比（n）的情形下，改革的影响如表1-1所示。结果显示，改革后由总保费收入所反映的市场规模扩大了，而赔付率降低了。

表1-1 市场化改革对保费收入和赔付率影响的模拟结果

初始财富—损失比	保费收入之差 （改革后—改革前）	赔付率之差 （改革后—改革前）
n	$GI_a - GI_b$	$R_a - R_b$
3	0.1697	−0.1326

（续表）

初始财富—损失比	保费收入之差 （改革后－改革前）	赔付率之差 （改革后－改革前）
4	0.1267	−0.0695
5	0.1011	−0.0427
6	0.0841	−0.0289
7	0.0720	−0.0209

此外，表1-1的模拟结果显示，损失占总财富的比重越高，改革带来的影响越大，这是与直觉相符的。（1）提高损失占总财富的比重，则改革前未承保人群（含 θ 靠近0和靠近1的人）的期望总损失增加，改革后这些人所交的保险费增加。因此，改革前后的保费收入的差距扩大。（2）提高损失占总财富的比重，则改革后被保险人期望损失与保险公司所收取保费的差额增加（由于保险公司占有了所有消费者剩余），赔付率降低，而改革前保险公司只能单一定价而无法完全占有消费者剩余，故赔付率降低的程度有限。因此，改革前后的赔付率的差距扩大了。

最后，需要说明的是，由于样本期间机动车交通事故责任强制保险业务没有进行市场化改革，本节的理论模型没有考虑交强险业务。如果考虑，只需另外加入一部分"强制投保、统一条款费率"的被保险人，这不会影响本节的研究结论。

四、基于准自然实验的经验研究

（一）HCW（2012）的政策评估模型

当一项政策出台后，如何评估政策效果是决策层最关心的问题。传统的做法主要有两种：比较个体在实施政策前后的变化或者比较受政策影响的个体和不受政策影响的个体在实施政策前后的差异。前者没有控制随时间变化的不可观察因素对个体的影响，后者没有控制两组个体的异质性。Rubin建立的"潜变量模型"为政策评估提供了新的思路。对于个体 i 来说，令 $y_i(1)$ 表示 i 受到政策影响时的结果，$y_i(0)$ 表示 i 不受政策影响时的结果；$d_i=1$ 表示个体 i 受到了政策影响，$d_i=0$ 表示个体 i 没有受到政策影响，则某项政策出台对个体 i 的影响为 $\Delta_i = y_i(1) - y_i(0)$。但现实情况是，只能观察到个体 i 的一个结果，即实际观察的值 $y_i = d_i y_i(1) + (1-d_i) y_i(0)$。对此，一个处理方法是假设 $d_i \perp y_i(0)$、$y_i(1) \mid X_i$，其中，X_i 表示 K 个可观察的协变量，也就是说，条件于 K 个可观察的协变量，一项政策是否施加在个体 i 上是随机的。此时，政策的平均效果为

$$\Delta = E_X[\Delta(x)], \quad (1.21)$$

其中，

$$\Delta(x) \equiv E[y_i(1) \mid X_i = x] - E[y_i(0) \mid X_i = x]$$
$$= E(y_i \mid d_i = 1, X_i = x) - E(y_i \mid d_i = 0, X_i = x)。 \quad (1.22)$$

双重差分法（Difference in Differences）将上述思想拓展到面板数据中。假设 $G_i = 1$ 表示个体 i 在实验组（受到政策影响的个体组成的集合），$G_i = 0$ 表示个体 i 在对照组（没有受到政

策影响的个体组成的集合），$T_i=1$ 表示政策实施后的时间段，$T_i=0$ 表示政策实施前的时间段。那么，则政策的平均效果为：

$$\Delta \equiv \left[\mathrm{E}(y_{it}|G_i=1, T_i=1) - \mathrm{E}(y_{it}|G_i=1, T_i=0) \right]$$
$$- \left[\mathrm{E}(y_{it}|G_i=0, T_i=1) - \mathrm{E}(y_{it}|G_i=0, T_i=0) \right], \quad (1.23)$$

即平均的政策效果为实验组在政策前后的变化减去对照组在政策前后的变化。为了简化表述，我们在（1.23）式中没有加入协变量。但是，双重差分法得到一致估计需要依赖于两个重要的假设。（1）条件于可观察的协变量，政策是否施加在个体 i 是随机的；（2）实验组和对照组的结果 y_{it} 随时间变化的趋势相同，即它们对共同的宏观因素（common factors）的反应是相同的。但是，在政策的制定过程中，尤其是政策需要试点时，往往选择经济政治社会条件理想的地区，这违反了第一个假设。其次，政策制定后，不同地区由于人口分布、地域文化、经济发展程度的不同，对政策的反应也往往存在异质性，这违反了第二个假设。如果此时用双重差分法进行政策评估可能出现误导性的结论。

Hsiao、Ching 和 Wan（2012）（简称为"HCW"）在面板数据中发展了新的政策评估方法，他们利用实验组和对照组之间的相关性，用对照组的个体信息去模拟假设实验组的个体没有受到政策影响时的行为。与双重差分法相比，HCW 的方法不需要假设条件于可观察的协变量，政策是否施加在个体 i 上是随机的，同时允许不同个体对政策的反应存在异质性。具体地，用 y_{it}^1 表示如果个体 i 在时间 t 受到政策影响时的结果，y_{it}^0 表示个体 i 在时间 t 没有受到政策影响时的结果，则政策的实施对个体 i 在时间 t 的影响为 $\Delta_{it}=y_{it}^1-y_{it}^0$。令 $d_{it}=1$ 表示个体 i 在时间 t 开始受到政策的影响，$d_{it}=0$ 表示没有受到政策的影响，则实际观察的值为：

$$y_{it}=d_{it}y_{it}^1+(1-d_{it})y_{it}^0 \text{。} \tag{1.24}$$

假设：

$$y_{it}^0=b_i'f_t+\alpha_i+\varepsilon_{it}, \quad i=1,\cdots,N, \quad t=1,\cdots,T, \tag{1.25}$$

其中，f_t 表示 K 个不可观察的共同因子，b_i' 表示共同因子对个体 i 的影响，它允许不同的个体对共同因子的反应存在异质性，α_i 表示个体 i 不随时间变化的异质性，ε_{it} 表示随机误差项。令 $y_t^0=(y_{1t}^0,\cdots,y_{Nt}^0)'$、$\alpha=(\alpha_1,\cdots,\alpha_N)'$、$B=(b_1,\cdots,b_N)'$、$\varepsilon_t=(\varepsilon_{1t},\cdots,\varepsilon_{Nt})'$，则

$$y_t^0=Bf_t+\alpha+\varepsilon_t \text{。} \tag{1.26}$$

在 T_1 期之前，政策还没有实施，没有个体受到政策的影响，此时，

$$y_{it}=y_{it}^0, \quad i=1,\cdots,N, \quad t=1,\cdots,T_1 \text{。} \tag{1.27}$$

在 T_1+1 期时，某项政策实施，不妨假设这项政策施加在个体 1 上，其他个体没有受到这项政策的影响。比如，重庆市、上海市先后明确将于 2011 年 1 月 28 日起试点开征房产税，但其他城市并没有实施这项政策。此时，对于个体 1 来说，

$$y_{1t}=y_{1t}^1, \quad t=T_1+1,\cdots,T, \tag{1.28}$$

但对于其他个体来说，

$$y_{it}=y_{it}^0, \quad i=2,\cdots,N, \quad t=T_1+1,\cdots,T_1 \text{。} \tag{1.29}$$

令 a 表示位于矩阵 B 零空间内的向量（即 $a'B=0$），不失一般性地，将向量 a 的第一个元素标准化为 1，令 $a'=(1,\tilde{a}')$，在（1.26）式两边同时左乘 a'，得到：

$$a'y_t^0=a'Bf_t+a'\alpha+a'\varepsilon_t, \tag{1.30}$$

进一步整理，可得：

$$y_{1t}^0=\tilde{a}'\tilde{y}_t+\tilde{a}+\varepsilon_{1t}-\tilde{a}'\tilde{\varepsilon}, \tag{1.31}$$

第一章　保险费率市场化的机理和评估：基于深圳车险改革试点

其中 $\tilde{y}_t = (y_{2t}^0, \cdots, y_{Nt}^0)'$，$\tilde{\varepsilon}_t = (\varepsilon_{2t}, \cdots, \varepsilon_{Nt})$，$\bar{\alpha} = a'\alpha$。进一步地，

$$E(y_{1t}^0 \mid \tilde{y}_t) = \tilde{\alpha}'\tilde{y}_t + \bar{\alpha} + E(\varepsilon_{1t} \mid \tilde{y}_t) - E(a'\varepsilon_t \mid \tilde{y}_t)$$
$$= \tilde{\alpha}'\tilde{y}_t + \bar{\alpha} - \bar{\alpha}'\mathrm{Cov}(\varepsilon_{1t}, \tilde{y}_t)\mathrm{Var}(\tilde{y}_t)^{-1}\tilde{y}_t = \bar{\alpha} + \tilde{\alpha}^{*\prime}\tilde{y}_t, \quad (1.32)$$

其中 $\tilde{\alpha}^{*\prime} = \tilde{\alpha}'[I_{N-1} - \mathrm{Cov}(\tilde{\varepsilon}_t, \tilde{y}_t)\mathrm{Var}(\tilde{y}_t)^{-1}]\tilde{y}_t$。因此，

$$y_{1t}^0 = E(y_{1t}^0 \mid \tilde{y}_t) + \varepsilon_{1t}^* = \bar{\alpha} + \tilde{\alpha}^{*\prime}\tilde{y}_t + \varepsilon_{1t}^*, \quad (1.33)$$

其中 $\varepsilon_{1t}^* = a'\varepsilon_t + \tilde{\alpha}'\mathrm{Cov}(\tilde{\varepsilon}_t, \tilde{y}_t)\mathrm{Var}(\tilde{y}_t)^{-1}\tilde{y}_t$。(1.33) 式可以进一步写成：

$$y_1^0 = e\bar{\alpha} + Y\tilde{\alpha}^* + \varepsilon_1^*, \quad (1.34)$$

其中 $y_1^0 = (y_{11}^0, \cdots, y_{1T_1}^0)$，$e = (1, \cdots, 1)'_{T_1 \times 1}$，$Y = (\tilde{y}_1, \cdots, \tilde{y}_{T_1})$，$\varepsilon_1^* = (\varepsilon_{11}^*, \cdots, \varepsilon_{1T_1}^*)'$。通过最小化损失函数

$$\frac{1}{T_1}(y_1^0 - e\bar{\alpha} - Y\tilde{\alpha}^*)'A(y_1^0 - e\bar{\alpha} - Y\tilde{\alpha}^*), \quad (1.35)$$

可以得到 $\bar{\alpha}$ 和 $\tilde{\alpha}^*$ 的一致估计 $\hat{\alpha}$ 和 $\hat{\alpha}^*$，（1.35）式中的 A 表示 $T_1 \times T_1$ 的对称正定矩阵。当 $A = I$ 时，最小化损失函数等价于最小二乘估计（OLS）。

从上述过程可以看出，HCW（2012）巧妙地利用实验组和对照组之间的相关性，用对照组个体的结果代替了不可观察的共同因子，从而得到参数 $\bar{\alpha}$ 和 $\tilde{\alpha}^*$ 的一致估计。因此，我们首先利用 $\tilde{y}_t$ 在 $t = 1, \cdots, T_1$ 的值，采用最小二乘回归，得到参数 $\bar{\alpha}$ 和 $\tilde{\alpha}^*$ 的估计 $\hat{\alpha}$ 和 $\hat{\alpha}^*$，然后去模拟 y_{1t}^0 在 $t = T_1+1, \cdots, T$ 的值，从而得到政策实施的效果 $\hat{\Delta} = y_{1t} - \hat{y}_{1t}^0$。

在实践中，还会涉及如何确定对照组中个体的问题。如果不断增加对照组中个体的数量，既会增加 T_1 之前对 y_{1t}^0 的拟合优度，但同时也会影响 T_1 之后对 y_{1t}^0 预测的精确度，因此需要在两者之间进行平衡。HCW（2012）建议采取如下步骤：（1）选取与个体 1 经济联系较为密切或地域较为接近的 $N-1$ 个个体，初步组

成对照组。从 $N-1$ 个个体中，依次随机选取 j 个个体对个体 1 进行回归（$j=1,\cdots,N-1$），分别选取 R^2 最大的组合，将其记为 $M(j)^*$；（2）根据信息准则，从 $M(1)^*,\cdots,M(N-1)^*$ 中选取最优的 j，对应的组合即为最终的对照组。

Hsiao、Ching 和 Wan（2012）用上述方法分析了 1997 年香港地区回归中国以及 2004 年香港地区和中国内地签订《内地与香港关于建立更紧密经贸关系的安排》对香港地区生产总值的影响，结果表明 1997 年回归中国对香港地区生产总值没有显著影响，而香港地区和中国内地签订《内地与香港关于建立更紧密经贸关系的安排》使得香港地区生产总值的增长率提高了 4 个百分点。此后，Zhang 等（2014）采用上述模型探究了 1989 年美国与加拿大签订自由贸易协定对加拿大经济的影响。在上述应用中，y_{it} 都是宏观变量的增长率而且是平稳的，Bai、Li 和 Ouyang（2014）证明了即使 y_{it} 是非平稳的 $I(1)$ 过程，协整向量 $\tilde{\alpha}^*$ 总是存在的，因此运用最小二乘法仍然可以得到参数 $\tilde{\alpha}$ 和 $\tilde{\alpha}^*$ 的一致估计。Bai、Li 和 Ouyang（2014）采用此方法分析了 2011 年重庆和上海实施房产税对两地房价的影响。

本章采用 Hsiao、Ching 和 Wan（2012）探究深圳市车险条款费率市场化改革对保费收入和赔付率的影响。其中，保费收入反映市场规模，而赔付率是保险市场盈利状况的基础性指标。我们没有各地区分公司的季度的经营费用（如手续费及佣金支出）的数据，所以本章没有研究能反映承保盈利状况的另一重要指标——费用率。本书第二章采用另一样本的研究中涵盖了费用率问题。

（二）数据

样本数据包括9个城市的车险市场2006年第一季度—2014年第二季度的季度保费收入和赔付支出（单位：万元）。这9个城市由4个直辖市和5个计划单列市组成，包括深圳、北京、天津、上海、重庆、大连、青岛、宁波和厦门。数据来自于中国保监会和中国保险行业协会。数据始于2006年第一季度是由于，保监会的派出机构（各地保监局）披露其所管辖地区的保险数据基本是始于2006年，而保监局是下设到省区市和计划单列市层面的。虽然有个别保监局披露了其所辖地区的2006年之前的几个季度的数据，但包括深圳在内的其他地区的保监局仅披露了2006年以后的数据。此外，历年《中国保险年鉴》统计了自1998年起的省区市和计划单列市层面的保险数据，但是这些数据仅是年度的，故难以用于本章的经验研究。我们对季度保费收入和赔付支出采用对数化处理。

2011年一季度，深圳开始施行车险市场化改革，令T_1等于2011年第一季度，即政策从2011年第二季度开始发挥效用。根据HCW（2012）的模型，将深圳的季度保费收入（赔付率）记为y_{1t}，北京、天津等其他8个城市为潜在的对照组，它们的季度保费收入（赔付率）记为$y_{2t}, \cdots, y_{8t}$。首先，从这8个城市中，依次随机选取j（$j=1, \cdots, 8$）个个体与深圳的季度保费收入（赔付率）进行回归，样本区间为2006年第一季度到2011年第一季度，分别选取R^2最大的组合共8种。例如，当$j=1$时，共有C_8^1种回归的组合，选取其中R^2的最大值所对应的组合；当$j=2$时，共有C_8^2种回归的组合，选取其中R^2的最大值所对应的组合；以此类推，得到入选的 8 个组合。

其次，基于 AIC 的信息准则，对上述 8 种组合中选取最小的 AIC 对应的组合做为最终的对照组。最后，基于深圳的季度保费收入（赔付率）与最终的对照组在 2006 年第一季度到 2011 年第一季度回归对应的系数估计，预测 2011 年第二季度到 2014 年第二季度假设深圳没有实施车险市场化改革的季度保费收入（赔付率），记为 $\hat{y}_{0t}$。第二季度以后深圳实施车险费率市场化改革的效果为 $\hat{\Delta}_{1t}=y_{1t}-\hat{y}_{0t}$，其中，$y_{1t}$ 是可观察的实际的保费收入（赔付率）。

（三）经验结果分析：深圳车险条款费率市场化改革对保费收入的影响

表 1-2 报告根据 R^2 选出的 8 种排列组合及其回归的 AIC 值。从表 1-2 可以看出，为了模拟假设深圳没有实行车险费率市场化的保费收入，最终入选的对照组为北京和青岛。

表 1-2 模拟保费收入的 8 种排列组合及 AIC 值

j 的取值	组合构成	AIC
1	宁波	−43.39
2	北京、青岛	−47.15
3	北京、重庆、青岛	−46.00
4	北京、天津、上海、重庆	−46.36
5	北京、天津、上海、重庆、青岛	−44.94

（续表）

j 的取值	组合构成	AIC
6	北京、天津、重庆、青岛、宁波、厦门	−43.28
7	北京、天津、上海、重庆、青岛、宁波、厦门	−41.73
8	北京、天津、上海、重庆、大连、青岛、宁波、厦门、	−39.85

下面将深圳的保费收入做为被解释变量，将北京和青岛的保费收入做为解释变量进行回归，样本区间为2006年第一季度到2011年第一季度。表1-3报告的回归结果显示，相关系数都在5%的水平上显著。

表1-3 模拟保费收入的回归结果

变量	系数	标准误	t统计量	P值
保费收入（对数）—北京	0.462	0.114	4.04	0.001
保费收入（对数）—青岛	0.314	0.113	2.79	0.012
常数项	2.831	0.692	4.09	0.001

表1-4报告2011年第二季度到2014年第二季度，深圳改革后保费收入的实际值以及假设深圳没有实行改革的保费收入的拟合值。从中可以看出，实际值比拟合值平均增加了4.85%。分季度看，除在2011年第三季度、2012年第一季度和2013年第一季度出现了较小的负值外，其他季度的实际值均大于拟合值。此外，检验保费收入对数的实际值和拟合值之间的差异程度，得到的t统计量为2.77，在1%的水平上显著，说明深圳车险费率市场化改革后，车险保费收入显著高于假设没有实施改革时的保费收入。

表 1-4 深圳车险保费收入的实际值与拟合值

时期	保费收入（对数）的实际值	保费收入（对数）的拟合值	实际值－拟合值
2011Q2	12.5951	12.5308	0.0644
2011Q3	12.5267	12.5497	−0.0230
2011Q4	12.6632	12.5549	0.1083
2012Q1	12.5376	12.6201	−0.0825
2012Q2	12.7011	12.5923	0.1088
2012Q3	12.6667	12.6195	0.0472
2012Q4	12.6939	12.6761	0.0177
2013Q1	12.6690	12.6834	−0.0143
2013Q2	12.7532	12.6676	0.0856
2013Q3	12.6964	12.6740	0.0224
2013Q4	12.8250	12.7291	0.0959
2014Q1	12.8122	12.7545	0.0577
2014Q2	12.9354	12.7935	0.1419
均值	12.6981	12.6496	0.0485

为了更直观地刻画改革前后的变化，将表 1-4 的结果转化为图 1-1，并加入 2011 年之前的保费收入的实际值和回归的拟合值，以说明回归模型在改革之前的拟合情况。在 2011 年第一季度之前，保费收入的实际值和拟合值非常接近，几乎重合，说明回归方程的拟合程度非常高，用它来刻画 2011 年第二季度之后假设深圳没有实行车险费率市场化的保费收入是可信的。图 1-1 中显示，在 2011 年第二季度后，保费收入的实际值几乎一致地在拟合值的上方，说明实行深圳车险改革显著增加了保费收入。

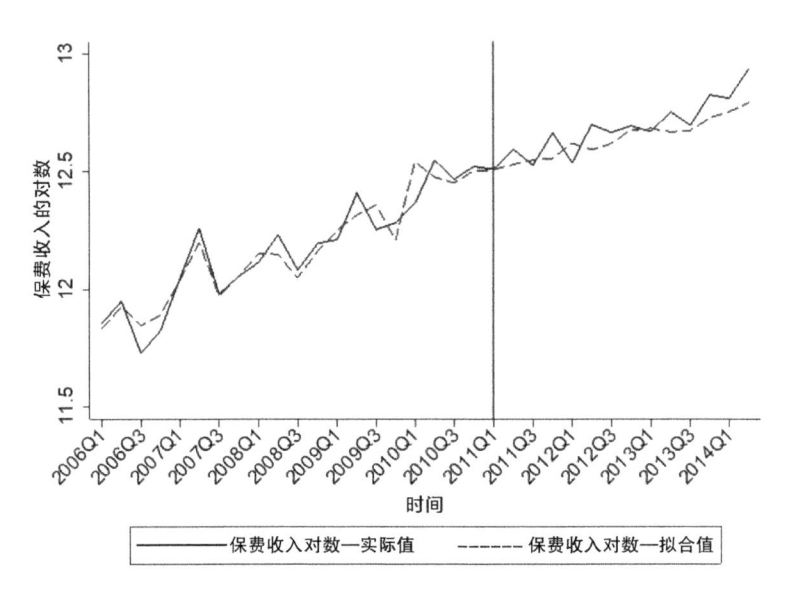

图 1-1 深圳车险保费收入（对数）的实际值和拟合值

（四）经验结果分析：深圳车险条款费率市场化改革对赔付率的影响

赔付率通过赔付支出除以保费收入得到，即单位保费收入的赔付支出。基于 AIC 信息准则，选择了宁波、厦门和天津做为对照组。

表 1-5 报告了 2011 年第二季度之后赔付率的实际值和假设没有实行车险改革时的赔付率的拟合值。平均来说，实行费率市场化后，赔付率降低了 5.86%。分季度看，两者的差值除了在 2012 年第一季度和第二季度出现了较小的正值外，其余时期都是负值。检验赔付率的实际值和拟合值差异程度的 t 统计量为

4.17，在 1% 的水平上显著。

表 1-5 深圳车险赔付率的实际值与拟合值

时期	赔付率的实际值	赔付率的拟合值	实际值－拟合值
2011Q2	39.6392	44.1164	－4.4772
2011Q3	40.5459	46.0837	－5.5378
2011Q4	46.9085	56.0507	－9.1422
2012Q1	43.8534	43.7815	0.0719
2012Q2	52.7107	49.3647	3.3459
2012Q3	51.7326	57.0000	－5.2674
2012Q4	53.3442	65.8200	－12.4757
2013Q1	46.1698	53.2923	－7.1225
2013Q2	47.9988	52.7453	－4.7465
2013Q3	55.9272	56.8953	－0.9681
2013Q4	49.6769	63.4360	－13.7591
2014Q1	44.9856	57.1027	－12.1171
2014Q2	48.9786	53.0173	－4.0388
均值	47.8824	53.7466	－5.8642

图 1-2 刻画了赔付率的实际值与拟合值的变化情况。在 2011 年第二季度之前，赔付率的实际值与拟合值几乎重合，说明模型拟合很好；此后，赔付率的实际值几乎完全在拟合值的下方，说明车险费率市场化改革后，赔付率出现了降低。

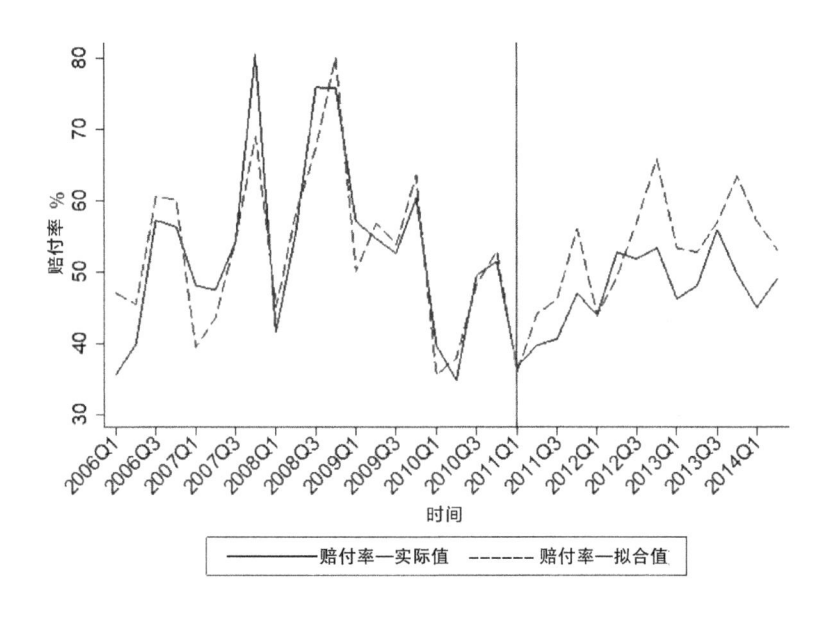

图 1-2 赔付率的实际值与拟合值

本节的计量分析表明：2011年第一季度的车险条款费率市场化改革试点实施后，深圳车险保费收入显著增加了，赔付率显著降低了。这与"第二节"中理论模型的数值模拟结果一致。这说明深圳车险改革试点提高了保险服务的"效率"并强化了产业"安全"，符合理想的金融改革的两个主要标准。

为了排除本节发现的结论并非归因于深圳车险市场某些方面的异常变动，我们计算了9个城市的民用汽车拥有量和经营车险业务的保险公司数目，前者反映需求方面的潜在消费者数目（可保标的），后者属于供给方面的因素。从表1-6和表1-7可以发现，2011年前后，深圳市的这两个指标的变化均介于构成对照组的北京和青岛之间以及宁波、厦门和天津之间。这能说明，本章发现的费率市场化改革前后保费规模和赔付率的变化应当不是由于深圳车险市场需求方面或供给方面的异常变化造成的。

表1-6 9个城市的民用汽车拥有量（单位：万辆）

	2006年	2007年	2008年	2009年	2010年	2011年	2012年	2013年	"改革后"－"改革前"的年均变化率（排名）
深圳	92	111	125	142	167	194	221	258	－2.04%（4）
北京	244	278	318	372	453	473	494	517	－16.65%（9）
天津	82	94	109	131	159	207	221	262	－1.91%（3）
上海	107	120	132	147	176	195	213	235	－4.71%（5）
重庆	107	120	132	147	176	195	159	193	－12.72%（8）
大连	35	45	51	58	94	83	94	130	－29.17%（10）
青岛	54	61	68	81	98	116	133	152	－1.26%（2）
宁波	41	50	58	66	88	106	123	142	－8.50%（7）
厦门	NA	22	26	31	39	47	56	68	1.61%（1）

注："改革前"和"改革后"的年均变化率分别是指"2006（2007）—2010年"和"2010—2013年"的年均变化率。

数据来源：《中国区域经济统计年鉴》。

表1-7 9个城市的经营车险业务的保险公司数目

	2006年	2007年	2008年	2009年	2010年	2011年	2012年	2013年	2006年	"改革后"－"改革前"的年均变化率（排名）
深圳	13	17	19	20	22	22	25	26	27	－1.00（8）
北京	15	19	24	26	28	30	32	33	33	－2.00（10）
天津	11	12	15	16	16	18	19	20	20	－0.25（6）

（续表）

	2006年	2007年	2008年	2009年	2010年	2011年	2012年	2013年	2006年	"改革后"—"改革前"的年均变化率（排名）
上海	15	19	21	21	24	27	31	34	36	0.75（3）
重庆	12	13	16	17	17	20	22	21	22	0.00（5）
大连	10	12	12	12	13	14	17	19	20	1.00（1）
青岛	11	13	15	17	18	22	26	28	29	1.00（1）
宁波	11	15	19	20	22	24	27	27	28	−1.25（9）
厦门	7	8	9	13	15	16	16	19	20	−0.75（7）

注："改革前"和"改革后"的年均变化率分别是指"2006—2010年"和"2010—2013年"的年均变化率。

数据来源：《中国保险年鉴（地方版）》。

五、对第一次车险条款费率市场化改革不成功的讨论

中国曾于2001年10月起在广东省进行过一次车险条款费率市场化改革试点，并于2003年1月迅速在全国范围内铺开，如本章第二节介绍的。但是，整个车险市场赔付率迅速上升，行业陷入严重的亏损状态。到2005年12月，车险产品重新回到严格监管的时代。对于该次市场化改革探索的失败，部分学者认为，当时保险公司有车险产品的自主定价权后，不计成本地进行规模扩张，即，保险公司以保费收入最大化为经营目标是第一次市场化改革失败的主要原因（董志勇，2011；崔惠贤，2012）。

我们认为，第一次改革之后，中国保险公司表现出以"保费收入最大化"为经营目标这种"非理性"行为的一个重要的原

因是：保险公司很缺乏被保险人风险方面的信息，且各家公司承担了自身的信息成本。在当时，中国还没有车辆保险信息共享平台这一重要的行业基础设施，单个公司需要先付出成本获取被保险人的风险信息。具体来说，保险公司只能依赖自身已有客户来获取信息，才能在此后实行差别定价，这导致：在改革初期的信息积累期中，公司的目标即使是追求"长期的"预期利润最大化，但会表现为追求"收入最大化"，即总收入增加，而赔付率也提高。

为了验证上述讨论，我们在第三节模型的框架下，建立一个"两步"的博弈模型：

第一期：保险公司进行单一定价，同时决定是否投入信息成本；

第二期：若保险公司在第一期投入信息成本，则可进行差异化定价；否则，只能继续进行单一定价。

保险公司只能依赖自身在第一期的已有客户来获取信息，而客户规模越大，获取的信息越多。由于假设客户风险是均匀分布的，对于保险公司有效的信息实则在于风险较大的客户群，或"探顶"风险最高的客户。因此，假设获取信息成本随着第一期所承保最高风险客户的风险增加而减小，具体地，成本函数设为：

$$C_{\text{info}}(\hat{\theta}_2) = \delta exp(-\hat{\theta}_2), \tag{1.36}$$

其中，$\hat{\theta}_2$ 为承保客户中的风险最大值。因此，选择投入信息成本的保险公司的第一期利润为：

$$\Pi_1^{invest} = \text{Max}_{\{x_1, x_2\}} \int_{\hat{\theta}_1}^{\hat{\theta}_2} \left[(1-\theta)x_1 - x_2 \right] d\theta - \delta \exp(-\hat{\theta}_2) \quad (1.37)$$

$$= x_1(\hat{\theta}_2 - \hat{\theta}_1) - \frac{\hat{\theta}_2^2 - \hat{\theta}_1^2}{2}(x_1+x_2) - \delta \exp(-\hat{\theta}_2)$$

若公司选择第一期投入信息成本,则第二期可以进行差异化定价,即预期利润可表达为(1.15)式中的差异化定价模式:

$$\Pi_2^{invest} = \int_0^1 \left[(1-\theta)x_1^a(\theta) - \theta x_2^a(\theta) \right] d\theta$$

$$= \int_0^1 \left(x_1^a(\theta) - \frac{\theta}{n} \right) d\theta = 1 + \frac{1}{n \ln\left(\frac{n-1}{n}\right)} - \frac{1}{2n} \circ \quad (1.38)$$

因此,选择第一期投入信息成本的保险公司,预期收益(Π^{invest})为 $\Pi_1^{invest} + \beta \Pi_2^{invest}$,其中,$\beta$ 为折现率。

对于选择不投入信息成本的公司,两期都只能进行单一定价,即

$$\Pi^{non} = \Pi_1^{non} + \beta \Pi_2^{non}$$

$$= x_1(\hat{\theta}_2 - \hat{\theta}_1) - \frac{(\hat{\theta}_2^2 - \hat{\theta}_1^2)}{2}(x_1+x_2) + \beta \left[x_1(\hat{\theta}_2 - \hat{\theta}_1) - \frac{(\hat{\theta}_2^2 - \hat{\theta}_1^2)}{2}(x_1+x_2) \right]$$

$$= (1+\beta) \left[x_1(\hat{\theta}_2 - \hat{\theta}_1) - \frac{(\hat{\theta}_2^2 - \hat{\theta}_1^2)}{2}(x_1+x_2) \right] \quad (1.39)$$

保险公司在第一期初通过比较 Π^{non} 和 Π^{invest} 的大小来决定是否投入信息成本。表 1-8 对比了保险公司投入和未投入信息成本时在第一期的单期利润、总收入和赔付率。表 1-9 则对比了经折现后,投入和未投入信息成本时两期预期利润之和、总收入和赔付率。其中,对参数 δ 进行了校准,使得信息成本占改革之前单一定价利润的 10%;而假设为 5% 或 20% 都不影响定性结论。

表1-8 保险公司投入与未投入信息成本的第一期结果对比

n	单期利润之差 （投入－未投入） $\Pi_1^{invest}-\Pi_1^{non}$	单期保费收入之差 （投入－未投入） $GI_1^{invest}-GI_1^{non}$	单期赔付率之差 （投入－未投入） $R_1^{invest}-R_1^{non}$
3	8.70E-05	0.0671	−5.03E-05
4	4.77E-05	0.0513	−1.91E-05
5	3.03E-05	0.0418	−9.18E-06
6	2.07E-05	0.0349	−5.11E-06
7	1.41E-05	0.0281	−3.13E-06

表1-9 保险公司投入与未投入信息成本的预期结果对比

n	两期利润之差 （投入－未投入） $\Pi^{invest}-\Pi^{non}$	两期保费收入之差 （投入－未投入） $GI^{invest}-GI^{non}$	两期赔付率之差 （投入－未投入） $R^{invest}-R^{non}$
3	0.1664	−0.1236	0.6837
4	0.1243	−0.0656	0.7868
5	0.0991	−0.0406	0.8382
6	0.0824	−0.0276	0.8685
7	0.0706	−0.2010	0.8884

从表1-9可以看出，追求最大化预期利润的保险公司将选择在第一期投入信息成本，但这一行为的后果是，改革后的第一期中保险公司利润下降、总收入上升、赔付率上升，显示出以"收入最大化"为目标的特征。现实中单个公司获取信息是比较困难的，博弈第一期的时间可能持续几年。

对比第二次改革，重要的进展在于，政府（由行业组织代表）承担了原本由公司支付的信息成本——建立了车辆保险信息共享平台。鉴于第一次车险费率改革中反映出的各公司对被保险人风险信息严重缺失的问题，2004年起，全国部分省区市陆续开始建立了各自的车险信息记录和分享平台，涵盖机动车大部分重要信息，如车架号、发动机号、新车上牌年月、理赔记录以及驾驶员的驾龄、年龄、性别等，其中，深圳于2009年基本建成了该平台。该平台的建立大大降低了公司获取被保险人信息的成本，使得保险公司不需要为获得信息而向过高风险的被保人提供"优惠"保单。由于分散建设与管理仍然制约了车险行业的信息共享，信息安全管理上也存在较大隐患，2013年7月，中国保险信息技术管理有限责任公司（简称"中保信"）注册成立。该公司通过计算机网络和远程信息系统，在2015年完成了全国各地分散建设与管理的车险信息平台的整合，实现了公安交通管理部门、保险监管机构、保险行业协会及各省级保险公司（800余家财产险省级分公司）之间的车辆保险动态数据信息互联共享。2015年，车辆保险信息共享平台提供信息查询超过17亿次，承载投保车辆1.62亿辆、保单2.8亿件，日均交互近2100万次。目前，车辆保险信息共享平台正逐步实现与公安、交管、运输、税务等相关政府部门和汽车产业链及车联网等相关信息机构的对接，提供跨公司、跨行业的全面信息共享服务的综合性服务平台。

以上讨论不仅为第一次改革的不成功提供了解释，也为今后在全国范围内推广条款费率市场化提供了宝贵经验。在保险公司以利润最大化为目标以及能够基于被保险人的风险进行差别定价的条件下，条款费率市场化能够增加保费收入并降低赔付率。两次改革得到的一个重要启示是：中国目前存在的金融扭曲是多方面的，没有配套改革、单独进行市场化改革反而会带来负面效果。

六、对策建议

党和国家领导人多次提出，中国经济要不断释放改革红利，各领域要大胆、灵活地推进改革，确立改革试点，先行先试。金融改革是中国经济改革的重要部分，价格体制改革属于经济体制改革的核心内容。我们探讨中国保险业近些年中影响最大和难度最大的一项产品改革——车险条款费率市场化改革的机理和效果。首先，我们通过构建理论模型和数值模拟分析，证明了在保险公司以利润最大化为目标并且能够基于被保险人的风险进行差异定价的条件下，条款费率市场化改革能够增加保费收入并降低赔付率。其次，我们采用 Hsiao、Ching 和 Wan（2012）的宏观政策评估模型，评估了 2011 年起实施的"深圳试点"的效果，结果显示：与假设深圳没有实施改革试点相比，市场化改革使得保费收入增加了 4.85%，赔付率降低 5.86%。研究结果表明，车险条款费率市场化改革令消费者和行业经营主体均受益，实现了理想的金融改革应当具备的"效率"和"安全"目标，同时促进了不同风险消费者在价格上的"公平"。此外，我们分析了：第一次车险条款费率市场化改革不成功的一个重要原因是当时保险公司缺乏风险定价能力。

本章的理论分析和经验结果为在全国范围内实行车险条款费率市场化提供了有益的参考。费率市场化改革成功的一个重要制度保障是建立有关被保险人的信息共享平台，这是行业主管者提供"公共物品"、搭建行业基础设施的表现。此外，保险业还需要开始建设或加快建设的"公共物品"包括车型标准化数据库、车损险纯风险保费数据库、经验生命表、疾病发生率表和意外险事故发生率表、农险信息共享平台、保单登记管理信息平台等，这些制度建设是加快车险和长期人身险费率市场化改革、实施意外险或和农险的费率市场化改革的必要条件。

保险费率市场化改革中仍然需要通过微观主体的自主经营、自负盈亏来提高市场运行效率。这里有两点值得注意。（1）保险监管者在拓展试点范围的过程中，要通过偿付能力监管、市场行为监管和公司治理监管等引导保险公司形成以利润最大化而非市场份额最大化为核心的现代经营理念。（2）提高保险经营者的风险识别能力和基于风险的定价技术，如，完善各地的车辆保险信息共享平台，提升车型定价的数据积累和技术水平，加快开发基于驾驶人驾驶行为数据的车险产品，以及推动整个车联网技术的应用。

对于理解本章的主要发现，有几点说明。（1）费改后，保险市场规模扩大主要是缘于投保人群的增加，并不一定意味着投保人整个群体的单均保费或单位风险的保费会上升。现实中，低风险的投保人会更多投保，单均保费一般会下降；不过，本章和本书其他章节没有数据去检验此论点。（2）造成市场规模扩大的"扩面"效应，我们预计会持续三四年。（3）费改造成的赔付率下降并不一定意味着消费者福利水平下降，因为消费者福利水平还决定其能否被承保、是否有激励去降低风险等因素。对此，需要更丰富的数据去研究。（4）本章的样本是费改力度较小的深圳试点，而近几年改革力度较大的全国层面的费改，本书第二章将研究。（5）最后，本章建模过程中，对现实情况存在某些简化，如市场主体的竞争互动、保险中介行为等，从而可能会影响本章结论的丰富性和准确性。

第二章
车险费率市场效果：基于 2015 年启动的全国改革[1]

一、问题的提出

车险是中国财产险市场的第一大险种，其保费收入占比在七成左右，所以车险对保险行业的增长和稳定有很大的影响。车险由商业车险和交强险构成，其中，商业车险占车险保费收入的七成左右，是车险市场的主体。2015 年 2 月，中国启动和逐步试点了商业车险费率的市场化改革，其效果如何？本章从市场规模、市场结构、企业经营成本和承保利润等方面，通过统计描述和回归模型进行定量分析。

在已有相关研究中，定量研究很少，本书的第一章属于此类研究。本章的贡献在于：研究的是 2015 年 2 月启动的全国范围的商业车险费率市场化改革，相应采用了 2014 年 1 月至 2017 年 6 月中国 31 个省区市的月度面板数据；除分析保费规模和赔付率外，还分析了费率市场化改革对车险市场结构和承保盈利状况，且在很多分析中区分了商业车险和交强险这两个车险的组成部分。

已有的其他文献对本章的研究也有参考意义，这些研究成果

---

[1] 本章内容感谢国家社会科学基金青年项目（18CJY063）的资助。

可以分为以下3类。

（1）分析中国第一轮商业车险费率政策市场化改革失败的原因。董志勇（2011）通过分析代理人的经营情况和财产险公司保费收入最大化的行为模式，建立了一个保险需求函数的模型以解释，费率改革如何导致车险的过低费率的非理性定价和费率的频繁调整。崔惠贤（2012）认为，追求保费收入最大化是财产险公司陷入非理性竞争的根源，车险"强营销"模式加剧了这种恶性竞争，所以单纯的费率监管不利于车险市场化改革。方蕾和粟芳（2016）认为，中国车险市场的实际费率低于"理论"费率，费率监管的严格程度会影响费率水平的合理性。

（2）分析本轮商业车险费率市场化改革的效果。张宗韬（2016）认为，车险市场出现的新特征是由多种因素造成的。商业车险费率改革加快了某些进程，但不会改变车险市场的发展规律，不应当过分关注短期效果。阎建军和崔鹏（2017）分析了车险费率市场化改革取得的阶段性成果、面临的问题，并提出了对策建议。魏丽和杨斐滟（2018）基于对多家保险公司的实地走访、大量消费者调查问卷以及中保信的平台数据，认为此次商业车险改革在"市场效率提升"、"消费者权益提升"、"险企定价和服务能力提升"、"车险服务改善"等方面取得了显著成效，但也存在"现行销售渠道不符合消费者意愿"、"赔付率与费用率一升一降"等问题。

（3）分析国际车险费率市场化改革的影响。Pope（2004）认为，日本非寿险费率受到严格管制，导致其运行效率远低于其他国家。Butler（2004）认为，美国各州保险条款格式审批制度延迟了新保单的市场准入时间，监管导致保险费率升高。Berry-

Stölzle 和 Born（2012）认为，监管并没有使德国的产险价格高于竞争状态下的费率水平。林斌（2015）认为，欧盟和日本的车险费率市场化改革短期内对车险市场发展造成了一定的冲击，从而造成产品价格下降、承保利润降低、部分企业退出市场。

本章随后部分的结构安排如下：第二节说明中国第二轮商业车险费率市场化改革的主要内容；第三节和第四节分别通过统计描述和回归分析，刻画商业车险费率市场化改革对多个变量的影响；第五节提出对策建议。

二、本轮车险费率市场化改革的主要内容

（一）改革的背景及原因

为解决2003年商业车险费率市场化政策实施后市场出现的无序竞争问题，2007年中国保监会制定了商业车险3项基本条款，实行车险产品同质同价。该项政策实施以后，车险市场混乱经营的局面逐步得到扭转。然而，随着中国经济社会发展和市场经济体制的不断完善，这种"一刀切"的统一管制模式的弊端日益凸显。为了解决车险市场长期存在的体制机制问题，更好地保护车险消费者权益和推动产险业转型升级，中国正式启动了新一轮的商业车险费率市场化改革。

（二）改革的主要内容

本轮商业车险费率市场化改革的重心是建立健全市场化的

条款费率形成机制，包括：放开前端，逐步扩大保险公司定价自主权，让市场主体承担自主经营的责任；管住后端，强化事中事后监管和偿付能力监管刚性约束。改革举措可以概括为三方面。

本轮商业车险费率市场化改革实行"从车"、"从人"的原则，通过差异化定价，反映风险差异对费率的影响。商业车险费率改革政策可概括为"一套条款，三层费率"。（1）"一套条款"是指，建立一套示范条款，并搭配企业创新型条款，扩大消费者对产品的选择权。根据《深化商业车险条款费率管理制度改革试点工作方案》规定，由中国保险行业协会拟定商业车险行业示范条款，建立创新型条款评估和保护机制。（2）"三层费率"是指，商业车险的费率由基准纯风险保费、基准附加费用和费率调整系数3层组成。基准纯风险保费由中国保险行业协会制定，实行按车型而非新车购置价定价，中国保险行业协会首次将"零整比"应用于行业示范的具体条款，商业车险费率随零整比系数浮动。基准附加费用和费率调整系数由财产险公司自主确定，其中，基准附加费用率与财产险公司的经营管理水平挂钩，费率调整系数与无赔款优待因子、自主渠道系数、自主核保系数以及交通违法记录挂钩。鼓励保险公司深入挖掘不同定价因子，合理调整费率浮动幅度，逐步实现车险费率市场化。通过将车辆使用风险管理、财产险公司识别风险和精算定价能力等因素均纳入定价因子，可以一定程度上倒逼驾驶人注意安全驾驶，提高财产险公司精算定价水平和经营管理水平等。

加强监管，坚守风险底线，实施车险风险动态监控。除条款和费率形成上的改革外，本轮商业车险费率改革还吸取了2003

年第一轮改革失败的经验教训，对"三率"实行阈值管理，即要求各财产险公司的综合费用率、综合赔付率和综合成本率不超过该指标在前3个年度相应期间全行业的平均同比变动幅度。"三率"阈值管理措施在一定程度上限制了各市场主体非理性价格竞争问题，这也是本轮商业车险费率改革的创新之一。最后，将公司偿付能力做为监管红线，形成刚性约束。

本轮商业车险费率改革中引入了更多的风险因子，定价更为公平合理，在较大程度上解决了低风险客户补贴高风险客户的现象。同时，由于费率引入了交通违法记录系数因子，可以倒逼驾驶者主动加强驾车风险管理，提高驾驶水平，有利于降低整个社会的交通事故发生率。费改后，财产险公司的定价自主权更大，低风险车型获得的价格折扣更大，绝大部分消费者的商业车险保费支出有所减少。

（三）改革的进度安排

本轮商业车险费率改革采取分地区逐步推进的方式。2015年6月，费改最先在黑龙江、山东、广西、重庆、陕西、青岛等6个地区进行，称为第一批试点地区。2016年1月，费改试点范围扩展到天津、内蒙古、吉林、安徽、河南、湖北、湖南、广东、四川、青海、宁夏、新疆等12个省区市，称为第二批试点地区。2016年上半年，北京、河北、山西、辽宁、上海、江苏、浙江、福建、江西、海南、贵州、云南、西藏、甘肃、深圳、大连、宁波、厦门等18个地区启动了费改，称为第三批试点地区。至此，本轮商业车险费率市场化改革已在全国推广完成。2017年6月，监管机构进一步扩大商业车险费率下浮空间，加大了商业车险费率定价自主权。

本轮商业车险费改中的费率折扣系数采取了分层推进的方式。2015年2月，《深化商业车险条款费率管理制度改革试点工作方案》将自主"核保系数"和"渠道系数"的浮动范围设置在[-15%, +15%]。在费改之前，电销渠道的保单实行最多15%的优惠政策，使得电销渠道发展较好的财产险公司具有较强的价格优势。费改后，各地区所有渠道优惠政策均等，电销渠道的价格竞争优势消失。2017年6月，费率浮动的空间加大，自主"核保系数"下限调整至0.70—0.85，"渠道系数"下限调整至0.70—0.75，自主"核保系数"和"渠道系数"的上限调整为1.15—1.25。

三、本轮车险费率市场化改革效果：基本事实

（一）市场规模

2015年6月，商业车险费率市场化改革的第一批试点在6个地区推行，这些地区的商业车险保费收入增速有所下滑（见图2-1）。（1）2015年下半年的商业车险保费收入增速低于上半年的增速，也低于费改前同期水平。（2）"营改增"（2016年5月）以前，商业车险保费收入增速也低于费改前的同期水平；"营改增"以后，商业车险保费收入增速低于2015年同期水平。2016年下半年这些试点地区的商业车险保费收入增速与上年同期的差距收窄，这主要是受汽车销量增速大幅拉升的影响（见图

2-2）。2016年，汽车销售的税收优惠力度加大，对汽车消费形成了较强的刺激作用。（3）2017年上半年商业车险保费收入增速明显低于2015年费改前的同期值。

2016年1月，商业车险费率市场化改革的第二批试点在12个地区推行，这些地区商业车险保费收入增速下滑（见图2-3）。（1）2016年，尽管全国汽车销量增速较上年明显上升，费改后，这些地区商业车险保费收入增速（2016年）却低于费改前的同期增速（2015年）。（2）受深化费改前"抢收"的影响，2017年上半年商业车险保费收入增速较2016年略有提升，但仍低于2015年上半年费改前的增速。

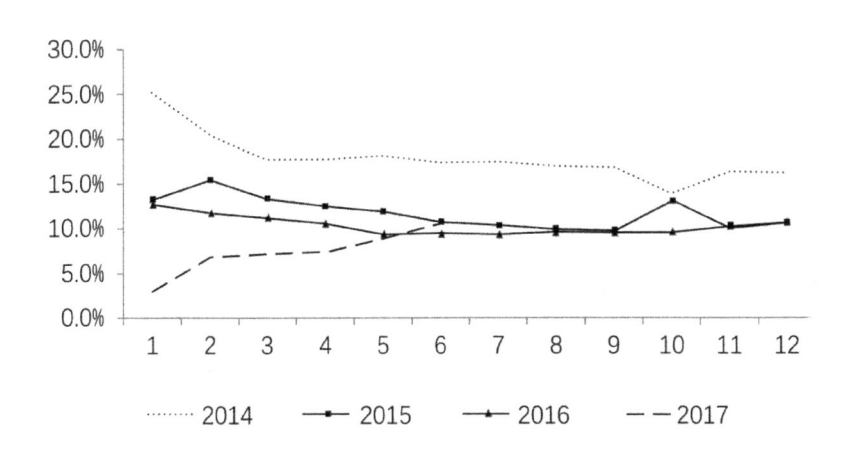

图2-1 第一批费改试点地区的商业车险保费收入增速
（年内累计增速）

资料来源：根据中国保监会和各财产险公司披露的数据整理。如无特别说明，本章以下图表的数据来源同此。

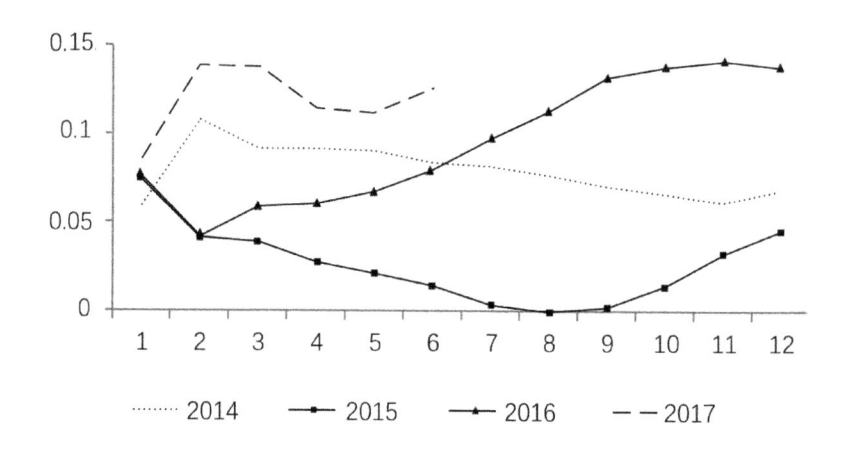

图 2-2 中国汽车销售增速（年内累计增速）

资料来源：根据中国汽车工业协会数据整理。

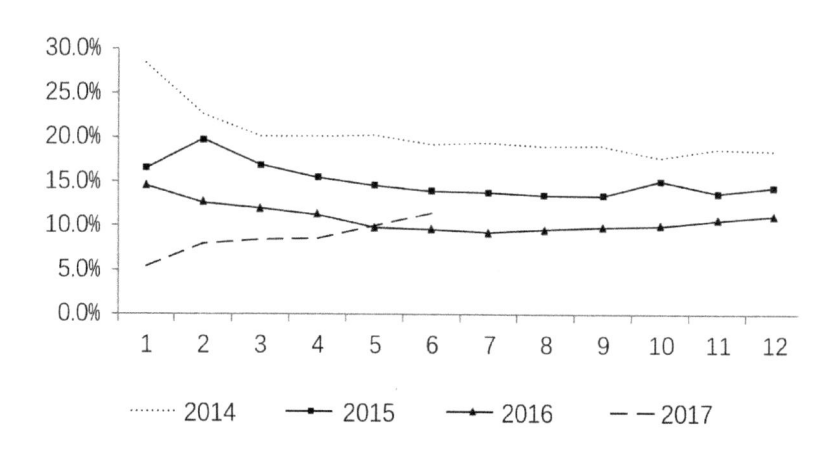

图 2-3 第二批费改试点地区的商业车险保费收入增速
（年内累计增速）

2016年7月,商业车险费率市场化改革的第三批试点在18个地区推行,这些地区的商业车险保费收入增长仍然明显减缓(见图2-4)。(1) 2016年5月,"营改增"实施以后,税费分离导致5月以后商业车险保费收入增速出现一定程度的下滑,冲减了新车销量上升带来的保费收入增长。(2) 2016年下半年,费改以后商业车险保费收入增速明显低于2015年同期的增速。(3) 2017年上半年,受到费改、汽车销售税收优惠减半以及"营改增"等因素的影响,商业车险保费收入增速明显减缓,低于2015年和2016年的同期值。总之,商业车险费率市场化改革的三批试点地区的商业车险保费收入增速均较费改前减缓,但仍保持了增长状态。分析时要注意剔除汽车销售税收优惠政策、"营改增"等因素的影响。

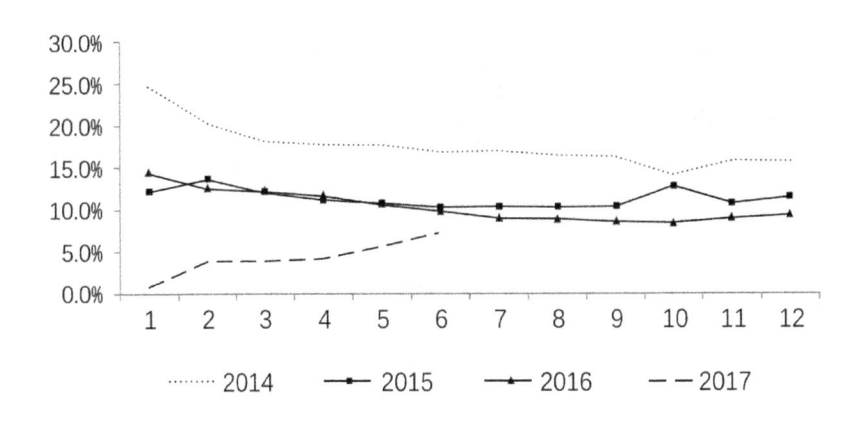

图2-4 第三批费改试点地区的商业车险保费收入增速

（二）市场集中度

2015年6月，商业车险费率市场化改革逐步实施以来，商业车险市场呈现出强者恒强的"马太效应"现象（见图2-5），这与国际上主要国家车险费率市场化改革以后的情况一致。"第一集团"的商业车险市场份额逐年上升，2017年上半年，"第一集团"商业车险市场份额较2015年上半年上升了1.5个百分点。"第二集团"的商业车险市场份额逐年下降。"第三集团"商业车险市场份额则从2016年上半年的11.0%提高到2017年上半年的11.2%，这主要归因于这一时期新成立了多家财产险公司。从各财产险公司的平均市场份额看，"第三集团"呈下降态势。

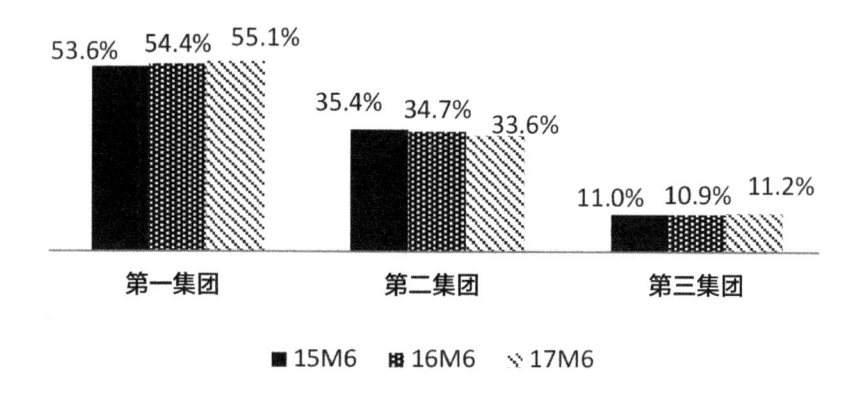

集团	15M6	16M6	17M6
第一集团	53.6%	54.4%	55.1%
第二集团	35.4%	34.7%	33.6%
第三集团	11.0%	10.9%	11.2%

图2-5 三类公司的商业车险市场份额

注："第一集团"为中国人保和中国平安；"第二集团"为保费收入排名第3至第10位的财产险公司，2015年以来排名前十位的财产险公司未变；"第三集团"为保费收入排名第10位以后的财产险公司。图2-10同此。

（三）综合成本率

2015年6月，第一批试点地区的商业车险综合成本率较费改之前呈现下降趋势（见图2-6）。（1）2015年下半年，这些地区的商业车险综合成本率较上半年有所下降。（2）2016年上半年，这些地区的商业车险综合成本率低于费改前的同期水平。2016下半年商业车险综合成本率高于上年同期水平。（3）2017年上半年综合成本同比上升，接近2015年费改前水平，主要是受深化费改前"抢收"的影响。

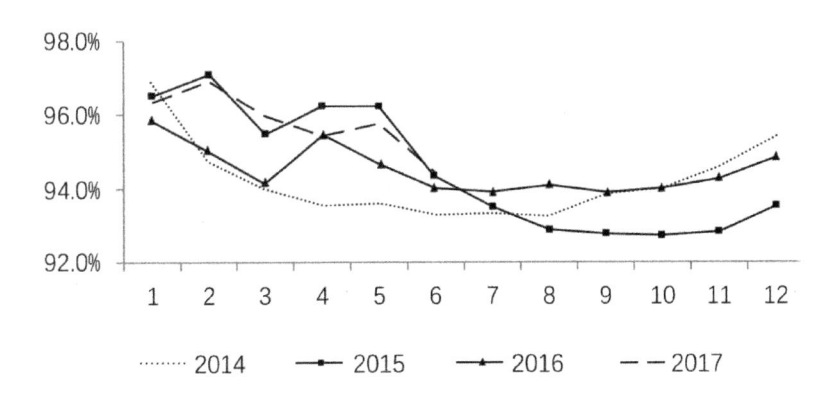

图2-6 第一批费改试点地区商业车险综合成本率（年内累计值）

2016年1月商业车险费改在第二批地区推行，该地区的综合成本率较费改前有所下降（见图2-7）。（1）2016年该地区综合成本率明显低于2015年同期水平。（2）2017年上半年该地区商业车险综合成本率同比上升，但仍低于2015年费改前的水平。

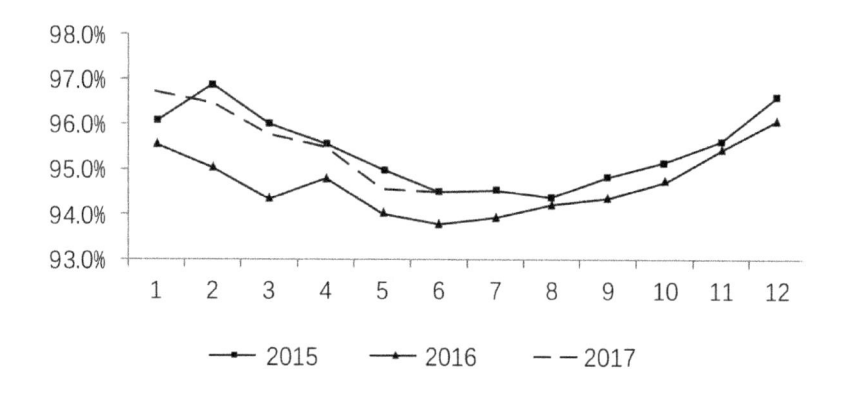

图 2-7 第二批费改地区商业车险综合成本率（年内累计值）

2016年7月商业车险费改在第三批试点地区推行，这些地区的综合成本率较费改前有所上升（见图2-8）。（1）2016年下半年，这些地区的商业车险综合成本率较上半年明显下降，但仍高于2015年同期水平。（2）2017年商业车险综合成本率同比下降，仍高于2015年同期水平。

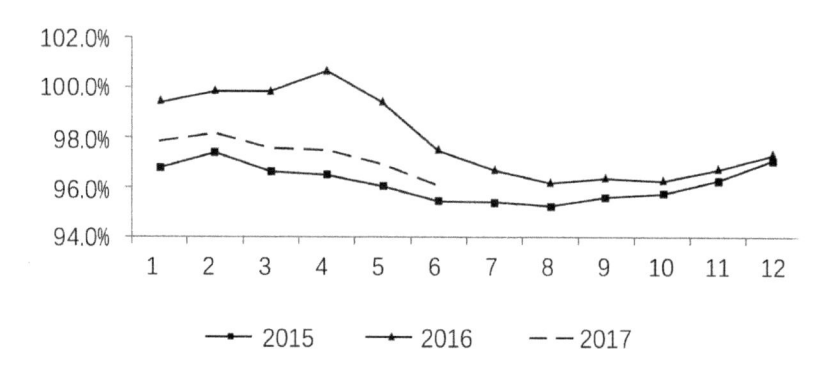

图2-8 第三批费改试点地区商业车险综合成本率（年内累计值）

综合成本率是综合赔付率与综合费用率之和,下面分析商业车险综合成本率的结构变化(见图2-9)。(1)费改后,商业车险综合赔付率明显降低,反映出费改后费率调整系数等激励机制产生的影响。(2)商业车险综合费用率明显上升,反映出费改后市场主体仍然倚重价格竞争。一些财产险公司经营管理不规范,出现违规套取手续费、虚列手续费、赠送礼品和未按规定足额提取未决赔款准备金等行为,扰乱了车险市场秩序。

第一批费改地区

	2015年1月	2016年1月	2017年1月
综合赔付率	57.6	52.8	54.6
综合费用率	36.8	41.2	39.8

第二批费改地区

	2015年1月	2016年1月	2017年1月
综合赔付率	60.8	54.4	55.0
综合费用率	35.3	41.2	41.8

第三批费改地区

	2015年1月	2016年1月	2017年1月
综合赔付率	62.0	60.6	60.9
综合费用率	33.5	36.1	35.1

图2-9 各批次费改地区商业车险综合成本率构成(%)

总之,前两批试点地区综合成本率先下降后上升(第一批费改试点地区:94.4%→94.0%→94.4%;第二批费改地区96.1%→95.6%→96.7%);第三批费改试点地区综合成本率先上升后略微回落（95.5% → 96.7% → 96.0%），但仍高于费改之前水平。商业车险综合成本率的结构变化表明：商业车险综合赔付率下降的改革红利被竞争导致的综合费用率上升效果抵消了。

（四）企业盈利

2015年6月商业车险费率市场化政策实施后，车险承保利润总量持续增长（见图2-10）。在车险整体方面，2016年上半年承保利润较上年同期增加6.4亿元，2016年6月底商业车险费改在全国推广以后，车险承保利润仍然略微增加。从分险种来看，商业车险承保利润递减，交强险承保亏损大幅减少，本轮商业车险费改建立了激励约束机制，推动车主注重驾驶安全，降低了财产险公司赔付成本，对交强险承保利润产生了正向溢出效应。

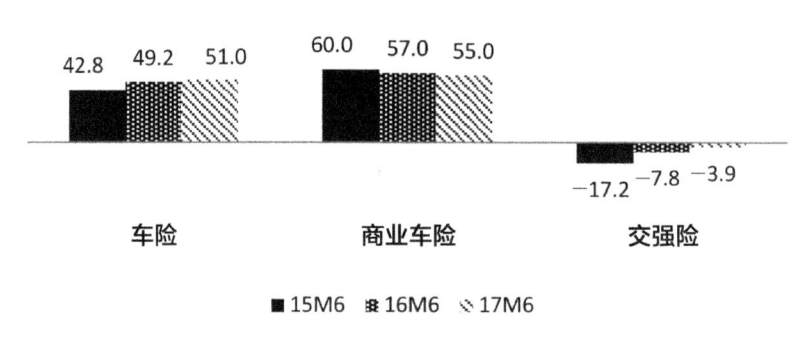

图2-10 车险承保利润（单位 亿元）

不同规模财产险公司的车险承保利润分布呈现"马太效应"现象。在商业车险方面［见图2-11(a)］，大型财产险公司在承保利润中的份额逐年上升，中小财产险公司商业车险承保持续亏损，且亏损程度加剧。在交强险方面，大型财产险公司的承保利润改善，中小财产险公司的承保亏损程度加剧[见图2-11(b)]。可见，费率市场化改革后，大型财产险公司在品牌、服务、费用、精算技术等方面拥有了更大的市场竞争优势。

第一集团：95.1%、103.2%、106.8%
第二集团：24.2%、22.5%、21.7%
第三集团：-19.3%、-25.7%、-28.5%

■ 15M6　✖ 16M6　ヽ 17M6

(a) 商业车险承保利润占比

第一集团：-21.1%、5.2%、120.7%
第二集团：-30.1%、3.6%、-33.9%
第三集团：-48.8%、-108.8%、-186.8%

■ 15M6　✖ 16M6　ヽ 17M6

(b) 交强险承保利润占比

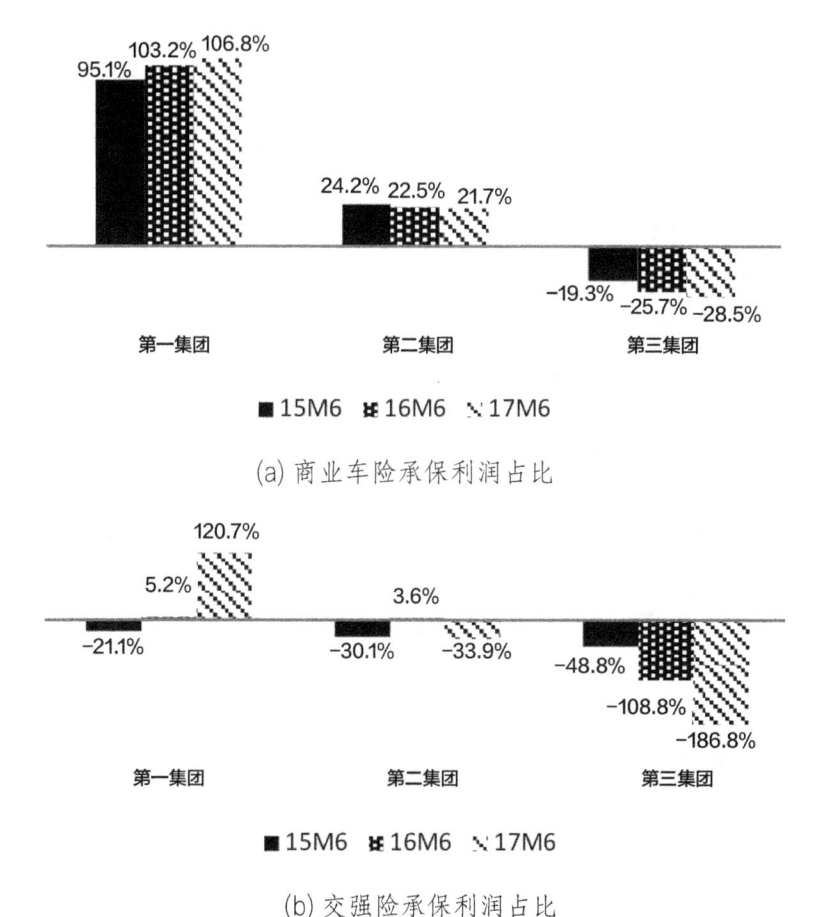

图 2-11　三类公司车险承保利润占比

（五）保险产品和服务

　　费率市场化不是让保险机构拼价格、拼折扣，其目的是促进消费者车险消费选择的个性化、差异化、定制化。费率市场化改革以来，车险市场产品服务创新呈现出三个方面的转型。（1）风险定价向差异化转型。费率市场化以后，保险市场主体可以依托自身风险识别能力，由"从车"和"从人"两大风险源头入手，完善风险定价模型，从而实现保险定价费率的个性化、差异化。（2）经营管理向精细化转型。市场化费率机制在车险市场形成优胜劣汰的价格杠杆，倒逼一些经营模式粗放的公司主动上线风险管理、费用跟单、自动定价、自动核保等信息系统，加大费用管控力度，提升精细化管理能力。（3）竞争手段向多样化转型，在统颁条款时代，几乎所有的财产险公司都经营车险，竞争手段单一，主要依靠价格竞争。费率市场化改革打破了商业车险同质化竞争格局，一些公司开始主动调整车险经营思路，推动车险产品服务创新。

　　总之，商业车险费改以后，车险整体盈利情况稍有改善，这主要归因于交强险承保亏损大幅减少。车险承保利润出现明显的"马太效应"现象，不同规模企业的承保利润加剧分化。保险产品和服务更加多样化。

四、本轮车险费率市场化改革效果：回归分析

（一）回归模型

　　本节通过建立回归模型，估计商业车险费率市场化改革对车

险市场规模和承保利润的影响。我们收集了 2014 年 1 月至 2017 年 6 月中国内地 31 个省区市的月度面板数据。数据来源于中国保监会、中国保险行业协会、各财产险公司信息披露报告、中经网统计数据库和国家统计局。

分析费率市场化改革"总体效应"的模型如下：

$$Prem_{it}=\beta_{10}+\gamma_1 d_{0it}+\beta_{11}VehicleProd_{it}+\beta_{12}Invest_{it}+\beta_{13}CPI_{it}+\mu_{1it}$$
（2.1）

$$Profit_{it}=\beta_{20}+\gamma_2 d_{0it}+\beta_{21}VehicleProd_{it}+\beta_{22}Invest_{it}+\beta_{23}CPI_{it}+\beta_{24}EarnedPrem_{it}+\mu_{2it}$$
（2.2）

其中，i 表示省区市，t 表示月份。$Prem_{it}$ 和 $Profit_{it}$ 为模型的因变量，其中，$Prem_{it}$ 为车险业务规模指标，以车险保费收入度量，$Profit_{it}$ 为车险利润指标，以车险承保利润度量。d_{0it} 为虚拟变量，对于处于费率市场化改革场景的样本取 1，否则取 0。我们最关注的是 d_{0it} 的系数估计值（$\hat{\gamma}_1$ 和 $\hat{\gamma}_2$）。μ_{1it} 和 μ_{2it} 为随机扰动项，假设均服从正态分布。

回归中控制如下变量。由于没有各省区市月度的汽车保有量或销量的数据，$VehicleProd_{it}$ 表示汽车产量。CPI_{it} 表示通货膨胀水平，采用居民消费价格指数（CPI）度量。$Invest_{it}$ 表示固定资产投资额。由于地区国内生产总值（GDP）只有季度数据，而固定资产投资额与地区国内生产总值高度相关，所以选择固定资产投资额度量各地区的经济增长。$EarnedPrem_{it}$ 表示已赚保费，并将其做为车险承保利润（$Profit_{it}$）方程中的一个控制变量。

考虑到本轮商业车险费率市场化改革是分批次进行的，我们也设计了"分批试点效应"模型，如下：

$$Prem_{it} = \beta_{10} + \sum_{i=1}^{3}\gamma_{1j}d_{jit} + \beta_{11}VehicleProd_{it} + \beta_{12}Invest_{it} +$$
$$\beta_{13}CPI_{it} + \mu_{1it} \qquad (2.3)$$

$$Profit_{it} = \beta_{20} + \sum_{i=1}^{3}\gamma_{2j}d_{jit} + \beta_{21}VehicleProd_{it} + \beta_{22}Invest_{it} + \beta_{23}CPI_{it} +$$
$$\beta_{24}EarnedPrem_{it} + \mu_{2it} \qquad (2.4)$$

（2.3）式是在（2.1）式的基础上去掉 $\gamma_1 d_{0it}$，加入 $\sum_{i=1}^{3}\gamma_{1j}d_{jit}$；（2.4）式是在（2.2）式的基础上去掉 $\gamma_2 d_{0it}$，加入 $\sum_{i=1}^{3}\gamma_{2j}d_{jit}$。$d_{jit}$（$j=1$，2，3）为虚拟变量，$d_{1it}$、$d_{2it}$ 和 d_{3it} 分别表示该地区处于费率市场化改革的第一批试点、第二批试点和第三批试点。

（二）回归结果分析

表 2-1 报告的共 6 个回归结果中，变量 d_0 的系数估计值均为正，也均在 1% 的水平上显著，这说明：控制了经济增长、汽车销售和通货膨胀因素后，车险保费收入较费改前显著增加［第（1）、（2）、（3）个结果］，车险承保利润也较费改前显著增加［第（4）、（5）、（6）个结果］。因此，商业车险费改对车险市场产生了显著的积极影响。由于交强险并没有进行费率改革，所以商业车险的费率改革对交强险产生了积极的溢出效应［第（3）、（6）个结果］。

本书第一章的估计结果——2011 年深圳市场化改革使得保费收入上升了 4.85%，赔付率降低 5.85%。2015 年开启的本轮商业车险费率市场化改革的政策力度远大于 2011 年深圳的试点，所以车险保费收入和承保利润的变动幅度也更大。

表2-1 商业车险费率市场化改革的总效应

因变量	保费收入			承保利润		
样本	车险	商业车险	交强险	车险	商业车险	交强险
估计方法	RE	RE	FE	FE	FE	RE
	（1）	（2）	（3）	（4）	（5）	（6）
d_0	2.19*** (0.19)	1.73*** (0.15)	0.47*** (0.07)	0.37*** (0.08)	0.25*** (0.07)	0.11*** (0.04)
VehicleProd	0.50*** (0.04)	0.38*** (0.03)	0.12*** (0.03)	−0.07*** (0.01)	−0.05*** (0.01)	−0.02** (0.01)
Invest	0.01*** (0.00)	0.00*** (0.00)	0.00 (0.00)	0.00 (0.00)	0.00 (0.00)	0.00 (0.00)
CPI	−12.67 (15.17)	−9.92 (11.56)	−2.68 (2.46)	−10.68*** (3.80)	−8.49** (3.72)	−2.08 (1.54)
EarnedPrem				−0.02 (0.03)	−0.01 (0.04)	−0.01 (0.01)
常数项	11.0*** (1.42)	7.96*** (1.17)	3.12*** (0.28)	1.17*** (0.40)	0.90*** (0.29)	0.22 (0.22)

注：FE表示面板数据固定效应模型，RE表示面板数据随机效应模型，二者的选择根据Hausman检验结果确定。系数估计值下方（）内为标准差。***、**、*分别表示变量在1%、5%、10%的水平上显著。在地区维度上，由于厦门、深圳、大连、青岛、宁波的固定资产投资额、汽车产量等数据严重缺失，回归中将5个计划单列市的数据归入其所在的省。时间维度上，由于各年1月固定资产投资额和汽车产量数据缺失，2月数据为累计值，所以各年度2月数据均取1月和2月的平均值，略去各年度1月的数值。

表2-2的回归结果显示，d_1、d_2和d_3在6个回归中均为正，且在17个回归（共18个）中显著，说明三个批次的商业车险费率市场化改革均产生了改革红利。不同批次的效果大小存在较大差异。对于车险整体和商业车险，随着商业车险费率改革的逐步

深入，改革的红利效应逐渐增强（1.94＜2.01＜2.58，1.41＜1.56＜2.13；0.40＜0.46,0.11＜0.26＜0.39）。商业车险的费改对交强险产生了溢出效应。有趣的是，溢出效应是随改革的推进逐渐减弱的（0.58＞0.48＞0.45；0.29＞0.19＞0.02），反映出溢出效应并没有持续性。

表 2-2 商业车险费率市场化改革的分批试点效应

因变量	保费收入			承保利润		
样本	车险	商业车险	交强险	车险	商业车险	交强险
估计方法	RE	RE	FE	FE	FE	RE
	（1）	（2）	（3）	（4）	（5）	（6）
$d1$	1.94*** (0.46)	1.41*** (0.35)	0.58** (0.24)	0.40*** (0.13)	0.11 (0.11)	0.29*** (0.06)
$d2$	2.01*** (0.30)	1.56*** (0.23)	0.48*** (0.12)	0.46*** (0.15)	0.26** (0.13)	0.19*** (0.04)
$d3$	2.58*** (0.29)	2.13*** (0.22)	0.45*** (0.07)	0.41*** (0.12)	0.39*** (0.14)	0.02 (0.03)
$VehicleProd$	0.48*** (0.04)	0.37*** (0.03)	0.11*** (0.03)	−0.07*** (0.01)	−0.05*** (0.01)	−0.01** (0.01)
$Invest$	0.00*** (0.00)	0.00 (0.00)	0.00 (0.00)	0.00 (0.00)	0.00 (0.00)	0.00 (0.00)
CPI	−8.56 (15.4)	−6.28 (11.67)	−2.27 (2.68)	−10.59*** (4.02)	−8.21** (3.96)	−2.55 (1.86)
$EarnedPrem$				−0.03 (0.03)	−0.02 (0.03)	−0.01*** (0.01)
常数项	10.92*** (1.18)	7.93*** (0.98)	3.13*** (0.27)	1.30*** (0.33)	1.05*** (0.29)	0.26** (0.14)

注：同表 2-1。

为了更直观地反映商业车险费率市场化改革对车险市场的影响，我们设计了表2-3。在费率改革总效应方面。（1）商业车险"费改"后，各省区市的车险、商业车险和交强险的平均保费收入均较费改前增加。（2）费改后，各省区市的车险平均承保利润和商业车险平均承保利润较费改前增加，交强险的平均承保利润由负变正。交强险平均承保利润的上升幅度明显高于商业车险，这主要是由于："费改"后，商业车险赔付率下降的效应被综合费用率上升的竞争性成本冲销。

在三个批次的费率改革试点效应方面。（1）随着费改的逐步推进，商业车险保费收入均值和承保利润均值的上升幅度逐渐提升，其中，保费收入均值的变动幅度为－4.73%→8.91%→17.66%，承保利润均值的变动幅度为7.18%→21.82%→76.28%。这反映出商业车险费改的红利效应逐步加强。（2）值得注意的是，费改后，保费收入均值变化率的变动幅度小于承保利润均值的变动幅度，这主要受交强险承保利润改善幅度加大的影响，并非完全是费改红利的作用。

表2-3 费改前后车险市场保费收入和承保利润的均值（2014年2月—2017年6月）

		保费收入			承保利润		
		车险	商业车险	交强险	车险	商业车险	交强险
费率改革的总效应	费改前(亿元)	16.12	12.07	4.05	0.43	0.48	－0.05
	费改后(亿元)	18.59	13.88	4.71	0.78	0.68	0.10
	变动率（%）	15.30	14.95	16.37	81.96	43.00	309.99
第一批费率改革（2015年6月开始）的试点效应	费改前(亿元)	17.06	12.84	4.22	0.52	0.55	－0.03
	费改后(亿元)	17.34	12.23	5.11	1.01	0.59	0.42
	变动率（%）	1.63	－4.73	20.97	94.05	7.18	1331.28

（续表）

		保费收入			承保利润		
		车险	商业车险	交强险	车险	商业车险	交强险
第二批费率改革（2016年1月开始）的试点效应	费改前（亿元）	16.85	12.60	4.25	0.53	0.54	−0.01
	费改后（亿元）	18.30	13.72	4.58	0.77	0.66	0.12
	变动率（%）	8.58	8.91	7.63	46.49	21.82	1191.86
第三批费率改革（2016年7月开始）的试点效应	费改前（亿元）	16.15	11.98	4.17	0.53	0.50	0.03
	费改后（亿元）	22.83	17.66	5.17	0.81	0.89	−0.08
	变动率（%）	41.34	47.33	24.13	52.28	76.28	−427.52

最后，控制变量对车险市场也有一些有趣的影响（见表2-1和表2-2）。（1）汽车产量（$VehicleProd$）的系数估计值在车险保费收入的方程中均为正向且显著，反映出需求方对车险市场规模的带动作用。汽车产量的系数估计值在车险承保利润的方程中均为负向且显著，这主要是由于车险市场竞争加剧，车险手续费等经营成本上升，承保利润被摊薄。（2）固定资产投资额（$Invest$）的系数估计值均为正，一定程度上反映出经济增长对车险市场增长有带动作用。（3）居民消费价格指数（CPI）的系数估计值均为负，一定程度上反映出通胀带来的经营成本上升对车险规模和盈利产生了不利影响。（4）已赚保费（$EarnedPrem$）的系数估计值均为负向且统计显著，说明车险业务规模增加后车险承保利润反而减少，也反映出车险竞争加剧导致承保利润被摊薄。

五、对策建议

本章的统计描述和回归分析发现，商业车险费率市场化改革基本实现了预定目标，也没有与理论预期相悖。我们有如下的具体发现。（1）整体上讲，费改给商业车险市场发展带来了红利，商业车险保费规模平稳提升，赔付状况改善，这与本书第一章的两点主要发现是相同的。（2）费改政策实施后，商业车险市场竞争加剧，"马太效应"现象凸显，中小财产险公司生存环境恶化。（3）费改政策实施后，财产险公司和中介机构的非合规经营现象抬头。（3）商业车险的费改对交强险产生了一定的正向的溢出效应。

本章的研究有如下政策建议。首先，完善费率市场化设计。监管机构要加强对车险市场的监督检查和支持引导。（1）不断完善行业车型数据库，实现车型定价精细化，并积极引导行业主体加快自主条款的开发并尽快推向市场，推进差异化竞争。（2）加强市场调研，深入车险多个环节了解业务实践过程，挑选具有较强实战经验的人士纳入保险监管队伍，制定更为切实可行的政策措施。（3）加强对车险市场检查和督导，通过多种方式监督车险市场运行过程，重点关注车险各利益环节，做到早发现问题早防范治理，严厉打击不合规经营行为。（4）通过优秀经验分享、管理培训等多种方式，对部分经营管理水平落后的机构进行辅导，提升其成本管控能力。

其次，财产险公司要转型升级车险发展模式。（1）财产险公司要提升成本管控水平，吸收和引进新的技术手段，推进数字化和智能化建设。（2）加快推出个性化的车险产品。财产险公司要基于大数据、物联网等技术计算费率，从车、从人、从环境等方面提升车险产品开发设计水平，通过增加有效供给的方式满足市场多元化、个性化的车险需求。（3）不断提升车险服务意识和水平，包括在投保、核保和理赔等多个环节提供增值服务，加强各环节配套服务建设，改善客户服务体验。通过差异化的车险服务凝聚核心竞争优势。

再次，改革过程中存在未解决的难题——"高手续费"问题。"费改"中渠道因子的引入对遏制渠道的不规范、不理性行为起到了一定作用，但是中国保险产品的渠道费用占比本就长期高于其他主要保险市场，目前这一情况更为严重。本章（1）建议行业持续加大对险企自主渠道的扶持力度，减少险企对传统外部渠道依赖，用差异化的渠道竞争来抑制综合费用率快速上升；（2）积极运用网络、云计算、大数据、移动互联网等新技术促进保险业销售渠道和服务模式创新，全面准确地识别客户真实信息，为客户提供全流程服务；（3）对各公司费率政策的执行情况进行严格监管，对于违反规则甚至触犯法律的行为要严格追责。

最后，从国外车险费率市场化实践看，费率市场化过程往往出现市场集中度提高、中小主体由于经营不善被兼并的情况。中国车险市场也呈现中小财产险公司亏损严重，保费收入出现"马太效应"。此外，改革后一两年的赔付率下降并不能确保赔付率（由于过度竞争等原因）在长期中不会上升。因此，（1）要持续强化偿付能力动态监管；（2）针对中小险企车险业务持续亏损的情况，要及时亮出监管红牌，促使其经营回到正确轨道上来；（3）完善对市场竞争失败主体的管理方式。

第三章
交强险的运行状况、制度特点及其完善

一、问题的提出

经济社会发展到一定阶段，道路交通事故渐趋为"社会公害"，在相关险种因制度缺陷无法与之配套的情况下，交强险制度做为一种必然的、合理的选择登上历史舞台。2003年10月28日，全国人大常委会会议通过《中华人民共和国道路交通安全法》（2004年5月1日起施行），该法第十七条规定，"国家实行机动车第三者责任强制保险制度，设立道路交通事故社会救助基金"，至此，中国的道路交通安全的第三者强制责任险（简称"交强险"）被正式提出。2006年3月21日，国务院根据《道路交通安全法》和《保险法》制定了《机动车交通事故责任强制保险条例》（简称《交强险条例》），于2006年7月1日起施行，这标志着交强险制度开始运行。交强险也是中国财产险行业的重要业务。

已有一些文献关注了中国交强险的经营状况问题。孟生旺（2008，2013）、孟生旺、李皞和商月（2011）认为：中国交强险的费率水平偏高；地区之间的费率不公平，各地区赔付率的主要影响因素包括人均收入水平、物价指数、人均交通支出和人均

车辆数；各地区的赔付率和费用率之间存在"反常"的负相关关系；财产险公司的费用率与保费收入规模之间存在非线性负相关，新公司比老公司的费用率更高。周县华（2010）运用北京、吉林、内蒙古和山东的保单层面的数据，研究了交强险的"出险概率"和"案均赔付"的决定因素，发现中国交强险的定价除"出租租赁"和"公路客运"车型以外，总体上偏高；车辆使用性质和载客人数只影响出险概率，而核定车载质量、地域特征和车辆使用年限同时影响出险概率和案均赔付。刘红岩和高洪忠（2010）发现：公司效应和地区效应对交强险赔付率有显著影响，投资收益率与赔付率正相关；各家财产险公司的费用率存在明显的差异，公司规模对费用率有负向影响。朱南军和张昭蓉（2015a，2015b）采用数据包络分析法测算了2008—2012年间各省区市交强险经营的公司效率和社会效率以及2008—2013年间24家保险公司的公司效率和社会效率，并分析了效率的影响因素。朱铭来和刘宁馨（2015）从市场整体、区域市场和保险主体3个方面分析了2014年中国交强险经营情况。

  本章随后部分的结构安排如下：第二节分析中国交强险的整体运行状况（含投保率、财务状况和赔款结构）；第三节分析中国交强险在车种、地区和公司三个维度上的结构性差异；第四节以国际比较视角，分析中国交强险的制度特点；第五节提出了完善中国交强险制度的对策建议。

二、交强险运行的整体状况

(一) 投保率

《交强险条例》要求所有的机动车辆必须投保交强险，不过，从表3-1的统计结果看，中国交强险的投保率虽然在逐年上升，但是仍然有较大的提升空间。根据中国保险行业协会公布的数据，2015年中国汽车（保有量为1.72亿辆）的交强险投保率已达到92%，这是令人满意的；而摩托车（保有量为1.03亿辆）的投保率仅为24%，拖拉机（保有量为1457万辆）的投保率仅为14%。因此，中国机动车中摩托车占比较高，未投保交强险的机动车也主要是对事故受害人危害较小的摩托车。在中国，汽车较之于摩托车有更严格的审查机制和年检体系，这也反映出，汽车这一在交通事故中更可能对受害人造成较大伤害的机动车类别的投保率是最需要关注的。考虑到信息技术的发展、有线／无线网络普及率的提高以及保险公司普遍推出了在线投保承保服务，之前由于地理或是其他原因未能及时按要求投保的车辆能够更方便地完成交强险投保，我们对于投保率的继续增长持乐观态度。

考虑到一些不可抗因素，100%的投保率是难以达成，那么，如何确定一个可接受的目标投保率？根据美国保险研究委员会（Insurance Research Council）2014年的"未保险机动车驾驶人报告"报告，美国2012年交强险的投保率为87.4%。以此为参照，并考虑到中国机动车中摩托车的占比相对高，我们认为，超过80%的交强险投保率是令人满意的，这需要多个部门的共同努力。

表 3-1 交强险投保率

年份	2015	2014	2013	2012	2011	2010	2009	2008	2007
承保车辆次数（万辆次）	18435	16496	14655	12905	11375	10141	8502	6930	6178
增长率	11.8%	12.6%	13.6%	13.5%	12.2%	19.3%	22.7%	12.2%	
机动车保有量（万辆次）	27932	24451	23217	22255	20905	19107	16769	14857	13792
投保率	66.0%	67.5%	63.1%	58.0%	54.4%	53.1%	50.7%	46.6%	44.8%

资料来源：整理自中国保监会历年关于交强险业务情况的公告和《中国统计年鉴》。

（二）财务状况

表 3-2 报告 2007—2015 年交强险运行的财务状况。对于交强险的保费收入和赔付。（1）一个值得注意的时间点是 2008 年 2 月 1 日，那时交强险的保费标准和赔付范围发生了变化，因此，2007—2008 年中交强险保费收入并没有大幅增加（增长了 2.79%），交强险赔付的增长达到 37.41%。2008 年 2 月 1 日后，交强险的保费标准和赔付分责额度并无大的更改，所以保费收入和赔付的增长基本上与承保车辆数的增长是一致的。（2）2008—2011 年，交强险的保费收入增长率高于 15%，赔付增长率高于 20%，此后，保费收入和赔付的增长都趋于稳定。这是由于，交强险实施后，驾驶人对交强险的了解和认可以及强制投保的执行力度是逐步加强的；而随着投保基数的增加，虽然增长率出现下降，但仍然保持在 10% 左右，且增长的绝对金额保持了基本稳定。（3）就赔付—收入比来看，2007—2015 年中先增长，再减少，后逐渐稳定在 70% 左右。从波动较大到逐渐稳定的变化过程说明：在制度推行的初期，各部门对交强险的定责、

分责和定损等方面并不成熟，制度的执行也缺乏经验；而随着制度及其运行的不断完善，在没有重大变革的情况下，赔付—收入比应当会继续呈稳定的状态。

对于交强险的经营费用、投资收益和总盈亏。（1）费用—收入比近些年保持稳定。2007年为交强险首个完整经营年度，由于会计准则不能延期分摊开办费用，2007年的费用率为39.2%，2009年以后费用率基本维持在30%—32%。（2）交强险各年的投资收益很不规律，如果把各年的保费收入做为基准，交强险的投资回报率还没有一个相对稳定的变化区间。这是由于投资环境复杂多变，且不同于养老金等，交强险投资不需要投资于稳定回报的资产。（3）2009—2014年，交强险处于亏损状态，这与中国交强险"不盈不亏"的定价规则是有些背离的。2015年交强险取得了盈利，这主要是由于，受保险资金投资渠道拓宽等政策改革的影响，保险行业投资收益率明显提高，弥补了当年的承保亏损。我们认为，中国交强险在数据收集、清理和定价模型及其变量确定上均有提升的余地，这需要立法机构、行业监管机构和公司的共同努力。

表3-2 交强险运行的财务状况

年份	2015	2014	2013	2012	2011	2010	2009	2008	2007
保费收入（亿元）	1571	1418	1259	1114	983	841	668	553	538
增长率	10.8%	12.6%	13.0%	13.3%	16.9%	25.9%	20.8%	2.8%	
赔付（亿元）	1081	983	880	821	749	621	472	371	270
增长率	9.9%	11.7%	7.2%	9.6%	20.6%	31.6%	27.2%	37.4%	
赔付/收入	68.8%	69.3%	69.9%	73.7%	76.2%	73.8%	70.7%	67.1%	50.2%

（续表）

年份	2015	2014	2013	2012	2011	2010	2009	2008	2007
经营费用（亿元）	489	430	385	338	299	257	206	180	211
费用/收入	31.1%	30.3%	30.6%	30.3%	30.4%	30.6%	30.8%	32.6%	39.2%
投资收益（亿元）	93	63	45	29	20	25	24	7.3	34.6
总盈亏（亿元）	44	−47	−43	−83	−112	−97	−53		

资料来源：整理自中国保监会历年关于交强险业务情况的公告和《中国统计年鉴》。

（三）赔付结构

表 3-3 报告了对交强险赔付金额的分解结果。（1）赔案件数的增幅略高于投保车辆的增幅，这反映出承保车辆发生交通事故的频率提高了。不难理解，同等情况下，在一定的空间范围内，机动车数量越多则发生事故的概率越高。（2）近几年交强险赔付率逐步下降，这主要归因于案均赔付的明显下降。对于案均赔付的下降，有如下原因。①受到公安部修订《机动车驾驶证申领和使用规定》、交管部门大力打击酒驾等危害道路交通安全行为的影响，中国重大交通事故发生频率逐年下降，从 2007 年的 327209 起下降到 2014 年的 196812 起，交通事故死亡人数从 2007 年的 81649 人下降到 2015 年的 58523 人。这使得大额的交强险赔付减少，更多的赔付支出发生在较轻微的交通事故中，从而拉低了案均赔付。②交强险承保结构的变化。随着中国汽车消费和汽车产业的快速发展，出险率高、案均赔付较低的家用车的占比上升，其在 2015 年的占比为 64.70%，较 2014 年上升了 4.1 个百分点。而重大恶性交通事故较多、案均赔付较高的营业车辆（营业客车及营业货车）的占比则下降，其在 2015 年的占比

为18.80%，较2014年下降了2.4个百分点。③保险行业在承保和理赔等方面的管理水平在不断提高。④样本期间汽车价格及相关费用在不断下降，交强险单起事故的对财产损失的赔付成本也随之下降。⑤从2006年交强险实行以来，一直采取浮动费率：2007年6月，保监会发布的《机动车交通事故责任强制保险费率浮动暂行办法》规定交强险保费将与道路交通事故挂钩，并且决定了流向浮动因子（共6级）；已有多个省区市实行了费率与道路交通事故和交通违法行为的次数"双挂钩"的制度。交强险的浮动定价措施激励了驾驶人采用安全驾驶行为。

表3-3 交强险赔付金额的分解

年份	2015	2014	2013	2012	2011	2010	2009	2008	2007
赔案件数（万件）	2451	2234	1971	1769	1468	1213	1178	826	736
出险频率	14.0%	14.2%	14.4%	14.6%	13.4%	12.9%	13.9%	11.9%	11.9%
案均赔付（元）	4411	4401	4464	4642	5101	5121	4007	4489	3670

资料来源：整理自中国保监会历年关于交强险业务情况的公告和历年《中国统计年鉴》。

三、交强险运行的结构性差异

（一）车种间的差异

交强险的投保车辆是所有机动车，不同种类机动车的交强险保费收入可以反映它们各自的投保状况。从表3-4可知，非营业客车、非营业货车、营业货车和特种车的保费收入都在以一个相对稳定但不高的增幅上升；营业客车、摩托车、拖拉机的保费收入无明显变化；家庭自用车的保费收入有显著提高，这4年间翻了一倍多。根据《中国统计年检》的数据，中国私家车保有量从2011年的7326.79万辆增长至2014年的12399.36万辆，而交强险保费收入增长中的83.99%来自家庭自用车。由于2012年年底起，挂车的交强险由牵引车承担，所以挂车的交强险保费收入于2013年后明显减少。

表3-4　各车种交强险的保费收入（亿元）和占比

	2015年		2014年		2013年		2012年		2011年	
	收入	占比	收入	占比	收入	占比	收入	占比	收入	占比
家庭自用车	956	(63.8%)	795	(59.2%)	674	(55.9%)	546	(52.0%)	434	(47.5%)
非营业客车	89	(5.9%)	86	(6.4%)	84	(7.0%)	79	(7.5%)	73	(8.0%)
营业客车	59	(3.9%)	53	(4.0%)	55	(4.6%)	52	(5.0%)	53	(5.8%)
非营业货车	92	(6.1%)	86	(6.4%)	79	(6.6%)	70	(6.6%)	63	(6.9%)
营业货车	230	(15.3%)	248	(18.5%)	231	(19.1%)	222	(21.1%)	210	(23.0%)
特种车	34	(2.3%)	34	(2.5%)	30	(2.5%)	27	(2.5%)	24	(2.6%)
摩托车	31	(2.0%)	31	(2.3%)	31	(2.6%)	31	(2.9%)	33	(3.6%)
拖拉机	9	(0.6%)	11	(0.8%)	11	(0.9%)	10	(1.0%)	11	(1.2%)
挂车	0	(0.0%)	0	(0.0%)	12	(1.0%)	14	(1.3%)	13	(1.5%)
总计	1499		1344		1206		1050		914	

资料来源：整理自各公司历年的交强险专项报告。

不同种类的机动车的赔付率和利润率相差很大（见表3-5）。营业客车、拖拉机、挂车的赔付率超过了100%，而家庭自用车、非营业客车、营业货车在近些年已经实现了稳定的小幅盈利。考虑到中国交强险的定价原则是"不盈不亏"，这反映了重新评估和改革交强险定价的必要性。

表 3-5 各车种的交强险盈利状况（%）

	赔付率					利润率				
	2015年	2014年	2013年	2012年	2011年	2015年	2014年	2013年	2012年	2011年
家庭自用车	68.7	61.4	60.8	60.6	58.6	6.2	5.0	5.4	2.1	-1.7
非营业客车	67.7	64.9	66.0	67.0	64.1	9.2	5.9	4.8	-1.3	-2.2
营业客车	117.2	123.0	115.0	120.4	114.1	-46.14	-59.4	-51.2	-58.9	-57.8
非营业货车	76.4	68.2	66.4	69.1	71.5	-1.80	-2.8	-0.8	-4.5	-8.5
营业货车	70.9	64.1	65.2	66.8	65.4	5.2	6.0	4.0	0.0	-7.2
特种车	80.1	76.1	74.1	76.5	73.7	-2.5	-12.0	-10.0	-12.8	-20.2
摩托车	77.4	77.6	73.8	71.1	66.1	-3	-9.8	-2.8	-3.7	0.8
拖拉机	102.2	100.8	96.6	107.4	118.9	-28.0	-29.8	-25.6	-31.8	-49.6
挂车	2446.3	3404.5	236.5	218.1	197.5	-31.1	21.8	-103.6	-160.8	-166.0

资料来源：整理自各公司历年的交强险专项报告。利润率＝100%－赔付率－费用率＋投资收益率，下同。

（二）地区间的差异

中国交强险的地区性分化明显存在（见表 3-6）。（1）七大区域的交强险的市场份额有明显差异。那么，什么决定了交强险的市场规模？显而易见，最主要的因素是机动车保有量。我们根据36个省区市和计划单列市的2014年的相关数据，计算发现，交强险已赚保费与民用汽车保有量的相关系数高达0.99。进一步分析汽车保有量有两个主要决定因素——人口数量和人均收入。经计算，各省区市的人口数量与交强险已赚保费的相关系数达到了0.89；而人均可支配收入、人均GDP与交强险已赚保费虽然均为正相关，但相关系数分别为0.2712和0.2569，并不高。

（2）交强险的赔付率和利润率在各地区之间也有明显差异。华东和华中地区的赔付率明显高于其他地区，这也导致了它们较低的利润率；而西北和华北地区的赔付率则明显低于其他地区，从而提升了其利润率。"区域差异"的原因在于：发达地区车辆保有量较大、交通拥堵程度较严重、人身伤亡赔偿金额较高、拥有更多的赔付率高而保费较低的营业客车、营业货车、拖挂车和拖拉机等。这样的区域差异状况有违中国交强险"不盈不亏"的原则，并且造成了经济社会发展落后地区补贴发达地区的结果，有失社会公平原则。

表3-6 各区域交强险的市场份额、赔付率和利润率（%）

	市场份额			赔付率			利润率		
	2015年	2014年	2013年	2015年	2014年	2013年	2015年	2014年	2013年
华北	54.0	16.6	17.2	89.3	50.8	52.9	18.6	18.7	16.1
东北	68.0	8.0	8.1	102.5	61.4	62.3	4.3	7.7	4.8
华东	87.3	31.3	31.2	114.8	82.5	82.4	−10.8	−14.1	−14.0
华中	80.2	13.4	13.1	111.2	74.2	75.6	−6.1	−6.9	−10.2
华南	64.8	12.0	12.0	94.7	58.3	58.2	12.5	8.2	10.3
西南	65.2	11.6	11.4	94.5	60.9	61.3	11.8	10.3	6.9
西北	58.6	7.2	7.2	92.6	54.5	54.2	14.1	11.3	12.6

注：华北地区包括北京、天津、河北、山西和内蒙古，东北地区包括辽宁、吉林和黑龙江，华东地区包括上海、江苏、浙江、安徽、福建和山东，华中地区包括河南、

湖北、湖南和江西，华南地区包括广东、广西和海南，西南地区包括重庆、四川、贵州、云南和西藏，西北地区包括陕西、甘肃、青海、宁夏和新疆。

资料来源：整理自各公司历年的交强险专项报告。

（三）公司间的差异

2006年6月，中国交强险市场上仅有10家中资公司，到2015年底，已有中资、合资和外资的保险公司共56家。表3-7统计了交强险的市场结构情况，包括前三大公司的市场份额之和（CR3）、前八大公司的市场份额之和（CR8）、赫芬达尔—赫希曼指数（Herfindahl-Hirschman Index，HHI）和中资公司的市场份额占比。（1）中国交强险的市场集中度是比较高的，2009—2015年，人保、平安和太平洋这3家财产险公司合计均占据了一半以上的交强险业务，不过，它们的市场份额之和呈下降趋势。（2）CR8也呈下降趋势，但CR8的下降幅度不及CR3，这说明一部分从三大老牌公司释放出来的市场份额被其他五家公司吸收了。（3）HHI常做为市场结构的划分标准，中国交强险市场的HHI介于1400和1800，属于低寡占Ⅰ型。（4）中国于2012年起对合资、外资公司开放交强险市场，于2016年3月起不再进行专门的市场准入审批，但是绝大部分的交强险市场仍然被中资公司占据。虽然每年外（合）资公司的市场份额都在增加，但是增幅是微小的，年均约0.2%。因此，外（合）资公司需要加快交强险业务的本土化。

表 3-7 交强险的市场结构

年份	2015	2014	2013	2012	2011	2010	2009
CR3	59.4%	60.0%	60.8%	62.0%	62.7%	59.2%	60.9%
CR8	81.7%	81.5%	81.6%	82.7%	82.6%	81.4%	81.1%
中资公司	99.4%	99.6%	99.7%	99.9%	100.0%	100.0%	100.0%
HHI	1491	1513	1572	1653	1718	1810	1778

资料来源：整理自各公司历年的交强险专项报告。

表 3-8 报告了交强险市场上各保险公司的市场份额、赔付率和利润率。（1）"三大公司"中，人保和太平洋的市场份额较之前几年有所下降，平安的市场份额略有提升，其他公司的市场份额各有增减。通过 2006—2015 年各公司的市场份额的跨期变动程度（"1—相关系数"度量）发现，公司之间的竞争程度不算高。（2）各家公司的赔付率和利润率差别较大。一些新进入市场的公司［尤其是一些外（合）资公司］的赔付率相对高，这反映出，对于较新的市场环境，外（合）资公司的成熟的国际经验没有得到充分发挥。因此，如何改善经营模式和投资策略，值得各家公司思考。（3）某些公司由于分摊到交强险业务的管理费用和理赔费用极不规律，从而较大程度上影响了利润率，这需要行业监管部门和立法部门完善经营核算规则和加强相关检查。

表 3-8 各公司的交强险市场份额、赔付率和利润率（2015年）（%）

公司名称	市场份额	赔付率	利润率	公司名称	市场份额	赔付率	利润率
中资公司：				中煤财产	0.2	48.3	9.1
人保股份	30.0	74.4	5.8	英大财产	0.7	79.9	−7.3
大地财产	4.3	61.4	6.3	浙商财产	0.7	72.4	−3.4

（续表）

公司名称	市场份额	赔付率	利润率	公司名称	市场份额	赔付率	利润率
中华联合	4.7	77.4	1.0	紫金财产	0.8	71.6	−6.4
太保财	10.7	78.9	3.6	泰山财险	0.2	75.6	−9.2
平安财	19.0	73.4	0.6	众诚汽车	0.1	90.1	−31.7
华泰	0.8	55.6	3.8	锦泰财险	0.1	70.5	−1.4
天安	1.9	74.0	−3.8	诚泰	0.1	49.1	18.2
史带	0.1	81.7	−2.5	长江	0.1	72.1	−10.4
华安	2.1	55.2	5.3	富德	0.1	65.0	−13.4
永安	1.3	58.2	8.8	鑫安	0.0	98.7	−52.8
太平保险	2.5	59.1	10.1	燕赵	0.0	23638.4	−127278.8
民安	0.5	75.2	−7.6	中路	0.0	14590.0	−124405.0
中银保险	0.3	81.8	−14.0	中原	0.0	168.2	−847.0
安信农业	0.1	123.1	−43.7	外（合）资公司：			
永诚	1.0	70.0	5.0	利宝	0.1	81.6	−24.1
安邦股份	0.8	89.7	−5.7	安盟	0.1	54.7	−19.1
信达财险	0.8	66.9	1.9	富邦	0.1	66.1	−11.5
安华农业	0.5	59.2	8.7	三星	0.0	110.7	−65.0
天平车险	1.7	56.7	2.8	美亚	0.0	154.8	−777.0
阳光财产	4.0	61.4	9.4	安联	0.0	73.0	−10.8
阳光农业	0.1	59.6	10.7	国泰	0.1	92.2	−41.4
都邦	0.8	65.2	−7.7	现代	0.0	77.5	−33.7
渤海	0.5	74.3	−31.8	中意	0.0	75.6	−42.6
华农	0.2	44.2	11.6	北部湾	0.2	51.8	7.3
国寿财产	6.9	72.9	5.6	东京	0.0	107.8	−230.1
安诚	0.4	96.4	−31.0	恒邦	0.0	130.8	−250.7

（续表）

公司名称	市场份额	赔付率	利润率	公司名称	市场份额	赔付率	利润率
长安责任	0.4	90.1	−24.6	华海	0.0	131.6	−293.5
国元农业	0.1	81.7	−15.6	日本财	0.0	268.1	−1981.1
鼎和财产	0.3	65.4	−0.3	三井	0.0	161.2	−445.1

资料来源：整理自各公司历年的交强险专项报告。公司名称中省略"财产保险"、"保险"、"股份有限公司"、"有限责任公司"、"有限"字样。

四、交强险制度的国际比较

本节主要基于与有交强险长期运行经验的国家或地区的比较，从6个方面分析中国交强险的制度特点。

（一）强制性要求

发达国家和地区普遍对机动车辆道路交通第三者保险采取了强制性投保的要求。其中，一些国家早在20世纪上半叶就建立了交强险制度，如英国（1930）、爱尔兰（1933）、德国（1939），俄罗斯、印度、澳大利亚、加拿大、法国、意大利等也较早实施了交强险制度。在汽车王国——美国，马萨诸塞州和康涅狄格州最早开始实行强制三责险（1925年）；到现在，美国除弗吉尼亚州和新罕布什尔州外的州都已经推行了强制三责险。弗吉尼亚州允许机动车在不投保三责险的情况下注册，但是需要交付很高的注册费。新罕布什尔州要求车辆注册人提供材料证明其有足够的经济能力偿付可能的事故。

当交通事故中有责任的驾驶人没有投保交强险或商业"三责

险"或是投保额度不足时,事故受害人将面临索赔困境。中国没有要求驾驶人强制投保"无保险或保险不足的驾驶人"(uninsured motorist and underinsured motorist)的保险,美国则有约 20 个州进行了这种强制性投保要求。不同于第三者责任保险,这种保险属于第一方保险,其受益人往往是被保险人本人。相较于选择更高的责任保险赔付额度(与此同时需要交纳更高的保险费),这种第三者责任保险与第一方保险相结合的投保方式可以更有效地应对风险。虽然中国交强险目前的 3 项分责(死亡伤残、医疗事故和财产损失)的最高赔付金额为 122000 元人民币,且中国交强险的覆盖率目前不足 75%,但是,中国尚没有什么必要推行无保险或保险不足驾驶人保险。这是因为:根据《交强险条例》,道路交通事故社会救助基金将会承担这种保障责任,而且采用救助基金比采用第一方保险对全民有更高的保障覆盖率和更低的交易成本。

(二)道路交通事故救助基金

新西兰和南非没有对道路交通第三者保险做强制性要求,但是这两个国家均成立了相应的道路交通安全基金用于赔付交通事故受害人。在新西兰,事故赔偿公司(accident compensation corporation,ACC)使用从现收现付制(pay as you go,PAYG)税收和政府从其他途径征得到的资金进行投资,将原始资金和孳息用以赔付包括交通事故在内的意外事故的受害人。任何被认为正常的、可接受的、可帮助受害人恢复到最大可能的健康状态的费用都可以向 ACC 申请赔付,其赔付额度原则上没有上限。并且,

ACC 的赔付机制并不考虑受害人的责任因素，也就是说，即使受害人在事故中存在过错而驾驶人并无任何过错，受害人也有权获得来自 ACC 的赔付。此外，在受害人丧失收入来源时，ACC 也会每周向其提供补助金。

南非也有一套与新西兰类似的基金体系——道路事故基金（road accident fund，RAF）。RAF 的募款来自燃油税、借款以及投资收益。与新西兰相同，南非政府在法案中并没有规定 RAF 的赔付上限；但是，在南非只有由于驾驶人的过失责任而受到损失的受害人才可以申请 RAF 的赔付，可享受的赔付额度与受害人的责任份额相符——赔付仅覆盖医疗及其他损失中不属于受害人责任的那一部分。

中国于 2009 年 10 月 30 日出台了《道路交通事故社会救助基金管理试行办法》，对于基金的筹集（共 7 条）、垫付（3 种情况）、管理和相应的监管做出了严格的规定，该《试行办法》于 2010 年 1 月 1 日开始施行。中国的道路安全事故救助基金与 ACC 和 RAF 有一定的类似性，但是相比于 ACC 和 RAF 的理论无赔付上限的设计，中国的赔付额度是相对低的；中国交强险的赔付机制一定程度上并不与事故责任划分相对应，这与 ACC 的赔付机制类似的。

（三）实施范围和审查

在包括中国在内的大多数国家，交强险是全国统一实施的。现代社会道路交通网络发达，驾驶人驾车往来于不同的省/州的情况十分普遍，而统一的交强险制度对于执法部门、驾驶人和寻求赔付的受害人是便捷的。在某些联邦制国家或者省/州拥有一定立法权的国家，如美国、加拿大、澳大利亚等，不同省/州对交强险有不同要求，这为处理跨地区的道路事故的索赔带来不便。

要提高交强险的覆盖率，检查是一个重要环节，而提高检查效率的一个方式是促进信息交流共享。英国政府引入了持续性保险监督体系（continuous insurance enforcement，CIE），该体系让保险公司和车辆执照税（vehicle exercise duty，VED）审查机构共享数据，从而令执法人员可以借助机动车保险数据库，在日常检查中检查嫌疑车辆的交强险投保状况。一种持续且便捷的检查机制。

（四）可盈利性和费率

各国（地区）对交强险的可盈利性有不同的要求和解释。总体而言，在商业体系中对契约自由有更深厚的历史渊源的国家（地区），更可能允许交强险盈利。美国、英国、澳大利亚等国家（地区）并没有对定价方式有太多的要求。东亚地区的中国大陆、中国台湾地区、日本等要求保险公司本着"不盈不亏"的原则经营交强险。在中国台湾地区，保险公司对定价没有自主权，根据中国台湾地区《强制汽车责任保险法》第45条的规定，"本保险费率，由主管机关会同中央交通主管机关会拟定，提经社会公正人士组成之费率审议委员会审议通过后发布之"。

自2006年以来，中国交强险一直采取浮动费率制。根据中国保监会于2007年6月发布的《机动车交通事故责任强制保险费率浮动暂行办法》，交强险费率与道路交通事故挂钩，并采用

6级浮动因素（A1—A6）。此外，主管者希望但不强制推行交强险费率与"道路交通事故"和"交通违法行为的次数"的"双挂钩"制度。"奖优罚劣"的费率浮动机制可以督促驾驶人安全行驶，发挥保险"事前"的风险管理功能。

（五）经营机构

在中国2006年颁布的《交强险条例》中，可从事交强险业务的保险公司仅为中资公司。到2012年3月30日，国务院发布《关于修改〈机动车交通事故责任强制保险条例〉的决定》，允许经保监会批准的保险公司（包含中资、合资和外资保险公司）经营交强险业务。在2016年3月1日国务院发布的《关于修改部分行政法规的决定》中，删除了《交强险条例》第5条第1款中的"经保监会批准"的字样。中国交强险经历了从中资市场到较开放的市场再到完全开放市场的改变。

中国的机动车驾驶人可以自主选择交强险的经营机构进行投保。在英国，2016年有250家以上的保险公司获得了机动车保险局（motor insurance bureau，MIB）认证的经营交强险的资格。由多家保险公司经营交强险的主要好处是，通过市场竞争降低成本（如节省不必要的环节、提高保费的投资回报率），改进交强险的服务；但是，在多公司经营特别是在允许公司自主定价的环境下，有的保险公司可能为了抢占市场而进行恶性价格战，从而扰乱整个市场并对监管体系造成困扰。

在一些国家（地区），政府部门设立统一的承保单位来经营交强险。在澳大利亚的许多州，政府部门设立了统一的承保单位来进行交强险的承保和运作,如,维多利亚州的交通事故委员会(transport accidents commission)、南澳的机动车事故委员会(motor accidents commission)、塔斯马尼亚州的机动车事故保险会(motor accidents insurance board)、北领地的领地保险办公室(territory insurance office,TIO)、西澳的西澳保险委员会(insurance commission of western australia,ICWA)。成立统一承保单位的好处在于简化信息的复杂度,如可以将交强险保费纳入到车辆的注册费中收取,从而提高交强险监管部门和执法部门的工作效率,同时降低渠道费用。

(六)赔付责任和索赔对象

不同国家(地区)的交强险在赔付责任范围上存在差别。在美国大部分州,交强险的赔付范围包含身体伤残责任(bodily injury liability)和财产损失责任(property damage liability),而澳大利亚所有州的交强险都只保障死亡伤残而并没有保障财产损失。中国交强险中,死亡伤残赔付限额和医疗费用赔付限额是分立的,这使得中国交强险有相对小的赔付支出。中国交强险还有2000元人民币的财产损失责任部分,这能避免大量的民事纠纷,但也大幅加重了保险公司的理赔负担。此外,一些国家(地区)交强险的赔付责任明确包括了受害人的"收入损失",这是比较人性化的设计,今后中国也可以考虑。对于"精神损害赔付",各国(地区)的交强险几乎都是不支持的。

对于死亡伤残的赔付是否设置上限,不同国家(地区)存在差异。欧盟成员国的交强险赔付额度均为:单个人的人身伤害赔付不超过 100 万欧元，每起事故的人身伤害赔付不超过 500 万欧元。英国在脱离欧盟之后，交强险对人身伤害将不设置赔付上限，这也类似于澳大利亚。中国交强险目前对于死亡伤残的赔付限额为 11 万元人民币，是偏低的，这点在经济社会较为发达的地区非常明显，所以应当考虑建立动态化的赔付上限和费率调节机制。

中国的交强险设有无责任赔付。相比于更多国家（地区）所采用的有责任制赔付模式，"无责赔付"条款能够更全面地照顾交通事故中受害人的利益，但是也增加了保险公司的赔付和制度运行成本。

在交强险索赔对象上，各国（地区）之间也存在差异。往往在采取无过错侵权责任制的国家（地区），如英国、日本、中国台湾地区，第三者有权直接向承保的保险公司提出索赔。而在采取过错侵权责任制的国家（地区），如美国的一些州，受害人无权直接向保险公司提出索赔。中国允许交通事故受害人直接向对方的交强险的保险公司索赔，从而能给予受害人更好的保护。

总之，中国交强险的制度框架是较为先进合理的。中国交强险运行十多年以来，在保障道路交通事故受害者权益、促进道路交通安全管理、提升全社会的保险意识等方面发挥了非常重要的作用。与此同时，中国交强险制度在监督检查、费率和责任限额的具体设计上也很有改进的必要。

五、对策建议

经过十年多的发展，中国交强险产生了很大的综合效益。（1）交强险制度在促进道路交通安全管理、保护道路交通受害者权益、发挥费率杠杆作用、提升驾驶员安全意识、预防和减少道路交通事故的发生等方面发挥了重要作用。(2)交强险报销范围比基本医疗保险更广泛，有助于健全医疗保障体系。(3)交强险做为强制险为推广和普及保险知识做出了贡献。(4)通过交强险的运行，保险部门辅助了地方财政税收征管工作。

不过，中国的交强险制度仍然需要完善，这些问题在前文大多有所涉及，现归纳和分析如下。第一，交强险制度推行时间较长的国家一般都有完善的风险分级，风险系数有几十种，每一种还细分了等级，而中国交强险的风险分类不够细致，连最基本的"车种"因素也考虑得很粗糙，如一些地区的拖拉机交强险的车种费率水平甚至低于摩托车。建议仿照商业车险模式建立保费调节系数，综合考虑交通违章、驾驶人情况等风险因素，提高交强险费率厘定的细致程度，使消费者支付与其自身风险状况相匹配的保费。

第二，不同地区自然地理、社会和道路交通状况以及驾驶人资质不同，而交强险在全国各地区采用统一费率与中国经济体制的市场化改革方向不符。建议综合考虑各省区市经济发展程度、交通状况及司法环境等因素，分地区制定交强险费率，使得费率与风险相匹配。

第三，在保单条款调整过程上，建议在《交强险条例》中增加更具体的规定，建立动态调整机制，明确费率调整的触发条件、调整程序、调整频度、调整主体，让费率调整制度化、具有可操作性。否则，容易出现调整滞后的情况，如，社会医疗费用及伤残标准不断提高，但交强险的赔偿限额仅在2008年进行过一次调整，近些年对社会需求的满足越发不足。

第四，各保险公司在交强险的费用分摊上有较大的灵活性，使得核算结果不容易体现交强险实际经营状况。建议在《保险公司费用分摊指引》的基础上制定更为统一的交强险的费用分摊标准和规范，并加强监督检查。这也能为下一步的费率改革积累充足、准确、有效的数据。

此外，前文没有分析的一个问题是，中国交强险的定位比较模糊，既非纯粹的市场化经营模式，也非纯粹的代办模式，这在很大程度上造成了保险公司尴尬的经营地位，也是本章所讨论的很多问题的根源。对此，我们应当深入权衡各种模式的利弊。

第二篇

侧重政策——非车财产保险

第四章
农业保险在不发达地区的运行及其完善

一、问题的提出

农业是国民经济的基础,也是中国的弱质产业。中国农业生产面临着自然灾害、病虫害、意外事故等多种风险,而农业生产的基本单位——农户抵抗风险的能力弱,因灾返贫、因灾致贫的现象常常出现。农业保险做为一种独特的风险管理工具,具有恢复受灾农户生产能力、保障农民经济利益、改善农村信用环境、促进农村经济发展等作用。

农险具有正外部性,农业风险的系统性强,加之农险中存在较为严重的逆向选择和道德风险问题,这些原因使得单靠市场力量经营农险难以成功。1982年中国人民保险公司开始试办农险业务,但发展一直缓慢。随着"三农"问题的不断升温,在免除农业税后,支持"三农"的新措施得到了社会各界的期盼。随着加入WTO的过渡期即将结束,发挥农业保险对"三农"的支持作用也更为重要。

自2004年起中央连续在"一号文件"中将农业保险列为金融支持农业发展、保障农户利益的内容。2004年起,中央首次提出应"加快建立政策性农业保险制度,选择部分产品和部分地区率先试点,有条件的地方可对参加种养业保险的农户给予一定的保费补贴"、"建立农业再保险体系";同年起,中国保监会在上海、黑龙江、吉林、新疆、江苏、四川、湖南等9省区市启动了农业保险试点,积累经验。

2007年,中央开始陆续在各地推行农险的中央财政补贴和地方财政配套的政策。自2007年起,中央选择7省区开始试点推行有财政补贴的政策性农险,保险费由中央财政、地方财政和农户共同承担;2008年试点地区在2007年基础上进一步扩大,增加了10个省级单位。各年度中央财政补贴的政策性农险开始试点的地区名单见表4-1。财政补贴政策及其配套措施能通过市场化运作降低涉农补贴,减少扶贫资金的寻租行为,提高资金使用质量;通过将"农业直补"变"保费暗补"规避国际规则约束,保持财政支农能力;通过定向支持地方特色农业,助力农业改革;通过重点支持特殊经营主体,推进农业生产方模式。

从表4-1可知,从农险深度(=农业保险保费收入/农业增加值)和农险密度(=农业保险保费收入/农业人口)两个指标来看,中央财政补贴的政策性农险对于农业保险的发展有显著的推动作用。如图4-1所示,2007年中国农险保费收入发生了"结构突变"。至2017年,中国农业保险承保主要农作物21亿亩,占全国播种面积的比重已达到84.1%。

表 4-1 中央财政补贴的政策性农险在各地区的推进

地区	农险深度 开始补贴前一年(%)	农险深度 开始补贴后一年(%)	涨幅	农险密度 开始补贴前一年(元/人)	农险密度 开始补贴后一年(元/人)	涨幅
2007年起补贴							
内蒙古	0.00	1.21	—	0.24	92.63	38495.83%
吉林	0.07	0.72	928.57%	3.51	51.45	1365.81%
江苏	0.00	0.15	—	0.05	8.74	17380.00%
湖南	0.01	0.64	6300.00%	0.44	34.54	7750.00%
四川	0.00	0.42	—	0.04	19.61	48925.00%
新疆	0.54	1.95	261.11%	22.25	105.05	372.13%
2008年起补贴							
河北	0.06	0.25	316.67%	2.51	14.08	460.96%
辽宁	0.01	0.10	900.00%	0.34	7.71	2167.65%
黑龙江	0.36	1.12	211.11%	18.89	75.63	300.37%
浙江	0.09	0.18	100.00%	4.17	9.46	126.86%
安徽	0.04	0.67	1575.00%	1.41	28.11v	1893.62%
福建	0.05	0.10	100.00%	3.08	7.53	144.48%
山东	0.04	0.13	225.00%	2.06	8.68	321.36%
河南	0.03	0.19	533.33%	1.11	8.97	708.11%
湖北	0.08	0.29	262.50%	3.31	16.64	402.72%
海南	0.03	0.15	400.00%	2.47	15.45	525.51%
2009年起补贴							
江西	0.10	0.30	200.00%	3.91	14.46	269.82%

（续表）

地区	农险深度			农险密度		
	开始补贴前一年(%)	开始补贴后一年(%)	涨幅	开始补贴前一年(元/人)	开始补贴后一年(元/人)	涨幅
2010年起补贴						
山西	0.09	0.40	344.44%	2.22	14.33	545.50%
广东	0.05	0.07	40.00%	2.97	5.46	83.84%
云南	0.29	0.43	48.28%	10.41	20.67	98.56%
甘肃	0.08	0.24	200.00%	2.28	10.30	351.75%
青海	0.08	0.44	450.00%	2.78	22.55	711.15%
宁夏	0.36	0.39	7.69%	14.84	20.87	40.63%
2011年起补贴						
广西	0.04	0.06	50.00%	2.71	4.92	81.55%
重庆	0.10	0.20	100.00%	4.94	15.00	203.64%
贵州	0.01	0.08	700.00%	0.39	3.11	697.44%
西藏	0.12	1.07	791.67%	3.45	36.13	947.25%
陕西	0.06	0.23	283.33%	2.96	16.47	456.42%
2012年起补贴						
北京	3.16	3.45	9.18%	154.48	192.41	24.55%
天津	0.36	0.88	144.44%	21.59	62.26	188.37%
上海	4.55	3.95	－13.19%	226.69	203.59	－10.19%

注：上海在中央财政补贴前，长期有地方对农业保险的财政补贴。
数据来自：历年《中国保险年鉴》、国家统计局。

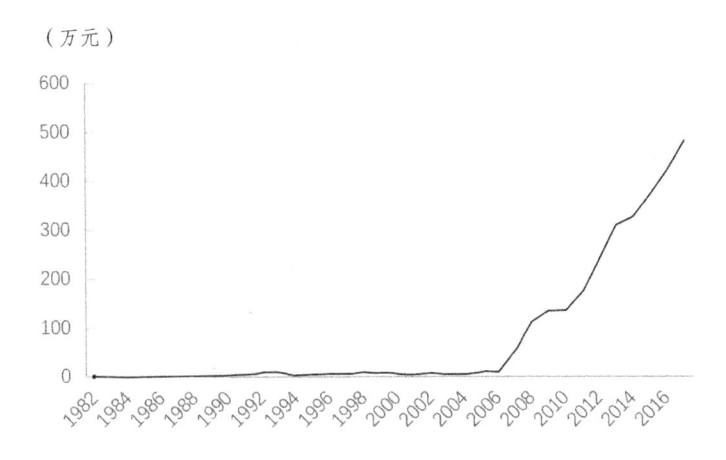

图 4-1 中国农业保险保费收入（1982—2017 年）

资料来源：中国人民保险公司保险业务统计资料汇编、历年《中国保险年鉴》、《中国保险史》（北京：中国金融出版社，1998）。

河南是农业大省，2007 年河南省首批被纳入到中央财政农业保险保费补贴试点地区。到 2014 年，农险已覆盖河南省 18 个省辖市的 108 个县（市），保险品种由最初的 1 种增加到 2014 年的 14 种，其中种植业险种 8 种。2016 年，河南省农险保费收入达 27.91 亿元，同比增长 60.36%，增速居全国首位。2014 年，河南省承办农险业务的公司数目为 8 家，18 个省辖市平均有 5.2 家保险经营机构，最少的也有 3 家。目前，河南省已经初步建立了农险的服务网络。

然而，从总体上看，河南省农险的发展水平不高，保险覆盖面较窄、区域特色不明显、作用发挥不充分，与河南省经济社会发展的需要还有一定差距。例如，河南省农险保费收入占全国的比重一直较大幅度地低于河南农业产值占全国的比重、农村人口占全国的比重以及保险规模占全国的比重（见表4-2），因此，河南省农险的发展水平还有较大的提升空间。

表4-2 河南省农业和农业保险发展的基本情况

年度	河南省农险保费收入（亿元）	—占全国比重	河南省农险赔付（亿元）	河南省农业总产值（亿元）	—占全国比重	河南省保费收入（亿元）	—占全国比重
2016	27.91	5.83%	14.99	6493	12.64%	1555	5.02%
2015	17.41	4.17%	8.29	7800	12.41%	1248	5.14%
2014	11.39	3.50%	6.66	4161	7.13%	1036	5.12%
2013	15.47	5.04%	7.38	4059	7.34%	917	5.32%
2012	11.79	4.90%	4.02	3770	7.20%	841	5.43%
2011	4.28	2.46%	2.04	3512	7.40%	840	5.86%
2010	1.79	1.32%	3.49	3258	8.04%	793	5.46%
2009	5.30	3.96%	3.56	2769	7.86%	565	5.08%
2008	3.75	3.39%	2.59	2659	7.89%	519	5.30%
2007	0.68	1.28%	0.16	2218	7.75%	324	4.60%
2006	0.47	0.14%	0.00	2050	8.53%	252	4.47%
2005	0.01	0.10%	0.00	1892	8.44%	213	4.32%
2004	0.01	0.17%	0.02	1647	7.69%	202	4.68%
2003	0.11	2.26%	0.11	1240	7.13%	167	4.30%

数据来源：历年《中国保险年鉴》、《中国统计年鉴》。

本章随后部分的结构安排如下：第二节总结河南省农险发展的若干经验；第三节分析了河南省农险的问题（或困难）及其成因；第四节提出促进不发达地区农险发展的对策建议。

二、河南省农业保险发展的经验

（一）保险与畜牧部门联动，开创养殖业保险的"济源模式"

2007年国务院发布《关于促进生猪生产发展稳定市场供应的意见》，首次提出要"积极推进能繁母猪保险工作"。不过，养殖业保险的道德风险不易防范，虚假赔案层出不穷，加之当时的保险公司缺少经验，对养殖险业务风险点认识不足，管控手段缺失，无害化处理服务不到位，2008年起，河南省很多地区的养殖险业务开始呈现严重亏损态势，发展遭遇瓶颈。2010年河南济源地区的养殖业保险一度暂停。

2011年以来，经过努力和探索，中华联合等保险公司与济源市畜牧局协作，形成了养殖业保险的"济源模式"。"济源模式"发挥保险的社会管理职能，建立保险与畜牧联动的工作机制，畜牧部门广泛参与到养殖业保险的工作中，承保收费与防疫工作同步进行，保险理赔与无害化处理捆绑，解决了生猪防疫监管难、病死猪违法上市的问题。养殖户的保障需求得到了满足，畜牧管理工作能够有的放矢，保险公司养殖业保险实现持续发展，国家的惠农政策得以有效落实，达成了多方共赢的局面。

（二）形成农业保险考核体系

为了规范和做好农险保费的财政补贴工作，河南省一些地区根据历年来农险工作中需要注意的问题，制订了政策性农险工作考评办法。例如安阳市自2013年起，对县区农险办和各农险承保机构采用百分制考核：对县、乡农险办的考评按照组织领导、工作实施、监督检查等内容进行，对承保机构的考评按照组织建设、合规经营、理赔到位、群众满意等内容进行。对不按照规范操作、不能及时理赔的承保机构，调整业务开展区域、承保险种，甚至令其退出农险市场，促进各承保机构规范开展农险业务。

（三）划分各保险机构的承保区域，规范同业竞争

随着农险承保机构的增加，各机构之间的竞争愈发激烈。为了解决各承保机构的无序竞争问题，促使各承保机构将精力集中于做好农业服务工作，提高承保效率，河南省很多地区根据各承保机构考评得分结果，参照联合督导检查出的问题以及整改落实情况，综合群众反映、日常业务等因素，合理划分各承保机构作业区域，以县区乡镇为单位、分区域分险种开展业务。

（四）创新农业保险产品

河南省一些地区开发了生猪价格保险、种羊保险等。猪肉价格起伏较大，价格过低，给养猪户造成较大的经济损失，打击养殖户积极性。河南平顶山地区尝试开办了生猪价格保险，并于4月17日成功签署了河南省预约生猪价格保险第一单。在保险期限内，生猪平均价格低于约定价格时视为保险事故发生，保险公司按合同约定赔偿相应的损失。生猪价格保险纳入平顶山市政策性农险补贴范围，市财政按保费的50%进行补贴，养殖户承担另外50%的保费。生猪价格保险考虑了养殖户的实际需求，条

款通俗化、简易化,提高了保险理赔的可操作性,无需换算猪粮比,保险责任清晰、定损方便。

三、河南省农业保险发展的问题

河南省农险发展中主要遇到了如下问题或困难。

(一)种植业农户的参保积极性不高,保费收取难

造成这种现象主要有以下原因。在被保险人方面。(1)对传统小规模经营的农户来说,主要劳动力平时外出务工,农忙季节才回乡从事农业生产,农业收入在农户收入中的比重越来越低。(2)大多数农户有丰富的耕作经验,对一些旱涝保收的地块能做出较准确的判断。(3)很多农户对农险的好处仍然了解不够。(4)一些农户习惯了多年来国家鼓励种地的现金补贴政策,对于花钱参加保险不习惯。

在产品方面。(1)种植业保险的保额小。保险金额根据每年全省农业生产的平均物化成本(包括种子、化肥、浇水、农药、电费及人工等)制定,目前玉米的保额为329元,小麦的保额为447元,保障标准与农民的期望值有差距。(2)理赔的免赔额较高。有些风、雨级数虽然没有达到条款约定的理赔标准,但已经造成减产损失,如收获期的小麦、玉米遭遇不大的风吹就会倒伏,造成减产。

河南省目前大宗粮食作物主要是分散经营,在农户态度不积极的情况下,与农户的沟通成本高于保险机构的基层服务所

能承担的成本，甚至可能超过农户承担的那一部分保费收入。这在很大程度上导致保险机构做不到保监会要求的"五公开"（惠农政策公开、承保情况公开、理赔结果公开、服务标准公开、监管要求公开）和"三到户"（承保到户、查勘定损到户、理赔到户）。

（二）一些区域性特色高效农产品没有纳入政策性保险补贴范畴

根据"中央支持保大宗、保成本，地方支持保特色、保产量"的政策目标，中央财政补贴的农险险种主要集中在粮棉油等对国计民生有重要影响的大宗农产品。不过，蔬菜、水果、水产品等特色高效农产品生产的专业化、集约化程度较高，生产要素投入较多，对风险保障的需求很迫切。目前河南省政策性农险对于市场需求量大的温室大棚蔬菜、特色水果、稀缺花卉苗木、特色畜禽养殖等高效农产品产业尚未给予保费补贴。

（三）缺乏对新型经营主体有针对性的农业保险险种

随着土地流转的普遍化，越来越多的种养大户、家庭农场、合作社、产业化龙头企业等新型农业经营主体发展迅猛。与传统小规模经营的农户相比，新型经营主体生产种植规模大、集约化程度高，对市场波动更加敏感，所以生产经营的风险更大，对农险的需求更迫切。但目前河南省的农险，不论是顶层设计还是保险机构的产品创新，都把新型经营主体与普通农民一样对待，缺乏有针对性的保险产品。

（四）保险公司基层队伍不健全

根据中国保监会"关于加强农业保险业务经营资格管理的通知"，保险机构开办农险业务，原则上在拟开办农险业务的县级区域应具备与业务规模相匹配的基层服务网络。从调研情况看，在河南省的保险机构的县级机构一般仅有2—5人负责农险业务，在乡镇一级大多依托乡镇农业、畜牧部门开展业务，在村一级主要是村委主任、村会计等组成的协保员队伍。农险承保（收取保费及发放保险凭证到户）、查勘理赔等均需大量的人力，承办机构的服务网络的不健全造成了农险业务基础不牢，很大程度上导致了后续收费、凭证发放及理赔不到户。

（五）农业保险的理赔服务水平较低，理赔宣传不足

农险在凭证发放和理赔时需要得到基层村级组织以及村级协保员的配合，由于村级组织在组织承保理赔等环节的不规范、协保员的兼职性质，基层服务网点及代理人员有时以应付的态度对待工作，这一定程度上造成了承保理赔不及时、保单填写不规范、核灾定损不准确等问题。此外，农险的政策宣传较多针对承保阶段，较少针对理赔阶段，这使得农户由于缺乏对理赔工作的了解而产生不满。例如，很多农户对理赔的法定程序、不同生长期的理赔标准不清楚，造成了获得的理赔款与其期望值相距甚远。

(六)存在不规范的经营行为

一些地区的保险机构与基层政府配合进行虚假承保,再冲回农户应负担的保费,"乡村政府与保险公司协商确定赔付多少",保险公司自作主张"协议赔付"、"比例赔付"、"封顶赔付"。这些都属于违规行为,导致出现了"保险与农户没关系、定损与灾害没关系、参加保险的农作物与补贴品种没关系"的现象。

(七)农业保险的财政补贴方面

(1)财政配套资金不能及时拨付到账。在财政补贴的流程设计上,保险公司先把农户的保费收集起来,待省市县政府的补贴到位之后,中央财政的补贴再拨付。但是基层政府尤其是县级的财政预算资金较为紧张,补贴资金往往不能及时、足额拨付到位,导致中央的补贴资金滞后,从而影响整个农险补贴资金的到位率。(2)有些县的财政配套有困难。在经济步入新常态时期,县级工业发展遇到困难,一些县的财政收入更趋紧张,从而对农险资金配套有困难,不同程度地影响了农险中政府作用的发挥。

四、对策建议

发展农险需要坚持"政府引导、市场运作、自主自愿、协同推进"的原则,以政策为导向,以合规为准绳,以发展为主题,以服务为核心,积极服务"三农"。

（一）进一步推动农业保险

1. 继续扩大农险的覆盖面。（1）鼓励农民和各类新型农业经营主体参保。(2)推广农村小额信贷保险、农房保险、农机保险、农业基础设施保险、森林保险，以及农民养老健康保险、农村小额人身保险等普惠保险业务。

2. 改善保险公司的服务。保险公司应当完善核心业务系统，改进业务操作流程，培养高素质的农村保险服务队伍。在承保时，做好保单条款费率的解释说明工作，严禁强迫或误导农户投保；在理赔时，简化理赔程序、减少兑付环节，提高理赔效率。

3. 加强宣传，增强农户保险知识。应当继续通过多种形式加强宣传。一方面要让农户对农业风险的危害性、投保的利弊等有清楚的认识，把农险与乱摊派区别开来。另一方面，尽量要让农户了解、理解进而认可农险的基本原理和条款，如射幸性、免赔额、准备金等。

（二）创新农业保险产品

1. 补贴对象上兼顾"主粮"与"特色"，特别是满足蔬菜、果品、水产品、花卉等区域性特色高效农产品的保险需求。蔬菜、果品、水产品、花卉等农产品是河南省很多地区农户的主要收入来源；蔬菜、果品等农产品在中国城乡居民膳食结构中都有重要地位，保障其供给也是重要的民生问题。这些农产品属劳动密集型产业，其种植、加工、贮运、保鲜和销售转化了数量众多的城乡劳动量。因此，建议可以采取地方特色农业目录清单管理方式，选择一批具有竞争力的农产品进入中央或地方财政保费补贴的范围；同时，农险的经营者应不断开发相关险种，积极推进试点，努力扩大保险覆盖面。

2. 为新型农业经营主体提供个性化保险服务。目前的农险以传统农户为服务主体。河南省的农险发展水平不高，与传统农户经营规模小、市场化程度不高、市场意识不强有很大关系。从今后中国农业的发展方向看，规模经营是必然趋势，农业龙头企业、农业合作社、家庭农场等新型经营主体必将在农业生产中占据越来越重要的地位。鼓励各保险经营机构适应新形势，在保险服务主体上进行创新，区别新型农业经营主体与传统农户的不同生产经营特点，创新组织方式和管理机制，"量身定制"符合新型农业经营主体需求的保险产品。同时，鼓励龙头企业资助订单农户参加农险。

3. 围绕转变农业发展方式，积极探索多种保障方式的险种。与发达国家相比，中国农险产品比较单一，保障程度较低，以"保大宗、保成本"为主。应当大力支持保险经营机构探索创新农险产品，积极开展农作物种业、农业基础设施、农机具保险服务，鼓励开发天气指数保险、目标价格指数保险、农产品质量安全保险、农村小额信贷保证保险等新产品，鼓励开发产量保险、收入保险等不同保障水平的产品，满足不同农业生产经营者的需求。

4. 将农用大棚列入中央补贴农险之列。近年来，农业大棚如雨后春笋，发展迅猛，并出现玻璃大棚等高价值的介质形式，但是大棚抗灾能力薄弱，经营风险也比较大。由于风险大，大棚的保险费率较高，政府没有补贴，农户难以承受较高的保费，一定程度上制约了农用大棚产业的发展。2018年8月，蔬菜之乡——

山东寿光发生洪涝灾害，该市温室大棚数量为 14.7 万个，此次受灾数量约为 10.6 万个，受灾比例超过 2/3，然而，参加农业保险的大棚数量仅有 120 个，参保率不到千分之一（资料来源：每日经济新闻，2018 年 8 月 27 日）。因此，建议将农用大棚列入中央补贴农险之列。中央补贴的保险责任范围建议包括：因火灾和空中运行物体坠落，卷帘机电机及大棚覆膜被盗抢，因暴风、龙卷风、雪灾、冰雹和冰凌造成的棚体损毁以及由上述原因造成的棚体损毁所引发的蔬菜冻死。

（三）完善农业保险的制度设计和运行——资金方面

1. 探索粮食主产区粮食作物的保险由各级财政全额承担，不再向农户收取保费。现在农险存在的问题很大程度上是由向农户收取保费直接或间接引起。因此，可以采取政府采购的方式选择保险机构，农作物受灾时，由政府牵头，与保险机构共同定损，由保险机构负责理赔。

2. 减轻贫困县的保费补贴负担。财政部门从顶层制定有效的保障措施，保证财政资金尤其是县级财政配套的落实。当前的农险政策中需要市、县政府负担相应的保费补贴比例，但贫困县进行农险的补贴有困难。建议减少或取消产粮大县的粮食作物保险的县级财政保费补贴。

3. 补贴比例上施行"有升有降"的动态调整机制。当前保费补贴的边际效用已经明显下降，需要对总补贴水平和各分摊主体的比例进行优化。一是对个体生产农户的补贴水平需要下调，可以调整到 70% 的水平，即便如此也高于全球平均 40%—60%

的补贴水平。二是对种养专业户、农民合作组织、农业公司等规模化生产主体的保费补贴比例保持在80%，以此激励分散的小农生产向规模化经营发展。

4. 建立政府主导的巨灾风险分散机制。对于干旱、洪涝、台风、冰雹等引起的巨额的农业损失，可以由保险共同体承担。例如，以省政府为被保险人代替农户或涉农企业向再保险公司分散风险；又如，中央和地方财政共同出资，建立农业巨灾保险基金，进行专项管理。

5. 保费补贴资金使用上简化流程。建议将目前采取的补贴申请预算方式，改为"年初拨付预算、年终总体结算"。中央财政按照各省区市的农业产值及产品结构确定其总保费补贴资金及中央财政与地方财政的分担比例，各省区市按照同样方式确定下辖县区的补贴金额。补贴资金使用权下放到县区政府，在满足中央补贴品种承保面积和数量的要求外，剩余补贴资金可根据本地农业发展的目标，开发能保障本地特色农产品的险种。省级财政部门承担监督职能，中央财政实施问责管理。

（四）完善农业保险的制度设计和运行——非资金方面

1. 健全多部门的农险信息共享机制。农险涉及范围广，承保、理赔各环节需要政府各部门协助，为保险机构提供必要的信息、数据、技术等支持。建议加快建设农险信息共享平台，组织农、林、牧、发改委等部门以及保险公司做为成员单位，建立信息共享机制，提供土地信息、畜禽存出栏量、气象数据、市场价格等信息。

2. 将农险完成情况纳入到对县（市、区）政府的考核体系。

建议对县（市、区）政府的考核评价包括下列内容：组织领导情况、保费补贴资金预算安排和执行情况、服务体系建设情况、宣传和培训工作开展情况、工作成效情况以及遵纪守法情况。建议农险考核具体指标涵盖：（1）项目直接产出，如农险覆盖率、综合投保率、农险保障水平、理赔兑现率；（2）项目经济社会效益，如农户受益度、减少灾害损失程度、促进生产集约化程度；（3）项目的规范性和可持续性，如"五公开"、"三到户"、农户的满意度、投诉率。

3. 加强无害化处理体系建设。目前河南省病死畜禽无害化处理水平偏低。建议中央制定无害化处理体系建设补贴政策，用于指导地方财政制定相应补贴措施。由畜牧部门牵头，建设全覆盖的无害化处理场等配套设施，与保险公司的理赔工作形成联动，实时监控病死畜禽来源，实行强制性的集中处理方式，杜绝随意处置和流向市场。

4. 开发和运用新技术。农险考验保险公司的服务能力，公司应当注意创新服务手段，开发和运用新技术以提升服务能力。（1）将无人机应用于种植业保险的承保和理赔服务。（2）将地理遥感技术、自动气象站等高科技方法应用于保险承保理赔服务。（3）开发手机3G查勘系统，提高农险查勘效率。

5. 降低起赔标准。目前河南对玉米、小麦的保险责任，对暴雨、洪水、内涝、风灾、雹灾、冻灾造成损失的起赔点为30%的损失率，对旱灾、病虫草鼠害造成损失的起赔点为70%的损失率。鉴于起赔标准高于绝大多数的商业保险险种，建议降低农险的起赔标准。

6. 强化银保合作。鼓励保险公司积极发展涉农贷款保证保险。开办初期，可与担保贷款相结合，由保险公司对担保不足的部分给予保证保险。与此同时，商业银行对办理农险的农户，可以给予一定的授信额度增幅或利率优惠。

第五章
巨灾保险制度的中美比较

一、问题的提出

中国是巨灾频发的国家。根据民政部和国家扶贫办的数据，2017年各类自然灾害共造成全国1.4亿人次受灾、881人死亡、98人失踪、525.3万人次紧急转移安置、170.2万人次需紧急生活救助，15.3万间房屋倒塌、31.2万间严重损坏、126.7万间一般损坏，农作物受灾面积18478.1千公顷、其中绝收1826.7千公顷，直接经济损失3018.7亿元。自然灾害以洪涝、台风、干旱和地震灾害为主，风雹、低温冷冻、雪灾、崩塌、滑坡、泥石流和森林火灾等灾害也有不同程度发生。总的来看，2017年灾情与近5年均值相比明显偏轻（资料来源：央广网，2018年2月1日）。

中国和美国都是巨灾频发的国家，表5-1列示了2017年的相关情况。虽然中国和美国都是地震、洪水、风暴和其他自然灾害频发的国家，但是两国的巨灾保险体制和完善程度不同，对巨灾的防灾和减灾效果不同。美国已经建立了地震保险、洪水保险、飓风保险和其他农业自然灾害保险体系，通过政府立法建立相关的保险基金，形成了政府主导、保险公司参与的巨灾保险体系，而中国的巨灾问题主要靠政府的临时性救济和处置来解决问题，并没有形成巨灾保险体系。

表 5-1　中国和美国巨灾情况（2017 年）

灾害类型	中国		美国	
	时间	基本情况	时间	基本情况
洪水	6月22日—7月5日	长江沿岸严重洪水，造成33人死亡、15人失踪，损失总额60亿美元	4月25日—5月7日	中西部洪水，密苏里州和阿肯色州遭受严重洪灾，一些州遭受风灾，共造成20人死亡、50人受伤，损失总额17亿美元，保险赔付6亿至10亿美元
	7月13日—7月17日	北方洪水，造成58000间房屋受损，损失总额25亿美元		
风暴	8月23日	中国内地、中国香港、中国澳门遭遇台风"天鸽"，造成26人死亡、1人失踪、376人受伤，损失总额48亿美元，保险赔付11亿美元	8月25日—9月1日	飓风"哈维"、休斯敦严重内陆洪水，造成89人死亡、20万间房屋受淹、3万人转移，损失总额850亿美元，保险损失11亿美元
			9月6日—9月12日	美国遭遇飓风"艾尔玛"，造成126人死亡，损失总额670亿美元，保险赔付300亿美元
			9月19日—9月21日	美国遭遇飓风"玛利亚"，造成101人死亡、35人失踪，保险损失320亿美元，损失总额1.17亿美元
干旱、火灾			10月8日—10月20日	圣罗莎、纳帕县遭遇森林火灾"塔布斯"，22人死亡，5643座建筑物被毁，14895公顷森林焚毁，损失总额95亿美元，保险赔付71亿美元

（续表）

灾害类型	中国		美国	
	时间	基本情况	时间	基本情况
地震	8月8日	四川省阿坝州发生6.5级地震，造成98人死亡、251人受伤、94027间房屋受损，损失总额40亿美元，保险赔付4亿美元		
滑坡	6月24日	四川省茂县新磨村的山体滑坡造成40间房屋被毁，11人死亡，73人失踪		
冰雹			5月8日—5月11日	美国多个州发生雹灾、雷暴、龙卷风，造成损失总额34亿美元，保险赔付10亿至30亿美元

资料来源：Swiss Re. 2018, "Natural Catastrophes and Man-made Disasters In 2017: A Year of Record-breaking Losses", *Sigma*, No.1.

防灾、救灾和减灾过程中，政府发挥了重大作用，但是仅依靠政府的力量是不够的。巨灾保险是世界主要国家用来防灾、救灾和减灾的主要机制设计。2014年，虽然中国已经开始在宁波、深圳等多地开展了巨灾保险的探索和试点，但是存在政府参与不足、财政支持不够、商业保险公司的风险承担和赔付能力弱等方面问题。2017年，中国巨灾保险出单244万笔，风险保障金额达1055亿元，但是，全国仅有250万—300万户投保了地震保险，占全国居民总户的比重不足1%。

本章希望通过比较中国和美国在巨灾保险模式、保障范围和类型、风险管理和分散机制以及支持巨灾保险发展的财税政策等，提炼若干建设中国巨灾保险机制的对策。

本章随后部分的结构安排如下：第二节比较分析中美巨灾保险的模式、范围和类型；第三节比较分析中美巨灾保险的风险管理和分散机制；第四节比较分析中美巨灾保险的政策支持；第五节提出对策建议。

二、中美巨灾保险的模式、范围和类型

（一）巨灾保险的模式

中国和美国巨灾保险的模式有以下七个方面的差异（见表5-2）。

第一，基本模式。美国由联邦政府和州政府主导巨灾保险的政策法规，同时设立洪水、飓风、地震等保险基金，设立相关机构负责基金的运行。不过，商业保险公司会参与保险单的销售和委托赔付，赔偿金额超过基金会自身本金时，可以向财政部申请救助或借款。这样，政府成为最终担保人。中国巨灾保险的基本模式则是政府引导，商业保险公司参与。由于巨灾保险发展起步晚，中国还没形成系统性的巨灾保险体系。不过，2016年7月，居民住宅地震巨灾保险产品开始正式全面销售，这标志着中国地震保险制度正式落地。

第二，投资主体。美国巨灾保险的投资主体主要是联邦政府和州政府，它们投资设立各类巨灾保险基金。如联邦政府投资设置的地震保险基金、洪水保险基金等。中国巨灾保险由政府投资设置了一些基金，不过仍然以商业保险公司的尝试性投资为主。

第三，融资。中国和美国巨灾保险市场发展程度不同，也体现在融资主体方面。美国已经形成了完善的巨灾保险市场体系，同时保险市场正逐步和资本市场结合，通过巨灾基金、巨灾债券、巨灾期权和巨灾互换等为巨灾保险筹资，同时通过资本市场分散风险。中国巨灾保险的融资主体单一，主要是商业保险公司自己解决融资问题，还没有形成巨灾保险市场和资本市场相互结合或深度结合的局面。2015年7月1日，中国第一只以地震风险为保障对象的巨灾债券在境外市场成功发行，此次巨灾债券的成功发行是中国巨灾风险证券化的创新成果，为中国今后利用资本市场构建多渠道的巨灾风险分散机制提供了经验。

第四，运作。巨灾保险的运作是与基本模式相互联系的。美国巨灾保险基金一般由联邦政府和州政府设计，通过专门的委员会或管理机构来管理和运作，而保险的销售和赔付则是通过支付佣金，借助于商业保险公司来完成。中国巨灾保险的运作主要依靠商业保险公司完成，政府参与的成分在逐渐加强。

第五，监管。美国对巨灾保险的监管依靠相关管理和监督机构，正逐步融合到保险监管体系中。如颁布《联邦保险办公室法案》和《金融监管改革法案》；同时改革监管机构，在美国保险监督官协会（national association of insurance commissioners，NAIC）的基础上，成立隶属于财政部的全国保险办公室参与具体监管，扩大监管权限（李俊江和孙黎，2011）。中国巨灾保险监管则主要纳入财产保险的监管体系。

第六，强制性。美国的巨灾保险一般具有很强的强制性，如1994年的《洪水保险改革法》要求不得向没有购买洪水保险的地区提供救灾援助。相比之下，中国的巨灾保险不一定遵循自愿原则,通常没有强制性的购买要求。

第七,政府的作用。美国联邦政府和州政府会参与巨灾保险法律法规的制定、保险机制的设计、保险基金的发起和设立,以及基金的运营和管理,还会做为最终担保人承担连带责任。中国巨灾保险市场还没形成,故政府的作用主要体现在巨灾保险市场的建立、制定政策支持商业保险公司发展巨灾保险业务以及参与巨灾救助等方面。

表5-2 巨灾保险的模式比较

	中国	美国
基本模式	政府引导,保险公司参与。	联邦政府和州政府主导,保险公司参与,政府为最终担保人。
投资主体	政府投资设立了一些基金,商业保险公司参与。	主要是联邦政府和州政府投资设立各类保险基金。
融资	融资主体单一。	融资主体多元化,保险市场和资本市场相结合。
运作	政府与保险公司合作模式。	政府主导,保险公司参与保单的销售和赔付。
监管	通过保监会等机构监管。	通过《联邦保险办公室法案》,财政部内设立全国保险办公室(ONI)统筹监管。
强制性	非强制性。	强制性。
政府的作用	制定相关政策,参与巨灾救助。	制度相关政策,负有最终担保人责任。

(二)巨灾保险的范围和类型

由于中国和美国两国的保险机制不同以及两国的巨灾保险体系的完善程度不同,两国巨灾保险的范围和类型存在差异(见表5-3)。

1. 保险对象。中美巨灾保险的对象包括地震、风暴、洪水等灾害，但是两国的侧重点不同。中国的巨灾保险体系不完善，其中洪水和与农业有关的自然灾害有一些商业保险公司参与，而地震等巨灾保险还不足。美国已经形成了完整的巨灾保险体系，联邦政府和州政府已经颁布了地震保险法案、洪水保险法案、飓风保险法案、农作物保险法案等，从法律上支持将地震、飓风、洪水以及其他自然灾害纳入巨灾保险对象。

2. 保险类型。美国已经将洪水、地震、飓风等纳入了巨灾保险的范围，相应建立了政府性强制保险为主、商业保险为辅的保险类型。美国联邦政府为了降低巨灾对居民生产和生活造成的损失，一般会强制要求相关个人和企业购买巨灾保险，同时给予一些税收优惠和减免政策来激励其购买。中国的巨灾保险体系还不完善，政府还没有建立完善的巨灾保险法规体系，也没有直接设置相关的巨灾保险基金，故巨灾保险的提供者主要是商业性保险公司。

3. 参与主体。美国的巨灾保险体系中，政府通过制定巨灾保险法案、成立各类巨灾保险基金会等，成为巨灾保险的主要参与主体。同时，商业保险公司参与巨灾保险保单的销售和补偿，以及开发一些独立的巨灾保险产品，也是重要的参与者。不过，在美国的巨灾保险中，政府一般是政府出资建立的保险基金的最后担保人。中国巨灾保险市场起步较晚，发展不完善，主要的参与主体是一些销售巨灾害保险相关产品的商业保险公司。政府传统上是在巨灾发生后，以救灾和救济的方式来承当相应的责任。

4. 发展方向。美国巨灾保险发展的趋势是由单纯的赔付向防灾减损方向发展，更加注重灾害的防范和减损。中国巨灾保发展的趋势则是借鉴发达国家巨灾保险的模式,构建中国特色的巨灾保险体系。2017年,张家口市成为全国首个对巨灾保险(地震保险)实现政府全额出资、区域统保的城市。

表 5-3 巨灾保险的范围和类型比较

	中国	美国
保险对象	台风、洪水以及其他自然灾害和非自然灾害	地震、飓风、洪水以及其他自然灾害和其他非自然灾害
保险类型	政府临时救助,商业保险有一些参与	政府性强制保险为主,商业保险为辅
参与主体	保险公司为主,政府正在加大参与力度	政府、保险公司、企业出资,政府做为最后担保人
发展方向	正在努力构建和完善巨灾保险体系	由单纯的赔付向防灾减损方向发展

三、中美巨灾保险的风险管理和分散机制

针对地震、飓风、洪水等巨灾,美国政府引入了不同的风险管理机制。以洪水巨灾为例,美国通过防洪工程、预警预报和洪水保险三大机制来解决洪水风险管理问题。防洪工程由隶属于国防部的陆军工程师团负责堤坝修建、河道维护、防洪泄洪等工程;预警预报由气象局和地质局负责;设立国家洪水保险计划,由联邦紧急事故管理总署负责洪水保险费率、保险范围、限制和资格要求等,而商业保险公司代为销售保险,并进行相关赔付。尤其值得注意的是,美国形成了完整的洪水保险立法体系,如1956年的《洪水保险法》开启了美国洪水保险制度,1968年的《国家洪水保险法》设立了国家洪水保险基金,1994年的《洪水保险改革法》提出了强制性保险原则,该原则要求不得向没有购买洪水保险的地区提供救灾援助,2004年的《洪水保险改革法案》

解决了保险过程中的重复财产赔偿问题，2011年的《洪水保险改革法草案》解决了国家洪水保险计划的财务稳定性问题（魏华林和洪文婷，2011）。对于具体的巨灾保险问题，美国政府主要通过巨灾基金来解决。

巨灾保险主要有3种类型的巨灾基金模式：政府主导模式、商业化运作模式和政府与保险公司合作模式（谢世清，2009）。美国巨灾保险基金主要是政府主导型的，如美国的洪水保险基金是联邦政府于1968年设置的，由政府相关部门管理和运作，但是保险单的销售和赔付则是由领取佣金的保险公司代理完成的，而保险的对象则是按照完全精算费率承保的建筑和有补贴的低费率承保的老旧建筑（高海霞和王学冉，2012）。美国巨灾保险基金的保费和经费主要来自保费收入，当保费入不敷出时，可以向财政部申请不超过15亿美元的有息借款。除了联邦政府主导的巨灾基金外，美国一些州政府有巨灾基金，如佛罗里达建立的飓风灾害基金，用来补偿在飓风灾害中受损的家庭和企业。该基金由州政府的管理委员会负责管理，州内的财产险公司需要参与保险的售卖和赔付等（Property Casualty Insurance Reform Committee，PCIRC，2006）（高海霞和王学冉，2012）。与美国比较而言，中国已经形成了灾害预警预报、灾害动员、减灾防灾的全国性行政体系，不过，对巨灾的救助和重建主要是通过及时救灾、财政救助和补贴的方式完成的。

四、中美巨灾保险的政策支持

中国和美国巨灾保险的差异性还体现在财税政策的支持上

（见表5-4）。在财政政策方面，美国联邦政府可以为巨灾保险提供财政借款、财政援助、财政拨款、财政补贴等。如美国《洪灾保险法案》（1968）规定洪水保险基金资金偿付资金不充足时，可以向财政部申请低息借款；《美国联邦应急救援法案》（1992）规定，基于防灾和减灾需要，相关部门可以向政府申请财政援助；与地震相关的法案规定，当地震保险的赔付金额不足时，专门负责地震保险的相关机构可以向财政部申请财政拨款；与农业灾害有关的法案还规定农业部可以向农险提供一定比例的补贴（杨京钟，2012）。中国财政政策对防灾减灾的支持力度和作用是比较大的。2006年，《国务院关于保险业改革发展的若干意见》（保险业"国十条"）明确了要"建立国家财政支持的巨灾风险保险体系"，同时中央政府和相关部门可以为巨灾提供财政借款、财政援助、财政拨款、财政补贴等，其中处理巨灾的专项财政拨款占比较高。2014年保险业"新国十条"提出"研究建立巨灾保险基金、巨灾再保险等制度，逐步形成财政支持下的多层次巨灾风险分散机制。"目前，宁波和深圳等地进行巨灾保险试点，建立了政府巨灾救助保险、巨灾基金和个人巨灾保险等巨灾保险体系。目前中国政府财政预算中已经设置了处理洪水、地震、台风等灾害的专项预算资金。在地震、洪水等灾害发生后，政府还参与灾后重建，通过财政拨款、财政援助和财政补贴以及跨地区的财政支持来减少灾害带来的损失，恢复生产生活秩序。

在税收政策方面，美国联邦政府和地方政府对巨灾保险的支持主要是通过税收减免来实现的。如美国对参与巨灾保险的保险公司在巨灾保险方面的所得收益给予税收减免，对巨大灾害造成的伤残人保险给予社会保险税免征的优惠，一些州对地震保险也给予税收优惠和减免等（杨京钟，2012）。中国对灾后地区也进行一些税收优惠和减免，主要集中在对受灾地区企业税收的减免以及对个人相关税收的优惠上。不过，这些税收减免都是临时性的，尚没有形成支持巨灾保险的完善的税收体系。

表 5-4 财政和税收政策的比较

	中国	美国
财政政策	中央政府和相关部门可以为巨灾提供财政借款、财政援助、财政拨款、财政补贴等，其中处理巨灾的专项财政拨款占比较大。	联邦政府可以为巨灾保险提供财政借款、财政援助、财政拨款、财政补贴等。
税收政策	税收优惠和免税。	税收优惠和免税。

五、对策建议

中国和美国都是洪水、地震、风暴和其他自然灾害等巨灾频发的国家，两国的巨灾保险体系和发展程度不同。美国巨灾保险的范围较宽，保险范围包括洪水、地震、飓风和其他大的自然灾害等，其巨灾保险的基本模式是以联邦和州政府成立的各类保险基金为主、设置相关的部门进行制度设计和运营、商业性保险公司参与保单的销售和赔付，且巨灾保险具有一定的强制性。美国政府成立了相应的巨灾预警和预报机制以及防灾和减灾机制来管理巨灾风险，同时也通过再保险、资本市场等机制设计来分散风险。美国联邦政府和州政府还通过财政政策和税收政策来支持巨灾保险的发展，如美国联邦政府可以为巨灾保险提供财政借款、财政援助、财政拨款、财政补贴等，给予保险公司和受灾企业或个人一定的税收优惠和减免。

与美国已经发展完善的巨灾体系相比，中国的巨灾保险还处在启动和构建阶段，商业保险公司参与了一些巨灾产品的开发和销售，但是保险范围还是较窄。中国巨灾保险的投资主体单一，还没有形成多元化的融资方式，风险的管理和分散机制也不健全，还没有真正融入现代资本市场中。对巨灾保险的财政和税收支持的长效机制还没有建立起来。总体来说，美国已经建立了相对完善的巨灾保险体系，而中国的巨灾保险体系还处在起步和建设阶段。

如何构建和发展中国的巨灾保险体系？（1）坚持政府引导、市场参与的原则建立中国特色的巨灾保险体系。因为巨灾的损害程度高，商业保险公司是难以承受其保险赔付的，故政府应逐步设立洪水、台风、地震等巨灾保险基金，设立专门的机构进行管理和运营，鼓励商业保险公司参与巨灾保险的销售和赔付。其次，政府应制定和颁布与洪水、台风、地震等巨灾有关的防灾减灾和巨灾保险制度。再次，政府可以出台相关政策，鼓励商业保险公司创新和开发一些小型的巨灾保险产品，参与巨灾保险市场的建设和发展。（2）通过将巨灾保险市场和资本市场结合，完善巨灾保险的融资和风险分散机制。（3）应用财政政策和税收政策支持巨灾保险的发展。政府应建立相应的制度安排，为巨灾保险提供财政借款、财政援助、财政拨款、财政补贴等，给予巨灾保险公司和受灾企业或个人一定的税收优惠。

第六章
环境污染责任保险的功能和美国经验

一、问题的提出

2007年12月4日,中国保监会和环保部启动了环境污染责任保险(简称"环责险")政策试点。2008年确定了首批参与试点的8个省市(江苏、湖南、湖北、河南、重庆、深圳、宁波和沈阳)。2012年《国务院关于加强环境保护重点工作的意见》提出"开展环境污染强制责任保险试点"。2013年环保部、保监会发布《关于开展环境污染强制责任保险试点工作的指导意见》,(强制)要求涉重金属行业的企业投保环责险,鼓励其他高环境风险行业(石油天然气开采、石化、化工等、危险化学品等)的企业投保。2014年4月新修订的《环境保护法》提出了"国家鼓励投保环境污染责任保险"。2018年5月7日,在生态环境部组织召开的部务会议上,《环境污染强制责任保险管理办法(草案)》经审议并原则通过。

各地区积极探索建设环境污染责任保险机制。2014年,全国约有5000家企业投保环境污染责任保险;2015年,全国环境污染责任保险签单1.4万单,签单保费2.8亿元,提供风险保障244.21亿元;2016年,全国环境污染责任保险保费收入近3亿元,提供风险保障260多亿元；2017年，环境污染责任保险为全国1.6万余家企业提供风险保障306亿元。各主要财产险公司都加入了环责险的试点工作中。

20世纪80年代起的十多年时间中，环责险就在西方发达国家得到普遍开展，美国的环责险已形成了较为完善的相关法律体系和规范的运行机制。本章分析美国环责险的特点，结合中国国情，提出发展中国环责险的对策建议。

本章随后部分的结构安排如下：第二节在提升国家治理体系和国家治理能力的背景下，分析环境污染责任保险的功能；第三节分析美国环境污染责任保险的特点；第四节提出发展中国环境污染责任保险的对策建议。

二、环境污染责任保险的功能

国家治理的目的是在各种不同的制度关系中运用权力去引导、控制和规范公民的各种活动，以增进公共利益。中国现有国家治理存在的不足主要表现在以下三点。（1）政府管得过多、过死，在很多领域充当了运动员、裁判员、教练员的角色，与社会、企业和个人进行利益博弈；而在公共品提供、宏观管理方面的作用还有待加强。（2）没有充分发挥市场机制的作用，市场活力不足，经济发展的内生动力不够。（3）没有充分发挥社会的作用，社会自治能力差，在很多场合社会力量还不能做为相对独立的力量出现，社会组织发展滞后，影响力小，公民参与社会管理不足。

从国家治理的内涵来看，发展责任保险可以助力国家治理，而环境污染责任保险能助力国家在生态环境领域的治理现代化。

（1）国家治理应有多元化的社会管理主体，且各主体的地位是平等的，各主体的目标有一致性。责任保险中政府部门、保险人、投保人和被保险人、广义的第三人等主体的直接目标不同，但在合理的激励下可以形成合力。（2）国家治理重视政府相对人的参与，应当充分了解公众的需求。对责任保险的需求根源于经济社会活动中各类法定和约定的责任关系，而责任保险的发展正是充分调查和满足这些经济社会活动主体需求的过程。（3）国家治理更多采用法制化和制度化的方式，区别于行政命令的强制性方式。责任保险本身是一种协商互惠的契约关系，而责任保险的发展也会助力政府出台相关的法律政策。（4）国家治理更强调有效率的治理，而责任保险做为一种现代化的、市场化的风险管理机制被发达国家的实践证明是有效率的。

发展环境责任险能嵌入到社会风险管理的全过程。第一，事前的环境风险预防。（1）通过保险价格的"奖优罚劣"，改变投保人乃至相关多方的行为模式。（2）保险人加强对投保企业风险状况的检查，发现事故隐患，向投保人提出整改建议和提供技术性服务。（3）通过对环境风险的分布、发生概率和损失程度的深入了解、积累风险损失数据资料，责任保险提供者能够为全社会风险管理提供技术支持。（4）保险人乃至责任保险参与各方的宣传有助于增强全社会的风险和保险意识，普及风险管理的常识和技术。

第二，事中的环境风险控制。事故发生后，投保人和第三人往往处于对立状态，如果没有专业而公允的调解，二者间的矛盾容易加剧，干扰社会公众的正常生活。当环境损害事故发生后，保险人做为"中立方"在事故发生时及时介入纠纷处理，扮演双方沟通的桥梁,及时调解和化解矛盾。

第三,事后的环境理赔服务。(1)保证及时、足额地对环境事故的受害第三者提供经济补偿。(2)保险人介入调查和救助,便于对事故进行原因分析、损失评估和资金垫付,这保障了第三人的利益。由于第三人多为弱势一方,这体现了责任保险对弱势者权益的保护。(3)很多责任事故中的致害方没有能力承担经济后果,往往需要政府出面进行安抚、赔偿等工作。这既给政府造成了人力和财政压力,也是一种"企业发财、政府(全体纳税人)买单"的不合理现象,而相关责任保险的发展可以帮助政府从这些工作中解脱出来。(4)在理赔过程中,保险人可能发现投保人的一些问题,进而将相关信息反馈给监管部门,协助政府开展工作。

三、美国的环境污染责任保险

20世纪60年代前,环境风险在美国基本上被忽视,这很大程度上是由于没有人需要承担环境污染责任。20世纪60年代起,美国对因有毒物质和废弃物的处理而造成的环境破坏推行责任保险。1973年前,环境污染是在综合责任险保单下承保的。环境破坏诉讼的猛增、立法对环境保护力度的加强及严格责任的执行,造成了巨额的环境赔偿费用。1973年起,保险人的公众责任保单相继把故意造成的环境破坏以及渐进性破坏所引起的环境责任排除于保险责任范围。即使如此,急剧上升的成本以及强大的环境压力下的法院判决令保险人经营困难(Flanigan,2002)。

为了遏制日益严重的环境破坏,美国政府加强了环境保护力度，在《清洁大气法》（1970）、《清洁水法》（1972）、《环境应对、赔偿和责任综合法》（1980）等相关法律法规中，采取了排污收费原则和针对财产所有者的严格责任制度。随着市场需求增加，1977年，一些公司开始对渐进性的污染事故承保，这种保单被称为环境损害责任保单（environmental impairment liability insurance，EIL Insurance）。到1984年，美国有50多家公司提供了环境损害责任保单。不过，保险业还没有充分意识到环境损害保险的危害性[1]。随着一系列环境法律的实施，特别是，1980年《环境应对、赔偿和责任综合法案》（CERCLA）（又称"超级基金法"，Superfund）设定了环境污染的严格责任和追溯制度后，美国保险业在20世纪80年代中后期损失很大。1986年环境污染保单开始增加"绝对污染排除"条款。20世纪90年代起，美国环境污染责任保险开始恢复发展。

美国的环境污染责任保险主要分为两类：环境损害责任保险和自由场地治理责任保险。前者承保投保人因其破坏环境造成邻近土地上任何第三人的人身或财产损害而应当承担的赔偿责任；后者承保投保人因其污染其所有或使用的场地而依法应当承担的治理费用。保险人一般只对非故意、突发的环境污染事故（如自然灾害、意外事故）所造成的人身、财产损害承担保险责任，但

---

[1] Dybdahl和Taylor（1996）认为环境风险暴露的特征包括：（1）难于识别；（2）风险暴露和损失之间一般没有明显的因果关系；（3）潜伏期长；（4）对损害责任担心造成的影响达到甚至超过了损害本身的影响；（5）在任何一个时刻都很难测算损害程度；（6）环境损失通常昂贵，可能是巨灾；（7）事故识别和损害治理技术的进步会导致人们增加风险暴露；（8）由于污染物的积累和移动，环境损失经常会随着时间而扩大。

对投保人日常的、积累性的排污行为所致的污染损害也可以予以特别承保。

美国的环责险具有以下特点。（1）完善的环境立法和自愿与强制相结合的保险制度。美国对于环境责任有严格规定，并对环境污染给予严厉处罚，促使企业主动寻求风险转移工具来降低经营过程中的环境风险。20世纪60年代起，美国就针对有毒物质和废弃物的处理企业推行强制环境污染责任保险。1976年的《资源保全与恢复法》授权国家环保署在其行政命令中，要求业主就日后对第三人的损害赔偿责任和关闭估算费用等进行投保。美国规定工程的承包商、分包商和咨询设计者都需要投保相应的环境污染责任保险，才能签订工程合同。美国法规还要求土地填埋设施的管理者、地面贮存和土地处理单位的管理者为非突发或非事故性事件（如渗漏和对地下水的渐进性污染）购买保险，已经有45个州出台了相应的危险废物责任保险制度（别涛和樊新鸿，2007）。

（2）美国的保险人除了将故意的污染视为除外责任外，还对环境保单的承保范围做出了严格规定。例如，考虑到有害废弃物处理费用昂贵且高度危险，将有害废弃物的倾倒划入除外责任，即由土地的现有所有人承担责任。环境污染责任险保单一般也将投保人自己所有或照管的财产因为环境破坏而遭受的损失做为除外责任。

（3）专业性的责任保险组织。美国于1982年成立了环责险联合体——污染责任保险协会，1988年成立了一家专门承保环境污染责任风险的保险公司。对于突发、意外的环境损害，由现有财产险公司直接承保，或由政府出面引导保险公司建立共保联合体来承保。由于渐发的环境破坏责任风险可能非常大，一般财产险公司并不热心对其承保，所以美国成立了专门的政策性保险公司。

（4）环境污染的连带责任。美国实施环境污染的连带责任，即，当环境污染责任不能在多个致害主体之间分摊时，或一些致害主体倒闭破产时，受害方可以向任何一个致害方要求其承担全部责任。这被称为"深口袋"原则，即确保有最有支付能力的一方承担最后的责任。

（5）环境污染损害赔偿基金制度。美国建立了专门基金用于降低承保机构的风险，该基金由两部分组成：有害物质反应基金和关闭责任基金。前者用于环境污染治理和环境生态的恢复；后者用于及时清除从船舶或者任何岸上的或近海岸的设施排入环境的有害物质，以及支付有害物质的排放造成财产和自然环境的损害所需要的清扫费用和补偿要求。

四、对策建议

为了加快发展中国环境污染责任保险，我们提出如下对策建议。

第一，采取"强制为主、自愿为辅"的环责险模式。环境侵权行为具有在法律关系主体上的不平等性、侵权对象的广泛性、损害行为与结果之间因果关系的不明确性、损害的长期性等特点，结合国际环境责任险的发展趋势和中国现实国情，宜采取"强制为主、自愿为辅"的环责险模式，对不同的行业和企业规模实行"区别对待"。对于环境风险大、环境破坏严重的行业和企业，实施强制"环责险"，并鼓励企业自愿购买环责险。强制型环责险模式的优点在于：（1）能及时保障受害人利益，使其损失不必经过复杂的程序就能得到补偿；（2）有效避免保险公司拒保；（3）避免逆向选择。

第二，加强环责险的产品设计。产品设计上应当注意以下几个方面。（1）由于"环责险"的保险利益不确定性较大、索赔时效长、责任限额缺乏理想的参考标准，保险公司应加强对"长尾"风险的精算和管理。（2）从中国开展环责险的经验数据来看，环责险的赔付率低于国内绝大多数险种，也低于国外的环责险，而赔付率低必然影响企业参保的积极性。因而，随着经验数据的积累，保险人应当加强产品精算，降低产品的附加费率。（3）从国际上看，环责险在问世之处只承保突发的环境破坏事件，而渐发的环境破坏事件是逐步从除外责任进入到承保责任之中的。建议中国也从只承保突发的环境侵权事件开始，通过提高技术、积累经验，逐渐把"积累性"的污染事件纳入承保范围。

第三，使用相对长的索赔时效。环境侵权发生的复杂性和危害的潜伏性，使环境侵权的索赔时效应当区别于一般侵权的索赔时效。建议在保险合同中加入"日落条款"，约定自保单失效之日起30年(或其他较长期限)为投保人向保险人索赔的最长期限。在此期限内，对保险单有效期内发生的侵权索赔事件，保险人承担保险责任；而超过这一期限向投保人请求环境侵权责任赔偿的，保险人不再为投保人承担保险责任。

第四，完善"绿色信贷"政策。推动各商业银行在授信时，将企业是否投保环境污染责任保险做为实施差别化信贷政策的重要依据，对投保企业给予优先放贷等优惠政策；各商业银行对"应保未保"企业应当实施新建项目投资和流动资金贷款额度限制并实施差别化信贷政策等。

　　第五，建立环境救济基金和其他风险分散市场。环境破坏可能带来巨大损失，当赔偿金超过环责险的限额、投保人又无力承担赔付责任时，环境救济基金可以介入进行赔偿。美国在1980年出台《超级基金法》规定，对于无法确定侵权者或侵权者没有赔偿能力的，由超级基金来支付污染场地的修复费用。环境救济基金对维护受害者权益、化解事故引发的社会矛盾有积极意义，其是与环责险相互补充的制度设计，也是国家赔偿与救济机制的组成部分。与此同时，应当构建环责险的超赔再保险体系，探索环境巨灾风险的证券化，将环境风险向国内外再保险市场、资本市场分散。

第三篇

侧重市场——行业篇

第七章
中国地级地区财产保险市场状况

一、问题的提出

财产险的市场状况与地理因素的关联很大，且这种关联在金融业的子行业（银行、财产和意外险、寿险、健康险、证券、信托、基金、金融租赁等）中或许是最大的。中国财产险行业的运行状况存在明显的地区差异。因此，以经济地理的视角和方法研究财产险市场具有意义。本章分析中国地级地区财产险市场的整体发展程度（4个指标）、赔付水平（1个指标）、公司结构（2个指标）、产品结构（3个指标）等情况。

本章随后部分的结构安排如下：第二节说明中国地级地区的财产险市场相关数据的来源和处理；第三节从4个方面设计了9个反映财产险市场状况的指标；第四节报告指标计算结果，并进行讨论。

二、数据来源和处理

本章的原始数据有三类来源。（1）主要的原始数据来自《中国保险年鉴》。该年鉴由中国保监会主管和负责审核，中国保险年鉴社主办，创刊于1998年，较系统地反映了中国保险市场面貌。

（2）各地区的常住人口数和国内生产总值的数据来自《中国城市统计年鉴》。该年鉴由国家统计局城市社会经济调查司主办的，创刊于1985年，较全面地反映中国城市经济和社会发展情况，报告了全国建制城市（含地级及以上城市和县级城市）社会经济发展和城市建设等方面的统计数据。（3）在数据的补充和校正环节，我们从保险监管部门及其派出机构、保险行业组织、公司年度报告或其他公开披露信息中获得了一些信息。

财产险方面的原始数据包括地区、公司、产品和年度4个维度。（1）"地区"是地级的地区，包括4个直辖市辖区、5个计划单列市辖区、27个省会（自治区首府）辖区和若干个地级地区。地区数目在1998年为216个，在2016年为337个，其数目是根据《中国城市统计年鉴》的调查范围决定。（2）"公司"是指实际开展了业务(保费收入＞0)的保险公司,1998年有14家,2016年有86家（包括航运中心）。（3）"产品"包括是指财产险的产品种类，不包括人身险产品和再保险产品。1998年的产品种类包括5种，2016年的产品种类包括8种。（4）"年度"是指从1998年到2016年的各年。

为了提高数据的完整性和准确性，在输入原始数据后，我们进行了多种交叉验证。具体包括：各产品的收入（赔付）之和等于总收入（赔付），各公司的收入（赔付）之和等于全行业的收入（赔付），下一级地区的收入（赔付）之和等于高一级地区的总收入（赔付）；从年度上看，各地区、各公司或各产品的保费收入和支出是否有异常的变动；各地区是否缺失某些公司的数据；地区或公司的名称有无重复；保费收入与赔付支出的相对大小是否异常；等等。

三、财产保险市场状况的指标设计

从整体发展程度、赔付水平、产品结构、公司结构4个方面分析2016年的财产险市场状况。

财产险的整体发展程度有4个指标。（1）财产险密度，其定义为各地区的"财产险保费收入"/"常住人口数"。（2）财产险深度，其定义为各地区的"财产险保费收入"/"国内生产总值（GDP）"。该指标是在保险密度指标的基础上多考虑了经济发展因素。（3）财产险增速，其计算为各地区的（"2016年财产险保费收入"/"1998年财产险保费收入"）^（1/18）－1，即是1998—2016年期间采用几何平均法计算的财产险保费收入的年均增长率。该指标反映财产险市场的增长状况。

财产险的赔付水平有1个指标，其计算为各地区的"财产险赔付支出"/"财产险保费收入"。它是反向衡量财产险市场盈利程度的一个简易指标。需要说明的是，由于《中国保险年鉴》的原始数据中保费收入和赔付支出是"四舍五入"到1万元或10万元，所以计算小地区、小企业和小产品的赔付水平时，误差会较大；此时，为了提高赔付水平计算的精确性，可以考虑剔除保费收入或赔付支出低于50万元（或其他设置值）的观测。

财产险的企业状况有两个指标。（1）企业数目，即经营了财产险业务的保险公司的数目。该指标直观反映财产险供给方面的繁荣程度，也是正向衡量保险市场竞争程度的一个简易指标。（2）企业集中度，其计算为各地区中各企业的保费收入的赫希曼—赫芬达尔指数（Herschman-Heffendahl Index，HHI），其是衡量集中度的常用指标。$HHIFirm = \sum_j s_{ij}^2$，其中，$s_{ij}$表示地区$i$的财

产险市场中企业 j 的保费收入的份额。$HHIFirm$ 的取值范围为 0—1，取值越大表示企业集中度越高。当市场中仅有 1 家企业时，为垄断市场，$HHIFirm=1$；当市场中有无穷多企业时（是完全竞争市场的一个条件），$HHIFirm=0$。

财产险的产品结构有 3 个指标。（1）车险业务比重，其计算为各地区的"机动车险保费收入"/"财产险保费收入"。近些年，居民是机动车的主要拥有者，所以车险主要是服务于生活的，而财产险中的企业财产保险、工程保险、货物运输保险、责任保险、信用保证保险、农业保险等主要是服务于生产的。（2）产品集中度，其计算为各地区中各产品的保费收入的赫希曼—赫芬达尔指数，$HHIProd_i = \sum_k s_{ik}^2$，其中，$s_{ik}$ 表示地区 i 的财产险市场中产品 k 的保费收入的比重。$HHIProd$ 的取值范围为 0—1，取值越大表示产品集中度越高。（3）产品专业度。前两个指标仅是关注单个地区，但是研究中可能更关注各地区在产品结构上与全国相比的特殊性，可以认为是产品专业度。令 s_k 表示全国的财产险市场中产品 k 的保费收入的比重。采用常用的 Manhattan 距离测量向量相似度，地区 i 的产品专业度定义为 $Specialization_i = \frac{1}{2}\sum_k |s_{ik} - s_k|$，该指标的取值范围为 0—1。如果地区 i 与全国的产品结构完全相同，即对于任何一种产品，该产品在地区 i 的财产险市场上的比重与在全国的财产险市场上的比重相同，那么 $Specialization_i$ 取最小值 0。随着地区 i 与全国的财产险的产品结构的差异性逐渐增强，$Specialization_i$ 将趋近于 1。$Specialization_i$ 无法等于 1，这是由于全国是各地区的加总，在地区 i 存在的财产险产品必然被统计入了全国的财产险市场中。

以上 9 个指标均是以地区为分析对象。不同学科或不同话题关注的对象有所差别,有些研究可能更关注企业问题或产品问题。对于除了财产险密度和财产险深度的7个指标,均可以以"企业"为分析对象,如研究各企业的增速、赔付水平、地理结构和产品结构。对于这9个指标,均可以以"产品"为分析对象,如研究各产品的整体发展程度、赔付水平、地理结构和企业结构。

为了分析这些指标是否存在空间分异性(spatial stratification heterogeneity),本章采用"地理探测器"的q统计量进行检验,如下:

$$q_y = 1 - \sum_{h=1}^{7} \frac{N_y^h (\sigma_y^h)^2}{N_y \sigma_y^2}。 \quad (7.1)$$

其中,y 表示9个指标中的某一个,h 表示7个地理区域,N_y 和 σ_y^2 分别表示指标 y 的样本总量(地级地区总数)和样本总方差,N_y^h 和 σ_y^h 分别表示地理区域 h 中指标 y 的样本量和方差。q_y 表示总体方差被各层解释的比重,q_y 的取值范围为0—1,$q=0$ 表示不存在空间分异,$q=1$ 表示存在完全的空间分异,q 的值越大表示空间分异性越明显。本章采用 q 指标的核心思想是:影响某个指标的相关因素在空间上具有差异性,若某因素和该指标的强度在空间上具有显著的一致性,则说明这种因素对该指标的形成可能具有重要的影响。

四、中国地级地区财产保险市场状况

表7-1的第2列到第10列分别报告了2016年各个财产险市场状况指标取值最大的5个地级地区和取值最小的5个地级地区。可见,不同地级地区之间财产险市场状况差别很大。

表 7-1 各地级地区财产险市场状况（最高的 5 个和最低的 5 个）

	密度 (元/人)	深度	年均 增速	赔付 水平	企业 数目	企业 集中度	车险业 务比重	产品 集中度	产品 专业度
最高的 5 个	沈阳 2234.18	沈阳 3.34%	张家界 59.20%	黑河 142.44%	上海 54	果洛 1	温州 88.41%	温州 0.7847	大兴安岭 0.8505
	深圳 2184.02	鞍山 2.62%	娄底 59.01%	本溪 127.57%	北京 51	阿里 0.9588	榆林 88.19%	榆林 0.7813	果洛 0.8213
	北京 1803.85	拉萨 2.60%	长沙 58.96%	海北 102.29%	广州 47	黄南 0.8647	金华 86.88%	金华 0.7585	黄南 0.8149
	上海 1719.07	阜新 2.52%	贵港 56.87%	黄南 95.07%	南京 43	甘南 0.7603	大同 86.77%	大同 0.7567	兴安 0.8145
	厦门 1683.22	阜阳 2.52%	湖州 56.53%	鞍山 90.82%	杭州 40	昌都 0.7129	许昌 86.62%	许昌 0.7543	山南 0.8058
最低的 5 个	昭通 179.69	开封 0.50%	牡丹江 11.08%	崇左 36.68%	阿里 2	枣庄 0.1077	那曲 0.24%	海口 0.3327	本溪 0.0465
	陇南 174.15	三门 峡 0.49%	白山 10.72%	玉树 30.82%	昌都 2	淄博 0.1068	黔西南 0.21%	铁岭 0.3240	丹东 0.0464
	汕尾 166.04	包头 0.49%	伊春 10.52%	昌都 26.99%	那曲 2	杭州 0.1040	海南 0.20%	喀什 0.3219	昆明 0.0460
	商洛 158.79	辽源 0.46%	抚顺 8.78%	那曲 26.22%	克孜 勒苏 2	济南 0.0988	玉树 0.07%	甘孜 0.3214	南宁 0.0457
	宿州 105.10	鄂尔 多斯 0.39%	本溪 8.45%	果洛 22.83%	果洛 1	临沂 0.0772	果洛 0.00%	拉萨 0.2705	湘潭 0.0381

这 9 个指标的空间分异性均是统计显著的（p 值＜0.001）。图 7-1（a）到图 7-1（i）分别报告了 2016 年 9 个财产险市场状

况指标在各地理区域的均值情况，"均值"即是该指标在某个地理区域中所有地级地区的算数平均值。

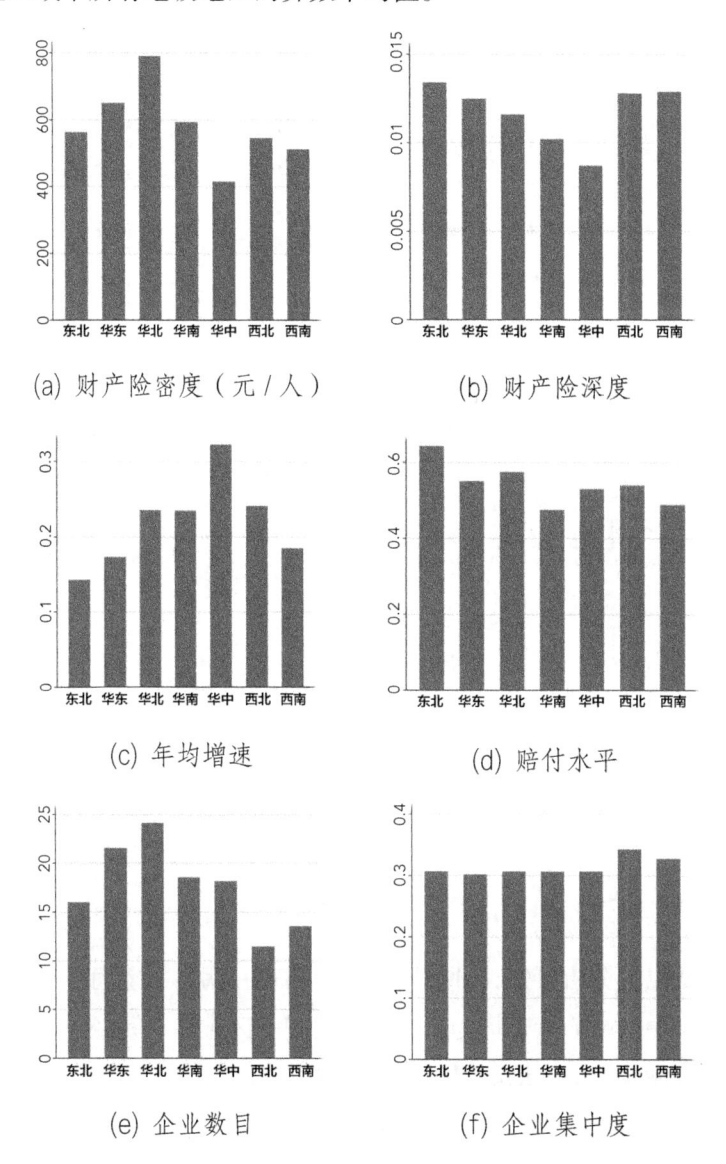

(a) 财产险密度（元/人）

(b) 财产险深度

(c) 年均增速

(d) 赔付水平

(e) 企业数目

(f) 企业集中度

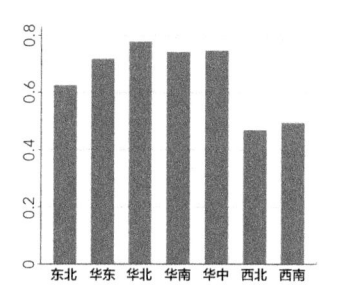

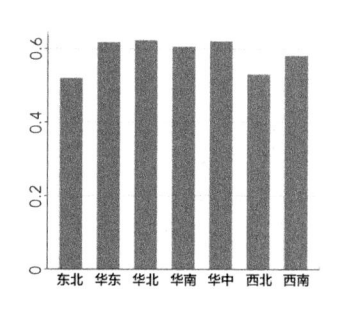

(g) 车险业务比重　　　(h) 产品集中度

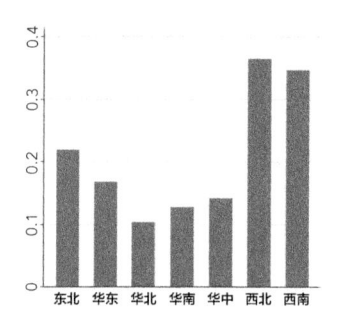

(i) 产品专业度

图 7-1　各地理区域的财产险市场状况（2016 年）

注：东北地区包括辽宁、吉林、黑龙江和内蒙古东部的呼伦贝尔、兴安、通辽、赤峰；华北地区包括北京、天津、山西、河北和内蒙古中部；华东地区包括上海、江苏、浙江、安徽、山东和福建；华南地区包括广东、广西和海南；华中地区包括河南、湖北、湖南和江西；西北地区陕西、甘肃、青海、宁夏、新疆和内蒙古的阿拉善；西南地区包括重庆、四川、贵州、云南和西藏。

从以上分析可知，中国财产险市场存在明显的空间分异性。此外，中国财产险市场为研究经济地理、区域和空间经济、产业组织等领域的一些话题提供了不错的样本。

第八章
财产保险的市场集中度与价格

一、问题的提出

各类保险产品在中国内地的投保率都比较低,家庭的风险保障不足。如:灾害损失的保险赔付比重在中国不足 1%,而全球整体在 36% 以上,在主要发达国家甚至在 80% 以上[1];又如,中国的人均寿险保额为 5050 元,而美国、日本、韩国和中国台湾地区分别为 44 万元、61 万元、29 万元和 3 万元[2]。对此问题,相关从业者和学者往往归因于中国企业和居民家庭缺乏风险意识和金融保险知识等"需求侧"因素。

然而,近几年内地居民主动赴香港购买保险的现象凸显,2010—2015 年,内地居民赴港购买保险的支出从 44 亿上升到 316 亿元港币,2016 年上半年,该支出达到 301 亿元港币[3]。不

---

[1] 数据来源:郑功成:"国内灾害保险赔付比重不足 1%,远低于发达国家",《中国证券报》,2013 年 12 月 19 日,http://finance.cnr.cn/gundong/201312/t20131219_514441703.shtml。

[2] 单位为人民币元。数据来源:万峰:"寿险业创新前提是守住本原",2017 清华五道口全球金融论坛,2017 年 6 月 4 日,http://www.jjckb.cn/2017-06/04/c_136338731.htm。

[3] 数据来自香港保监局。

难理解，香港保险热销的关键原因在于：同样保障程度的保单在香港要比在内地便宜[1]。对于香港保险的"低价格"，我们认为，主要原因在供给方面——富有竞争的市场结构。2015年，香港有160余家保险公司，高于中国整个内地的158家（数据来自香港保监局和《中国保险年鉴》）。

我们再以大样本的国际视角考察中国[2]财产险的价格和市场集中度。表8-1报告中国、CEA（欧洲各国保险联合组织）成员国和OECD（经济合作与发展组织）成员国的财产险的价格、集中度和公司数目情况。由于OECD发布的保险的正式统计数据始于2004年，所以表中的比较从2004年开始。对于5大和10大公司的市场份额之和，仅能获得CEA成员国和美国在2000年和2009年的数据，所以本章单独报告2000年和2009年的相关变量的取值。此外，我们从世界银行、国际货币基金组织等机构也无法找到更多国家或年度的相关统计数据。

从表8-1可以得到三点结论。（1）中国财产险的价格较大幅度地高于CEA成员国和OECD成员国，更高于美国。（2）中国财产险市场五大公司的市场份额之和、十大公司的市场份额之和均高于CEA成员国，更高于美国。（3）中国财产险公司数目明显小于美国，也小于OECD国家的平均水平，与CEA国家的平均水平接近。由于CEA和OECD中大多数国家的保险市场规模远小于中国，所以相对于市场规模而言，中国的财产险公司是偏少的。

---

1 数据来源："内地客为啥香港排队买保险"，《北京青年报》2015年12月7日。
2 不做特殊说明的话，本章中"中国"仅指"中国内地"。

表 8-1 中国和部分国家财产险的价格和市场集中度

	中国[a]	CEA 国家[b]		OECD 国家 (不含美国)[c]	美国[c]	
	均值或原值	均值	中位数	中位数	均值或原值	均值
价格
2004—2014 年	1.91	na	na	1.53	1.11	1.61
2009 年	1.83	1.6	1.59	1.53	1.04	1.62
2000 年	1.96	1.74	1.52	na	na	na
五大公司市场份额之和
2015 年	75.08%	na	na	na	na	na
2009 年	74.46%	65.36%	68.41%	na	32.60%	na
2000 年	75.28%	67.83%	71.57%	na	34.95%	na
十大公司市场份额之和
2015 年	86.35%	na	na	na	na	na
2009 年	89.18%	84.32%	87.00%	na	49.00%	na
2000 年	99.79%	82.15%	85.80%	na	51.22%	na
公司数目
2004—2014 年	50.4	na	na	68.5	3381.1	108.82
2009 年	52	89.92	35.5	51	3498	95.15
2000 年	13	112.84	41	na	na	na

注：1. 价格是财产险的"已赚保费"除以"赔付支出"。该价格指标的原理请见第四章第三节的"（一）保险产品价格"。2. 参与 CEA 组织（Comité européen des assurances）相关统计的有 32 个欧洲国家，包括奥地利、比利时、保加利亚、瑞士、塞浦路斯、捷克、德国、丹麦、爱沙尼亚、西班牙、芬兰、法国、希腊、克罗地亚、匈牙利、爱尔兰、冰岛、意大利、列支敦士登、卢森堡、拉脱维亚、马耳他、荷兰、挪威、波兰、葡萄牙、罗马尼亚、瑞典、斯洛文尼亚、斯洛伐克、土耳其和英国。3. 参与 OECD（Organization for Economic Co-operation and Development）相关统计的有 32 个国家，包括澳大利亚、奥地利、比利时、加拿大、智利、捷克、丹麦、爱沙尼亚、芬兰、法国、德国、希腊、匈牙利、冰岛、爱尔兰、以色列、意大利、日本、韩国、卢森堡、墨西哥、荷兰、新西兰、挪威、波兰、葡萄牙、斯洛伐克、斯洛文尼亚、

西班牙、瑞典、瑞士、土耳其、英国和美国。4. na 表示无法获得数据。

数据来源：a—《中国保险年鉴》，b—CEA 网站（http://www.insuranceeurope.eu/），c—OECD Insurance Statistics（https://data.oecd.org/）。

以上分析是基于境内外或国内外的对比，那么，中国内地不同地区财产险的价格和市场集中度又如何？图 8-1 报告 2015 年中国地级城市的财产险市场价格和赫芬达尔—赫希曼指数

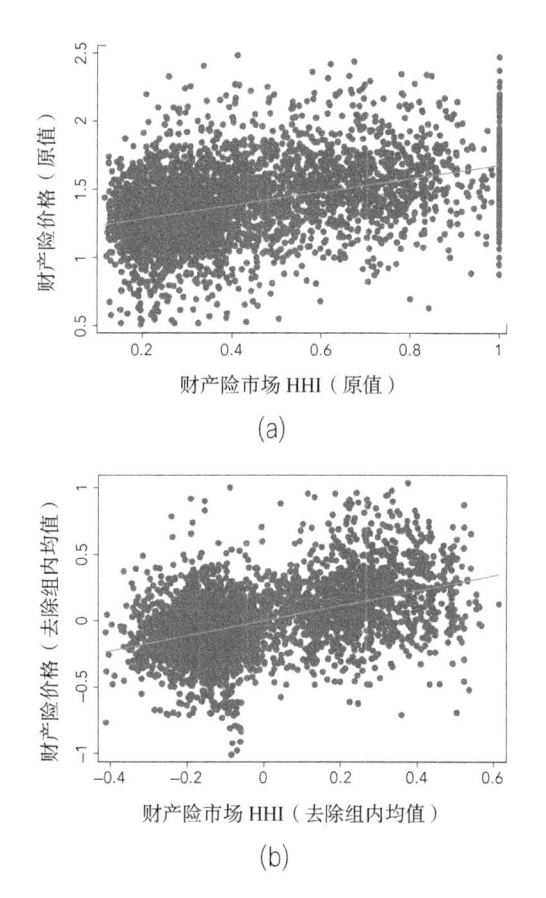

(a)

(b)

图 8-1　财产险的价格与集中度（2000—2015 年，地级城市）

（Herfindahl-Hirschman index，HHI），可见：二者呈显著正相关。经计算，价格与HHI的原值（上图）之间的Pearson相关系数达到了0.43，价格与HHI的"组内变动"值（within difference）（下图）的Pearson相关系数也达到了0.40，二者均在1%的水平上显著。

通过以上3组证据可知：相较于中高收入国家（或地区），中国财产险的价格和集中度都明显偏高；财产险的价格和集中度呈正向关系。那么，市场集中是否以及在多大程度上"造成"了中国财产险的高价格？这是本章要研究的问题。研究此话题要解决以下两个困难，这也是本章的主要贡献所在。

（1）合理定义一个市场，并获得集中度在样本中较大的变异以及较多的样本量。我们没有采用跨国数据，这是由于：①不同国家保险公司的跨地区经营政策不同，这使得有些国家全国性的保险公司更多，而有些国家地区性的保险公司更多，前类国家较之后类国家即使公司法人数量少，但在每个地区经营的分支机构并不一定少，而使用跨国数据计算的集中度将无法反映不同国家的这种制度差异；②在我们所能够获得数据的国家（或地区）（50个以内）中，财产险市场的价格和集中度的差异不一定比中国地级城市之间的差异大。因此，我们收集了2000—2015年中国280多个地级城市的保险市场及相关变量的面板数据，得到了4200多个城市—年度的观察值，所包含的城市—年度—公司的信息为74800多条。较充足的样本提高了参数估计的准确性。

（2）价格可能反作用于集中度，如高价格会吸引更多公司进入市场从而降低集中度，因此，为了得到集中度对价格的影响需要处理这种由于"反向因果"造成的内生性。主要困难在于寻找合适的工具变量。对此，我们借助中国保险业"分地区"和"产寿险分业"经营和监管的制度特点，采用同一省区内其他城市寿险市场的集中度的平均水平做为某个城市财产险市场集中度的工具变量，改进了集中度对价格影响的估计。这种构造工具变量的做法可用于对中国保险业其他问题的研究以及对其他有类似特征行业的研究。

本章主要发现了两点结论（1）财产险市场的集中度对价格有正向、统计上显著且经济意义很大的影响。平均而言，集中度降低1个标准差则价格降低其均值水平的约15%。（2）价格对集中度确实有反作用，不过，只能对冲集中度对价格的影响的约45%。本章还进行了多种稳健性分析：采用动态模型控制价格调整的滞后性，使用3种有不同侧重的集中度指标（HHI、CCI、HTI），进行几种样本分组。

本章随后部分的结构安排如下：第二节在述评相关文献的基础上，从理论上分析市场集中对中国财产险价格的影响，并提出两个研究假设；第三节是经验研究设计，说明计量模型、探讨如何为集中度构造工具变量，确定各变量的度量方式，介绍样本；第四节分析回归结果，进行稳健性检验；第五节小结本章。

二、机理分析和研究假设

基于产业组织学的结构—行为—绩效（structure-conduct-performance）假说，市场结构从根本上决定了厂商的市场行为，进而影响厂商绩效。当市场上的厂商数目少时，厂商之间容易实现合谋，进而制定产量和价格协议并监督协议的实施；当厂商数目确定时，厂商之间的市场份额越不平等，厂商就越容易分化为领导者和跟随者，从而越容易实现默契，也越容易威胁准备进入该行业的外部厂商。由于集中度指标综合了厂商数目和厂商市场份额分布两方面因素，因此，集中度正向影响价格。Encaoua 和 Jacquemin（1980）基于静态和动态寡头非合作博弈模型证明，行业的价格成本边际随集中度同向变化。Toivanen 和 Waterson（2005）在 Cournot 寡头模型中证明了，如果企业成本外生决定，则市场利润与 HHI 呈正相关关系。

有几篇文献研究了保险市场上集中度对价格的影响，但结论并不一致。Pope 和 Ma（2008）对 1996—2003 年 23 个国家财产险市场的研究发现，集中度（采用 HHI 度量）与价格显著正相关。蒋才芳和陈收（2015）以 2002—2011 年中国人身险公司为样本，通过计量分析发现，人身险市场的集中度越高，人身险公司的利润越高。然而，Dafnyy、Duggan 和 Ramanarayanan（2012）发现，美国城市层面的商业健康险市场的 HHI 与健康险保费支出没有显著的相关性。Weiss 和 Choi（2008）对 1992—1998 年美国各州汽车险市场的研究也发现，集中度与价格之间并没有显著关系。

我们认为，较之一般行业，中国保险市场的集中度更可能影响产品价格。(1) 中国保险市场的产品差异化程度低，长期存在"一张保单卖全国"的现象，而合谋更容易发生在产品差异化程度低的行业（Hay and Kelley，1974）。(2) 中国居民保险知识普及程度低，消费者分散，难以形成与供给者有效谈判的力量。基于此，提出本章第一个假设，

*H*1：中国财产险市场的集中度正向影响价格。

市场经济的基本特征是通过价格机制调节供求关系，所以价格能反作用于集中度。Schmalensee（1989）、Bresnahan（1989）

在《产业经济学手册》中均认为：很多文献在研究集中度对价格的影响时将集中度（不恰当地）视为外生变量，因而得到的集中度对价格影响的估计值是有偏和不一致的。因此，如果不控制价格对集中度的反作用，可能低估集中度对价格的正向影响。对此，有些研究引入了工具变量——影响集中度但不影响价格的因素——处理集中度的内生性。

Evans、Froeb 和 Werden（1993）在研究美国城市之间机票市场的集中度对价格的影响时，采用集中度（HHI 度量）的"滞后项"做为工具变量，发现集中度对机票价格（取自然对数）的系数估计值从 0.2—0.3 提高到 0.5—0.6。Singh 和 Zhu（2008）在研究 100 多个机场附近的汽车租赁市场的企业数目（做为集中度的近似度量）对价格的影响时，采用反映市场吸引力的因素（飞机乘客人数、机场的若干地理特征、企业规模等）做为租车企业数目的工具变量，发现企业数目的系数估计值提高了近一倍。Dafny、Duggan 和 Ramanarayanan（2012）将 Aetna 和 Prudential Health Care 这两家美国健康险巨头的合并视为一个外生冲击，做为集中度的工具变量，发现集中度可以解释 1998—2006 年美国健康险保费支出增长部分的约 1/8。然而，Kalirajan（1993）在研究马来西亚 50 多个行业的集中度对利润的影响时，采用某个行业的"规模经济程度"做为工具变量[1]，不过发现是否引入工具变量对集中度的系数估计值几乎没有影响。这些经验研究显示

---

1 该文中某个行业的"规模经济程度"定义为"最小有效规模"（占行业总收入前 50% 的大企业的平均资产规模）与"成本优势比率"（占行业总收入前 50% 的大企业的人均经济增加值/其他企业的人均经济增加值）的乘积。

出，控制了价格的反作用后，集中度对价格的影响的估计值可能会增加。不过，除 Dafny、Duggan 和 Ramanarayanan（2012）外，这几篇文献并没有详细说明或检验所选择工具变量的外生性。

我们认为，较之一般行业，中国保险市场上价格对集中度的反作用应当比较小。市场的进入门槛越高，市场距离"可竞争市场"的标准越远，在位企业采用的高价格越不容易被新进入者打破。中国保险业的进入门槛是较高的：（1）在牌照管制方面，一家保险公司进入任何一个城市都需要事先审批，而批准中的一个考量就是不能冲击市场，这拖延了新公司的进入；（2）在资本要求方面，依据《保险公司管理规定》（保监会发［2009］1号），中国保险公司每新进入一个省区市就要增加不少于2000万元的注册资本，直到保险公司的注册资本达到人民币5亿元，且在偿付能力充足的情况下，设立分公司才不需要增加注册资本。基于此，提出本章第二个假设。

*H*2：控制价格对集中度的反作用后，将较小程度地提高对"集中度对价格影响"的估计。

三、回归设计：模型、变量和数据

（一）计量模型

基本的计量模型为：

$$Price_{jt} = \beta MCR_{jt} + \alpha_j + \gamma_t + D'_{jt}\delta + S'_{jt}\sigma + \varepsilon_{jt} \quad (8.1)$$

j 和 t 分别表示城市和年度。*Price* 表示财产险价格，*MCR* 表示集中度（market concentration ratio），β 是我们关注的系数。

D_{jt} 和 S_{jt} 分别是随城市和年度变化的需求方因素和供给方因素，随后介绍。$α_j$ 是代表城市效应的哑变量，用于控制同时与 Price 和 MCR 相关的、不随时间变化的城市特征，如，可保资源多、诚信环境好、交易成本低的城市会吸引更多的保险公司进入，从而降低了集中度，同时这些城市的财产险价格一般也更低。$γ_t$ 用于控制同时与 Price 和 MCR 相关的、不随城市变化的年度效应，如，保险行业应用互联网等电子营销技术，提高了经营效率，但这对实体网络铺设较少的小公司的促进作用更大，故会降低集中度。$ε_{jt}$ 是扰动项。

财产险的经营期基本为 1 年，由于存在数据收集和处理滞后，财产险可能存在价格粘性，可能呈现 2 阶自回归的性质，因此，在（9.1）式中加入因变量的 1 阶和 2 阶滞后项，将其扩展为一个动态面板模型，如下：

$$Price_{jt} = ρ_1 Price_{jt-1} + ρ_2 Price_{jt-2} + βMCR_{jt} + α_j + γ_t + D'_{jt}δ + S'_{jt}σ + ε_{jt}$$
(8.2)

（8.2）式通过加入因变量的滞后项，还可以控制那些在 t 期之前已经发生的、难以观测、同时随地区和时间变化的需求方或供给方冲击的影响。本章采用 Arellano 和 Bond（1991）的差分广义矩（GMM）估计：对（8.2）式进差分变换后，估计中利用矩条件 $E(Price^{t-2} Δε_{it}) = 0$，其中，$Price^{t-2} = (Price_{i1}, Price_{i2}, \cdots, Price_{it-1})'$。

（二）内生性和工具变量

价格是市场交易的结果，又是市场机制运作的开始，能引导供求，所以价格能反作用于集中度。如果不控制这种反作用，将会由于"反向因果"关系而无法准确估计集中度对价格的影响。对此，要为财产险市场的集中度寻找工具变量（记为 IV），以满足两个条件：（1） IV 影响 MCR, $Cov(IV, Price \mid MCR) \neq 0$；（2）除去通过 MCR 外，IV 不会被 $Price$ 影响，$Cov(IV, Price \mid MCR) = 0$。

我们首先想到采用 MCR 的滞后项做为其工具变量，如 Evans、Froeb 和 Werden（1993）。如果采用 1 阶或者滞后阶数不太长的滞后项，通常满足"条件1"；然而，不容易满足"条件2"，这是因为：公司考虑是否进出某个城市或在某个城市增减产量时，一般不仅看该城市当期或过去的价格，往往会预期未来的价格，如果公司进行预测的信息没有都被纳入为模型中的控制变量（这点难以保证），就会造成 $Price$ 与 MCR 的滞后项相关。如果采用很长滞后阶数的 MCR 做为工具变量，则一般会降低其与 $Price$ 的相关性，但是会带来弱工具变量问题（"条件1"不满足）和选择滞后阶数上的主观性问题。

我们又想到采用样本所在省区内其他城市财产险市场的集中度的均值做为工具变量，记为 $MCR(-j)$，这是利用"簇效应"来构造工具变量的做法。（1）某公司进入某个省区后，往往会在该省区中多于 1 个的城市经营业务，所以某个城市的供给者与省区内其他城市的供给者有关联。由于中国保险监管机构的派出机构下设到省区市一级，所以"条件1"在我们研究中较之在一般产品的研究中更容易成立。（2）中国保险业存在严格的"分地区"经营和监管，保险公司在任何城市开设分支机构都需要获批，并新成立单独核算的机构。因此，某个城市的财产险价格一般只会影响本城市的供给状况而不影响其他城市的供给状况，故

"条件2"在本章研究中较之对一般产品的研究中应当更容易成立。然而，仍然可能存在难以观察的、对财产险价格的冲击会同时影响省区内"多于1个"的城市，如一些地区发生大型灾难使得居民的风险预期增强，这种局部系统性冲击会造成"条件2"不成立[1]。

最后，结合中国保险业"分地区"和"产寿险分业"的经营和监管制度，提出第三种工具变量：某城市所属省区中其他城市寿险市场的集中度的均值，记为 $MCRlife(-j)$。（1）保险产品按照承保标的和责任可以分为3类：财产险、寿险和意健险（意外伤害保险及健康保险）。根据中国《保险法》（1995）规定，1996年起，同一保险人不得再兼营财产险和寿险业务，于是几家综合性保险公司分拆为财产险子公司和寿险子公司。财产险公司专营财产险业务，并于2002年10月起，可以经营意外伤害险及短期（承保期限在一年以下）健康险业务；人身险公司可以经营寿险和所有意健险业务。至今，中国保险市场上，很多财产险公司和人身险公司是两两隶属于同一金融保险集团（控股公司）或者有相同的主要股东，查看了各保险公司在自己网站上披露的公司治理方面的信息，发现仅有大地、永安、美亚、富邦、爱和谊、丘博、日本等约10家中小财产险公司是没有对应的人身险公司的。因此，这些保险公司由于供给方面因素会相互影响。因此，$MCRlife(-j)$ 很可能满足"条件1"。

（2）财产险和寿险是两类差别很大的产品：前者承保财产及其有关利益，是风险补偿性险种，经营期限在1年以内；后者

---

[1] 全国层面的冲击已经被年度固定效应（γ_t）控制。

承保人的生存或死亡，有很强的储蓄投资性，基本都是多年期产品。同时显著影响二者发展的因素很少，基于已有文献，这些因素是本章回归中已经控制的经济发展水平、教育和宗教因素。虽然意外伤害险及短期健康险是财产险公司和人身险公司均可以经营的（2002年10月起），但其占财产险公司和人身险公司保费收入的比重的样本均值分别仅为3.47%和4.22%；并且，意健险业务无论在财产险公司和人身险公司均是由专门的业务部门或事业部经营的，经营状况与财产险业务和寿险业务有所隔离。因此，"条件2"应当成立。

为稳妥起见，下文将分别采用 MCR 滞后项、$MCR(-j)$ 和 $MCRlife(-j)$ 做为 MCR 的工具变量，通过工具变量合理性的统计检验，选择最优的工具变量。

（三）变量的度量

保险产品较为抽象，保险产品的价格通常表示为"保费支出/保险金额"，而本章以及本书的第九章采用"保费支出/赔付支出"（或"已赚保费/赔付支出"）来度量价格，对此，进行如下解释说明。这两种指标的差别在于，采用赔付支出还是保险金额来度量保险产出量（或保险消费量）。

（1）在理论上。采用保险金额的好处在于，其是购买保险时就事先确定了的，与一般商品一样。不过，采用保险金额度量产出量需要假设投保人/保险标的的风险含量是相同的，但是不同投保人/风险标的的风险程度有或多或少的差异，使得基于保险金额计算的保险价格可能偏差很大。例如，同样购买100万元的保险金额，一个常出事故的投保人 A 花费 3000 元，一个没出过事故的投保人 B 花费 1000 元，通过保费支出 / 保险金额度量价格时，A 的价格明显高，其实 A 的价格可能偏低。此外，赔付支出在事后才能确定，但是无论影响风险的因素有多少，赔付支出均是所承保风险量的折现值，与承保风险量高度一致[1]。

（2）在学术研究工作中。中国和很多国家并没有披露多少保险金额的数据，我们也无法获得各家财产险公司地级分支公司的车险保险金额的数据，这使得无法基于保险金额进行很多研究。相对而言，保险赔付在各主要国家和地区均有大量数据持续披露，所以基于保险赔付度量保险产出量的做法在采用实际数据的国内外研究中被广泛使用，也使得不同研究之间更具有可比性。

本章中一个地区的财产险价格使用该地区的财产险保费收入（等于消费者的保费支出）除以该地区的财产险赔付支出（等于消费者收到的赔付补偿）来衡量，记为 $Price$[2]。$Price$ 的值越大，表示消费者对于每单位财产险产品需要支付的金额越大。

源于不同的经济理论假设或者对不同统计性质的侧重，存在多个集中度的度量指标，我们将使用以下 3 种。其中，HHI 是最常用的集中度指标，CCI 对大公司市场份额的变化更敏感，HTI

---

[1] 由于各类偶然因素，同样的投保人，在某一时期中的赔款支出可能为 0（未出险），也可能很大，但是即使就一个小型地级城市中的小型产险公司而言，一般也会承保几千上万辆汽车，而每辆汽车发生事故与损失程度是高度独立的，大数法则就使得赔款支出高度收敛于承保风险量。

[2] 本章以及本书第九章的保险产品价格度量中没有控制"责任准备金波动"，这使得价格度量结果受到了保险机构发展速度、经营稳健性等因素的影响。这是囿于我们没有相关数据，特别是分支公司的业务线层面的数据。

对公司市场份额的变化更敏感；且这三者指标都均不需要主观上先设定参数。（1）$HHI=\Sigma_{i=1}^{n}S_i^2$，其中，$S_i$（$i=1$，…，$n$）是市场中公司 i 的市场份额。HHI 越大表示市场越集中，$\frac{1}{n} \leq HHI \leq 1$。（2）CCI 被称为综合性集中度指标（comprehensive concentration index），$CCI=s_1+\Sigma_{i=2}^{n}s_i^2[1+(1-s_i)]$，其中，$s_i$ 是最大公司的市场份额。CCI 越大表示市场越集中，$0 < CCI \leq 1$。（3）HTI 由 Hall 和 Tidem（1967）提出，$HTI=1/(2\Sigma_{i=1}^{n}is_i-1)$，其中，$i$ 表示公司按市场份额由大到小的排名，市场份额最大（最小）公司的 i 取 1（n）。HTI 越大表示市场越集中，$0 < HTI \leq 1$。

在（8.1）式和（8.2）式中，控制了一些可能同时影响价格和集中度且同时随城市和年度变化的因素。在需求方面（D_{jt}）包括如下因素。（1）国内生产总值的对数（lnGDP）。（2）人均 GDP 的对数（lngdp）。（3）人口密度（Density）。（4）教育程度（Edu），采用一个城市的在校大学生占常住人口的比重来度量该城市的教育水平。（5）产业结构（SecIndu），使用第二产业增加值占 GDP 的比重度量。（6）对外开放程度（FDI），使用外商直接投资实际使用金额与 GDP 的比值度量。

供给冲击一般影响全国（总公司）层面的价格和集中度，这由 γ_t 控制；不仅如此，由于不同城市的保险公司构成不同，供给冲击的影响也会随着城市而变化，这由 S_{jt} 控制。S_{jt} 包括如下因素。（1）所有权性质（OwnType），使用一个城市中外（合）资财产险公司的市场份额度量。（2）公司年龄（Age），使用一个城市中按市场份额加权平均的财产险公司的年龄度量。（3）公司规模（Size），使用某个城市中按市场份额加权平均的财产险公司的资产再取对数度量。（4）财务杠杆（DARatio），反映财产险公司的破产风险（周晶晗和赵桂芹，2007），使用某个城市中按市场份额加权平均的财产险公司的财务杠杆（总负债/总资产）度量。（5）广告支出（AD），使用某个城市中按市场份额加权平均的财产险公司的业务宣传费用支出再取对数度量。

（四）数据

我们采用2000—2015年中国280多个地级城市的所有保险公司的经营数据和相关经济社会变量的数据。对于研究集中度—价格关系，较之于采用某个行业（如零售店、机票等）在多个地点的数据或者多个行业的数据，我们的样本的优势在于：（1）保险机构不能跨城市经营，保险产品不能储存和再销售，故每个市场有清晰的界定；（2）设立保险公司和设立分支机构有全国统一性的规定，所以各城市保险市场的进入壁垒程度接近。

计算 $Price$ 需要各城市在各年度的保费收入和赔付支出的数据，计算 MCR 需要各城市在各年度的所有财产险公司的保费收入的数据，计算三类工具变量 [$MCRLag$、$MCR(-j)$ 和 $MCRlife(-j)$] 需要各城市在各年度的所有人身险公司的保费收入的数据，这些数据收集自历年《中国保险年鉴》（地方版）中关于各地方保险市场的统计部分。

计算需求方的变量（GDP、gdp、$Density$、$SecIndu$、FDI）的数据收集自《中国城市统计年鉴》。由于 GDP 和 gdp 为货币度量，采用历年 GDP 平减指数折算到2015年的价格水平，GDP 平减指数也收集自该年鉴。

计算供给方的变量（$OwnType$、Age、$Size$、$DaRatio$、AD）需

要将一个城市财产险市场中各公司的市场份额与公司特征相"匹配"。各城市财产险市场份额的数据收集自《中国保险年鉴》（地方版）。公司的所有权性质、年龄、资产规模、资产负债率的数据收集自历年《中国保险年鉴》（公司版）和各公司网站中披露的公司年度财务报告；业务宣传费用的数据收集自保险行业协会备案的各家公司的财务报告附注。表8-2报告各变量的描述统计情况。

表8-2 描述统计量

变量	观察值数	均值	标准差	最小值	中位数	最大值
因变量（财产险价格）							
$Price$	4897	1.41	0.29	0.51	1.40	2.48
集中度指标（MCR）							
HHI	4897	0.45	0.25	0.12	0.37	1.00
CCI	4579	0.66	0.15	0.34	0.64	0.99
HTI	4897	0.42	0.26	0.08	0.32	1.00
需求方因素							
GDP（亿元）	4897	1074.45	1721.76	17.93	546.55	21602.12
gdp（万元）	4897	2.58	3.34	0.19	1.57	46.70
$Density$（万人/平方公里）	4894	0.04	0.04	0.00	0.04	1.16
Edu（比值）	4532	0.01	0.02	0.00	0.01	0.13
$SecIndu$（比值）	4897	48.18	11.46	9.00	48.63	90.97
FDI（比值）	4897	2.10	2.67	0.00	1.25	42.83
供给方因素							
$OwnType$（比值）	4897	0.33	1.16	0.00	0.00	1.00
Age（年）	4897	21.71	2.56	9.28	21.68	32.14
$Size$（亿元）	4897	878.96	455.99	75.09	710.68	2924.64
$DARatio$（比值）	4897	0.83	0.09	0.44	0.82	0.94
AD（亿元）	4897	10.97	7.32	0.89	11.10	32.53

四、市场集中度对财产保险价格的影响

（一）基本回归结果

表8-3报告使用最小二乘法对(8.1)式的估计结果,第(1)—(6)列的差异在于采用不同的控制变量组合（具体见表注）[1]。所有结果中,集中度的系数估计值均为正向且具有统计显著性（在1%的水平上）,故支持假设。

以 HHI 度量集中度为例,不控制任何因素时,HHI 提高1个标准差（0.25）,引起 $Price$ 提高0.19（$= 0.494 \times 0.25$）,涨幅为价格均值（1.41）的13.48%。控制地区固定效应[第(2)列]后,集中度的系数估计值仍然正向显著,说明价格是随集中度同向"变化"的,而模型的 R^2 从0.17提升到0.35,反映出财产险价格的地区固有差异较大。控制年度效应[第(3)列]后,模型的 R^2 较第(1)列提高很小,说明单纯年度因素对价格的解释力度不大。当进一步控制需求方因素[第(4)列]和供给方因素[第(5)列]后,集中度的系数估计值均有所下降,说明如果遗漏这些因素将一定程度上高估集中度的系数,这反映出需求方因素和供给方因素对价格和集中度整体上有同方向的影响。加入需求方因素和供给方因素也分别使模型 R^2 提高到0.40左右。控制所有4类因素后的估计结果[第(6)列]显示,提高1个标准差（0.25）,引起价格提高0.13（$= 0.513 \times 0.25$）,涨幅为价格均值水平的9.15%。

当采用 CCI 和 HHI 度量集中度时,得到的系数估计值在不

---

[1] 为简洁起见,本章一些重要回归的完整结果在表8-6中一并报告了。

同列之间的变化趋势与 HHI 度量集中度时类似。基于第（6）列的估计结果，CCI 和 HHI 提高 1 个标准差，将分别引起价格提高 0.19 和 0.13，涨幅分别为价格均值水平的 13.48% 和 9.21%。取 HHI、CCI、HTI 这三者的平均值，可知，集中度提高 1 个标准差，价格水平将提高其均值水平的 10.61%。

表 8-3 集中度对价格的影响：静态设定 + 不处理集中度的内生性

	因变量：Price					
	最小二乘估计					
	（1）	（2）	（3）	（4）	（5）	（6）
HHI	0.741***	0.849***	0.703***	0.559***	0.522***	0.513***
	（0.025）	（0.027）	（0.030）	（0.064）	（0.052）	（0.074）
R^2	0.17	0.35	0.182	0.38	0.42	0.43
观察值数	3749	3749	3749	3468	3749	3468
CCI	1.158***	1.377***	1.102***	1.071***	0.934***	0.753***
	（0.043）	（0.045）	（0.049）	（0.112）	（0.105）	（0.139）
R^2	0.16	0.37	0.17	0.39	0.43	0.44
观察值数	3506	3506	3506	3285	3506	3285
HTI	0.723***	0.804***	0.699***	0.614***	0.513***	0.538***
	（0.024）	（0.025）	（0.028）	（0.061）	（0.049）	（0.068）
R^2	0.18	0.35	0.19	0.39	0.42	0.44
观察值数	4285	4285	4285	3963	4285	3963

注：第（1）列不控制任何变量；第（2）列只控制地区固定效应（α_i）；第（3）列控制地区和年度固定效应（α_i、γ_t）第（4）列控制地区和年度固定效应和需求方因素（α_i、γ_t、D_{jt}）；第（5）列控制地区和年度固定效应和供给方因素（α_i、γ_t、S_{jt}），第（6）列控制地区和年度固定效应、需求方因素和供给方因素（α_i、γ_t、D_{jt}、S_{jt}）。系数估计值的下方（）内为稳健标准误；下文同。***、**、* 分别表示在 1%、5%、10% 的水平上显著；下文同。

（二）工具变量估计

表 8-4 报告引入工具变量控制集中度的内生性的两阶段最小二乘（2SLS）的估计结果。第（1）、（2）、（3）列，第（4）、（5）、（6）列，第（7）、（8）、（9）列中的集中度分别使用 *HHI*、*CCI* 和 *HTI* 度量，对于每种集中度的度量，均依次使用 *MCRlag*、*MCR*（−*j*）、*MCRlife*（−*j*）做集中度的工具变量，其中，*MCRlag* 报告采用 3 阶滞后项的结果。

"*IV* 对 *MCR* 的偏 R^2" 和 "Anderson 检验"的结果显示，控制模型中的自变量后，这 3 类工具变量对 *MCR* 仍有解释力，因此，这 3 类工具变量均不是弱工具变量。由于本章对一个内生变量采用一个工具变量，属于"恰度识别"的情况，不能从统计上直接检验工具变量的外生性假设。做为一个要求比较严格的替代方法，本章将工具变量连同自变量对价格进行 OLS 回归，如果工具变量不显著，则支持工具变量的外生性（方颖和赵扬，2011）。对于 3 类工具变量是否外生于模型，基于"*IV* 对 *Price* 回归检验"，3 种工具变量的结论不同。（1）*MCRlag* 与 *Price* 的相关性不显著[第（1）列]，但 CCI_{t-3} 与 *Price* 的相关性[第（4）列]和 HTI_{t-3} 与 *Price* 的相关性[第（7）列]均是显著的。加之，考虑到难以从理论上排除 *MCR* 不存在跨期相关并且 *MCRlag* 滞后阶数的选择有很强的主观性，所以我们不使用 *MCRlag* 做为工具变量。（2）在 3 种 *MCR* 的度量方式下，*MCR*（−*j*）与 *Price* 的相关性均是显著的[第（2）、(5)、(8)列]，所以 *MCR*（−*j*）内生于模型，不宜做为工具变量。（3）在 3 种 *MCR* 的度量方式下，*MCRlife*（−*j*）与 *MCR* 的相关性是不显著的[第（3）、(6)、(9)

列］。因此，下文将基于 $MCRlife(-j)$ 做为工具变量的估计结果［第（3）、（6）、（9）列］来解读模型。

当控制集中度的内生性后，3个集中度的系数估计值分别从 0.513、0.753、0.538［表6-3第（6）列］提升到1.113、1.278、0.972［表6-4第（3）、（6）、（9）列］，平均的提升幅度为108.08%。按照3种指标度量集中度时的平均情况计算，集中度提高1个标准差，将引起财产险价格提高0.217（取 1.113×0.25、1.278×0.15、0.972×0.26这3者的均值），涨幅为价格均值水平的15.4%。因此，假设 $H1$ 和 $H2$ 均得到支持。

将表8-4的估计结果视为集中度对价格单向的"影响"程度，将表8-3的估计结果视为扣除了价格对集中度反作用后的、集中度对价格的"净影响"程度。因此，根据3种集中度指标平均的计算结果，价格对集中度反作用能对冲31.10%［=（15.4%-10.61%）/15.4%］的集中度对价格的影响，这个数字可以做为样本期间中国城市财产险市场中价格对供求关系调节程度的一个度量。可见，中国财产险市场上价格调节供求的能力并不强。

最后，"D—W—H检验"显示：相比于表8-3的第（6）列，表8-4中第（3）、（9）列的估计结果有统计上的显著差异，而第（6）列没有发现显著差异（在10%的水平上），不过，表8-3和表8-4中 CCI 的系数估计值是有较大差别的。因此，可以认为 MCR 确实是内生变量。

表 8-4　集中度对价格的影响：静态设定＋处理集中度的内生性

	因变量：Price					
	2SLS					
	（1）	（2）	（3）	（4）	（5）	（6）
MCR 的度量方式：	HHI	HHI	HHI	CCI	CCI	CCi
MCR 的工具变量：	HHI_{t-3}	$HHI(-j)$	$HHIlife(-j)$	CCI_{t-3}	$CCI(-j)$	$CCilife(-j)$
MCR	0.514** (0.237)		1.113*** (0.179)			1.278** (0.543)
IV 对 Price 的偏 R^2	0.64	0.703	0.419	0.295	0.7009	0.257
Anderson 检验的 P 值	[0.00]	[0.00]	[0.00]	[0.00]	[0.00]	[0.00]
IV 对 Prive 回归检验的系数和 P 值	0.048 [0.34]	0.254 [0.01]	0.057 [0.27]	0.196 [0.03]	0.366 [0.02]	0.129 [0.33]
D—W—H 检验的统计量和 P 值	0.986 [0.32]		14.857 [0.00]			1.031 [0.30]
观察值数	3049	3907	3907	2818	3698	3696
	（7）	（8）	（9）			
MCR 的工具变量：	HHI_{t-3}	$HHI(-j)$	$HHIlife(-j)$			
MCR			0.972*** (0.159)			
IV 对 Prive 的偏 R^2	0.108	0.765	0.352			
Anderson 检验的 P 值	[0.00]	[0.00]	[0.00]			
IV 对 Prive 回归检验的系数和 P 值	0.148 [0.02]	0.234 [0.01]	0.080 [0.14]			
D—W—H 检验的统计量和 P 值			2.823 [0.00]			
观察值数	3007	3907	3907			

注：表中回归控制但省略报告估计结果的变量包括地区和年度固定效应、需求方因素和供给方因素（α_i、γ_t、D_{jt}、S_{jt}）。"IV 对 MCR 的偏 R^2"和"Anderson 检验"（Anderson canon. corr. LM 统计量）用于判断 IV 否为弱工具变量，后者检验的原假

设为"是弱工具变量"。"IV 对 Price 回归检验"用于从统计上考察 IV 的外生性，检验原假设为"外生性成立"。D—W—H 检验用于判断 MCR 是否为内生变量，原假设为"是内生变量"。相关检验中 [ ] 内为可以拒绝该检验原假设的 P 值，下文同。

表 8-5 报告采用动态面板模型 [(8.2) 式] 的估计结果。第 (1) 列采用混合样本 OLS 估计，第 (2) 列采用 FE OLS 估计，第 (3)、(4)、(5) 列采用 AB91 估计。第 (1)、(2)、(3) 列采用 HHI 度量集中度，第 (4)、(5) 列分别采用 CCI、HKI 度量集中度。5 个回归中 MCR 的系数估计一致，均为正向显著。一些通用的判别方法支持我们使用动态面板设定和 AB91 估计方法的合理性[1]，因此，基于第 (3)、(4)、(5) 列的结果来解读经济含义。

根据第 (3) 列结果，HHI 对 Price 影响的积累效应为 1.104。举例而言，2015 年北京市、河北省保定市、河北省各地级城市财产险市场平均的 HHI 分别为 0.186、0.311、0.252，财产险价格分别为 1.72、2.03、1.97。如果 2015 年保定市、河北省各地级城市财产险市场的 HHI 都降低到北京市的水平，且其他条件保持不变，那么二者的财产险价格分别可以下降到 1.89、1.90。

---

[1] （1）财产险价格的 1 阶和 2 阶滞后项显著，因此中国财产险价格存在粘性。（2）原模型 [(2) 式] 的扰动项 ε_{it} 序列相关是动态面板模型统计推断的一个重要假定，该假定成立时，差分方程残差序列的二阶自相关系数 AR(2) 应接近于 0，本章的 AR(2) 检验的结果支持这一假定。（3）Hansne J 检验不能拒绝原假设"工具变量过度识别约束是有效的"，通过了该检验。（4）由于非观测个体固定效应的存在，混合样本 OLS（FE）通常会高估（低估）因变量滞后项的系数，而本章 AB91 估计的 ρ_1 的估计值在混合 OLS 和 FE 估计值之间。

可见，集中度的差异解释了北京市和保定市财产险价格差距的44.52%、北京市和河北省各地市财产险价格差距的29.15%、河北省保定市与河北省各地市平均的财产险价格差异的95%以上。

取第（4）、（5）、（6）列中3种集中度度量指标得到的积累效应的平均值，可知，集中度降低1个标准差，将引起价格降低约0.218（0.736×0.25、0.638×0.15、0.604×0.26的均值），降幅为价格均值水平的15.46%。结合此结果与前文中得到10.61%，价格机制对集中度的反作用能对冲集中度对价格的影响的31.37%[=(15.46%−10.61%)15.46%]。因此，$H1$ 和 $H2$ 进一步得到支持。

表8-5 集中度对价格的影响：动态设定

	因变量：Price				
	（1）	（2）	（3）	（4）	（5）
MCR 的度量方式：	HHI	HHI	HHI	CCI	HTI
估计方法：	普通 OLS	FE OLS	AB91	AB91	AB91
MCR	0.312***	0.423***	0.562***	0.603***	0.486***
	(0.053)	0.0765	(0.048)	(0.122)	(0.043)
（滞后1阶）Price	0.549***	0.391***	0.526***	0.504***	0.502***
	(0.0192)	(0.020)	(0.015)	(0.016)	(0.016)
（滞后2阶）Price	0.017	−0.101***	−0.036***	−0.135***	−0.040***
	(0.018)	(0.019)	(0.012)	(0.012)	(0.012)
MCR 的积累效应	0.712***	0.597***	1.104***	0.957***	0.906***
Hansen J 检验的 P 值			[0.16]	[0.43]	[0.30]
AR（2）检验的 P 值			[0.82]	[0.69]	[0.33]
个体数		282	277	277	277
观察值数	2846	2846	2564	2508	2564

注：普通 OLS 回归中控制年度固定效应、需求方因素和供给方因素（γ_t、D_{jt}、

S_{jt}),FE OLS 和 AB91 回归中控制地区和年度固定效应、需求方因素和供给方因素(α_j、γ_t、D_{jt}、S_{jt})。AB91 估计中,内生变量为 Price 的 1 阶滞后项和 MCR,采用的不超过 3 阶的滞后项做为差分方程的工具变量,MCRlife($-j$)为额外的工具变量。MCR 的累积效应为"$\beta/(1-\rho_1-\rho_2)$",其显著性通过 Price 滞后项系数的非线性检验得到,下文同。"Hansen J 检验"用于判断 AB91 估计的过度识别约束是否是有效的,原假设为"有效";下文同。"AR(2)检验"用于判断原估计方程的扰动项是否存在序列相关,原假设为"不存在";下文同。

表 8-6 部分回归的完整结果

	因变量:Price					
	表 8-3 的第(6)列	表 8-4 的第(3)列		表 8-5 的第(3)列	表 8-5 的第(4)列	表 8-5 的第(5)列
MCR 的度量方式	HHI	HHI		HHI	CCI	HKI
估计方法	FE OLS	2SLS		AB91	AB91	AB91
		第 1 阶段	第 2 阶段			
MCR	0.513*** (0.074)		1.113*** (0.171)	0.562*** (0.048)	0.603*** (0.122)	0.486*** (0.044)
(滞后 1 阶) Price				0.526*** (0.015)	0.504*** (0.016)	0.502*** (0.016)
(滞后 2 阶) Price				−0.036*** (0.012)	−0.135*** (0.012)	−0.040*** (0.012)
需求方因素							
lnGDP	−0.223*** (0.078)	−0.130*** (0.026)	−0.203** (0.084)	−0.682*** (0.203)	−0.079 (0.154)	−0.716*** (0.187)
lngdp	0.083 (0.077)	−0.068*** 0.025	0.081 (0.078)	0.802*** (0.201)	0.155 (0.145)	0.790*** (0.185)
Density	−0.129 (0.399)	(0.016) (0.132)	−0.119 (0.400)	−0.941 (0.694)	−0.619* (0.366)	−0.833 (0.627)
Edu	−1.322* (0.792)	1.174*** (0.269)	−1.813** (0.845)	−2.950*** (1.020)	−0.708 (0.833)	−2.740*** (0.969)
SecIndu	0.003** (0.001)	−0.002** (0.000)	0.003** (0.001)	−0.003*** (0.001)	−0.004*** (0.001)	−0.003*** (0.001)
FDI	−0.007*** (0.002)	0.000 (0.001)	−0.007*** (0.003)	−0.002 (0.003)	0.014*** (0.004)	−0.011*** (0.004)

(续表)

	因变量：Price					
	表8-3的第(6)列	表8-4的第(3)列	表8-5的第(3)列	表8-5的第(4)列	表8-5的第(5)列	
供给方因素						
Owntype	0.008 (0.005)	0.003* (0.002)	0.011* (0.006)	0.002 (0.003)	0.007** (0.003)	0.002 (0.003)
Age	−0.003 (0.004)	0.019*** (0.001)	0.006 (0.006)	−0.039*** (0.003)	−0.050*** (0.003)	−0.038*** (0.003)
Size	0.078* (0.042)	0.082*** (0.014)	0.080* (0.043)	0.194*** (0.030)	0.287*** (0.026)	0.221*** (0.029)
DARatio	−0.826*** (0.068)	−0.044** (0.022)	−0.815*** (0.070)	−0.102*** (0.039)	−0.050 (0.038)	−0.138*** (0.041)
lnAD	−0.035*** (0.010)	−0.012* (0.006)	−0.031** (0.012)	−0.033** (0.014)	−0.041** (0.016)	−0.023 (0.015)
HHIlife(−j)		0.583*** (0.026)				
HHIlife(−j) 对 MCR 的偏 R^2		0.42	0.32	0.18	0.36	
HHI 对 Price 回归检验的 P 值			[0.26]	[0.10]	[0.34]	[0.82]
Hansen J 检验的 P 值			[0.16]	[0.43]	[0.30]	
AR(2) 检验的 P 值			[0.82]	[0.69]	[0.33]	
观察值数		3963	3907	2930	2866	2930

注：回归中控制了地区和年度固定效应。"2SLS"的内生变量为HHI，工具变量为HHIlife(−j)。"AB91"的估计中，内生变量为Price的1阶滞后项和HHI，采用Price不超过3阶的滞后项做为差分方程的工具变量，HHIlife(−j)为额外的工具变量。

(三)稳健性检验

市场需求下降时厂商合谋协议的稳定性将降低，这得到了一些寡头竞争模型和经验研究的支持（Nekarda and Rame，2013）。对此，将各城市按照其在样本期间的实际 GDP 增长率的中位数，分为"低增长"和"高增长"两组，分组回归结果报告于表 8-7 的第（1）、（2）列。结果显示，集中度对价格的系数估计值都是正向显著的，HHI 影响的积累效应在低增长组为 0.938，低于高增长组的 1.190，二者差别不大。

开设保险分支机构需要一定的固定成本，也存在最小有效规模的概念；而最小有效规模做为一种进入壁垒会影响集中度和价格（利润）（Kalirajan，1993）。对此，将各城市按其在样本期间"财产险保费规模"的中位数，分为"小型市场"和"大型市场"两组，分组回归结果报告于表 8-7 的第（3）、（4）列。结果显示，集中度对价格的系数估计值都是正向显著的，HHI 影响的积累效应在两组中分别为 1.083 和 1.223，二者差别不大。

表 8-7 集中度对价格的影响的稳健性检验 1

样本分组依据：	因变量：Price			
	（1）GDP 低增长 < 13.2%	（2）GDP 高增长 ≥ 13.2%	（3）小型市场 < 3.12 亿元	（4）大型市场 ≥ 3.12 亿元
HHI	0.505*** (0.026)	0.670*** (0.028)	0.411*** (0.096)	0.766*** (0.038)
（滞后 1 阶）Price	0.534*** (0.018)	0.461*** (0.015)	0.636*** (0.040)	0.451*** (0.008)
（滞后 2 阶）Price	−0.073*** (0.006)	−0.023*** (0.005)	−0.015 (0.021)	−0.077*** (0.005)
HHI 的积累效应	0.938***	1.190***	1.083***	1.223***
$HHIlife(-j)$ 对 HHI 的偏 R^2	0.26	0.30	0.28	0.334
$HHIlife(-j)$ 对 Price 回归检验的 P 值	[0.19]	[0.24]	[0.43]	[0.08]

(续表)

	因变量：Price			
	（1）	（2）	（3）	（4）
个体数	138	139	138	139
观察值数	1470	1461	1384	1546

注：估计方法为"AB91"，内生变量为 Price 的 1 阶滞后项和 HHI，采用 Price 不超过 3 阶的滞后项做为差分方程的工具变量，HHIlife（−j）为额外的工具变量。表中回归控制但省略报告估计结果的变量包括地区和年度固定效应、需求方因素和供给方因素（α_j、γ_t、D_{jt}、S_{jt}）。回归通过了 Hansen J 检验和 AR（2）检验（在 10% 的水平上）。

中、外（合）资公司有不尽相同的经营文化，中资和外（合）资保险公司参与价格合谋的程度不同。如，2014 年 9 月，浙江省保险行业协会及 23 家财产险公司因为协商约定车险价格被国家发改委根据《反垄断法》罚款 1.1 亿元，该事项中并没有外（合）资公司参加。将样本按"是否有外（合）资财产险公司进入"进行分组，结果报告于表 8-8 第（1）、（2）列。结果显示，集中度对价格的系数估计值都是正向显著的，HHI 影响的积累效应在两组中分别为 0.999 和 1.145，二者差别不大。

中国经济社会和保险业发现存在明显的地区差异，那么，集中度对价格的影响在不同地区尤其是市场化程度较高的东部地区，是否均成立？将样本分为东、中、西部 3 组，分组回归结果报告于表 8-8 的第（3）、（4）、（5）列。结果显示，集中度对价格的系数估计值都是正向显著的，HHI 影响的积累效应在东部、中部和西部分别为 1.374、1.029、1.090。

表8-8 集中度对价格的影响的稳健性检验2

	因变量：Price				
	（1）	（2）	（3）	（4）	（5）
	市场上无外企	市场上有外企	东部地区	中部地区	西部地区
HHI	0.768*** (0.143)	0.577*** (0.053)	0.930*** (0.045)	0.606*** (0.037)	0.613*** (0.041)
（滞后1阶）Price	0.407*** (0.007)	0.519*** (0.016)	0.502*** (0.011)	0.507*** (0.010)	0.479*** (0.010)
（滞后2阶）Price	−0.176*** (0.008)	−0.026** (0.013)	−0.179*** (0.007)	−0.096*** (0.008)	−0.035*** (0.008)
HHI的积累效应	0.999***	1.113***	1.374***	1.029***	1.090***
HHIlife（−j）对HHI的偏R^2	0.28	0.278	0.39	0.28	0.39
HHIlife（−j）对Price回归检验的P值	[0.31]	[0.73]	[0.17]	[0.78]	[0.25]
个体数	101	273	101	100	76
观察值数	541	2390	1152	1171	607

注：同表8-7。

五、小结

　　保险在中国的普及程度低，大量风险没有得到保障，而与中高收入国家（或地区）相比，中国保险市场的价格和集中度都偏高。本章研究财产险市场的高集中度是否以及在多大程度上"造成"了产品的高价格？我们从多个公开渠道收集了2000—2015年中国280多个地级城市中所有保险公司经营数据和相关经济社会运行的数据，借助中国保险业"分地区"和"产寿险分业"经营和监管的制度特点为集中度构造了合适的工具变量，较为准确地估计了集中度对价格的影响。研究主要发现：集中度降低 1 个标准差，将引起价格降低其均值水平的约 15%；价格机制的反作用能够对冲集中度对其影响的不足三分之一。

研究结论支持保险市场加强供给方面的改革：放松市场准入监管，提升中国保险市场对内和对外的开放水平，为降低市场份额过度集中的状况创造条件；清理废除妨碍统一市场和公平竞争的各种规定和做法；防范公司之间不同形式的合谋行为。此外，保险公司要努力降低营销成本和管理成本，加强利用金融科技，改建流程，为提供低价格的、普惠性的产品创造条件。

第九章
互联网普及对财产保险价格的影响

一、问题的提出

互联网改变了社会生产生活方式，是经济社会发展的重要驱动力。在中国，快速增加的网民数量以及人们对互联网依赖程度的加深已经并且正在进一步影响很多行业，"互联网+"也得到了社会各界的重视。市场经济中，价格是调节资源配置的主要信号，那么，互联网发展对中国保险业产生了何种价格效应？本章将研究此问题。

本章中的"价格效应"是指对"平均价格"和"价格离散"的影响，其中："平均价格"可以衡量产品的稀缺程度，主要包括生产成本和垄断租金两个部分；"价格离散"是指同一时期中同样的产品在不同厂商的售价不同，它是检验市场运行效率的重要指标（Baye、Morgan and Scholten，2006；Hopkins，2008），如很多关于电子市场效率的研究就是通过对厂商间价格离散程度的分析来实现的（黄浩，2014）[1]。

---

[1] 本章研究厂商之间的价格差异，还有一大类文献研究的是某种可贸易产品在不同地区之间的价格差异，它们也常用 price dispersion、price difference、price variability、violate The Law of One Price 等表达。这类文献的一个基本观点是，市场运行效率越高（各类制度障碍少），地区之间的价格差异程度越低。

信息搜寻是决策活动的重要过程，而互联网的首要作用是降低了人们的信息搜寻成本，创造更少摩擦的市场环境。我们先是基于消费者信息搜寻理论，提出了互联网普及影响平均价格和价格离散的假设。接着，我们收集了2004—2015年中国约300个地级（及以上）城市的机动车险市场及相关的数据，使用控制了相关变量的回归分析，主要发现了如下结论。（1）互联网普及对车险平均价格有显著的负向影响。基于2015年的数据，即使不考虑车险价格降低引起的消费量增加，如果各城市的互联网普及率均提高10个百分点，车险消费者将节省208亿元，而如果各城市的互联网普及率都达到北京市的水平（80.3%），车险消费者将节省688亿元。（2）无论是否剔除车险产品的异质性，各城市的车险市场都存在着较明显的价格离散，这反映出市场的信息处理效率不高。（3）互联网普及对车险市场价格离散的影响呈"倒U"形，影响"由负到正"的转折点为互联网普及率在45%左右，因此，今后中国互联网的发展将降低车险市场的价格离散程度。

车险是产业组织研究——尤其是涉及信息问题时——经常使用的数据来源，本章主要选择车险市场的数据有几点重要考虑。（1）绝大部分产品，即使图书、CD这类标准化程度高、购买频繁的产品，其大部分销量也是在"线下"完成的，所以仅仅使用互联网上的交易信息难以充分反映某个行业（或产品）的价格状况（Orlov，2011；Gorodnichenko and Talavera，2017）。中国保险业有严格的分地区经营和监管政策，即使是在互联网上达成的保险交易，保险的收入和支出也会记录到投保人和保险标的所在地的保险业务统计中。因此，某个城市车险市场的统计数据能够涵盖该城市居民发生的所有"线下"和"线上"的保险交易活动,进而能与互联网普及程度的变量相匹配。(2)即使有些证据显示"线上"商品在价格变化的时机和规模方面类似于"线下"(Cavallo,2014,2017),采用挂牌价格测量的价格离散程度普遍会高于采用实际交易价格测量的结果,这部分上是由于线上的价格并非真实的售价(Brynjolfsson and Smith,2000;Ghose and Yao,2011;Cavallo,2017),基于前者的测量结果一般会高估价格离散。保险业务的收入和支出均有现金流相对应,且保险业有比较严格的统计和内控制度,所以车险价格是来自真实交易的,度量误差因素很小。(3)保险业有各公司的市场份额的数据,使得我们能计算市场整体的价格水平,并在回归中能控制市场竞争程度。(4)保险产品不能储存和再销售,这保证了基于供给者(保险公司)数据计算的价格与消费者真实支付的价格是一致的。(5)过去十几年,中国车险业与互联网的结合程度是从无到有、逐步增强的,便于检验互联网普及产生的影响。(6)我们可以收集到十余年中所有地级城市的车险市场的数据,这使得研究结论具有全国性,也使观察值数大为增加。

本章比较正式地研究了互联网普及对中国某个行业(产品)产生的价格效应。国外已发现了3篇相关文献。(1)Brown 和 Goolsbee(2002)基于从美国寿险行销协会获得的个体保单的数据的研究发现:20世纪90年代一家比价网站(Insweb.com)在美国的兴起显著降低了短期寿险产品的价格,降低程度为8%—15%;1992—1997年美国互联网发展增长最快的州、增长最慢的州的短期寿险产品的价格分别降低了32%、13%;随着该比价网站的兴起,个体保单之间的价格差别程度有先提高后降低的趋势。（2）Orlov（2011）利用对美国飞机票市场的一项调查数据，研究发现：互联网普及率高的地区的飞机票有更低的平均价格，但是互联网普及率与价格离散程度并没有显著关系。（3）McDonald 和 Wren（2016）利用英国互联网上车险的交易数据的研究发现，老年（相对于中青年）、失业（相对于就业）、退休（相对于未退休）和女性（相对于男性）消费群体中的车险价格的离散程度更高，并认为这是由于，这些群体的信息获取能力较低。由于制度背景、数据结构的不同，本章在研究设计上与这 3 篇文献有很大的差异。

本章随后部分的结构安排如下：第二节介绍制度背景；第三节分析互联网普及影响车险价格水平和价格离散的机理，提出研究假设；第四节说明回归中的模型、变量和数据；第五节报告和分析基本回归结果；第六节排除替代性解释的影响、进行稳健性分析并检验假设的推论；第七节小结本章。

二、制度背景：中国车险市场及"互联网+"

保险产品通常分为两大类：（1）承保财产及其相关利益的财产险，其中，车险是中国财产险业的主要险种；（2）承保人的寿命和身体的人身保险。车险在 1988 年后一直是中国财产险业的最大险种，近几年中国车险市场也是仅次于美国的世界第二大车险市场。2015 年中国车险保费收入为 6199 亿元，占财产险业总保费收入（7995 亿元）的 77.5%。2015 年，中国的 73 家财产险公司中的 64 家经营了车险业务。

与中国很多行业一样，保险业与互联网的结合已有 20 年左右的历史，不过仅是近几年才呈现快速发展趋势。根据中国保监会部门规章的定义（中国保监会，2011，2015），互联网保险业务是指保险机构依托互联网和移动通信技术等，通过自营网络平台、第三方网络平台等订立保险合同，提供保险服务。1997年底，中国第一家保险网站——中国保险信息网建成，并促成了第一张网上投保意向书。2000年8月中国3家最大保险公司中的两家——太平洋保险和平安保险开设了自己的网站，此后，以保险中介和保险信息服务为定位的保险网站纷纷涌现，如慧择网、优保网、向日葵网等。这些网站主要就是提供保险产品内容和价格的信息。2003年起，中国人民保险公司推出了车险的互联网上报价（业内首家）。2005年4月1日《电子签名法》实施，规定电子签名与手写签名和印张有同等的法律效力，中国人民财产保险公司于当日签发了第一张电子保单。2009年12月，《保险公司信息化工作管理指引（试行）》的实施规范了保险公司的信息化工作。2011—2015年，互联网渠道贡献的保费规模年均增长率在190%左右（易观智库，2015）；2015年中国互联网财产险保费收入为768.36亿元，同比增长51.94%[1]。

车险是标准化程度很高的保险产品，且具有一定的刚性需求性质，购买也较为频繁，因此，车险在各国都是"互联网+"程度高的险种。车险产品是中国网民最为关注的保险产品，"360营销研究院"发布的《2014年第二季度车险行业数据研究报

---

[1] 赵萍："互联网保险2015年收入超2000亿理财、车险仍占绝对主导"，《21世纪经济报道》2016年2月17日，http://finance.sina.com.cn/roll/2016-02-17/doc-ifxpmpqt1345038.shtml。

告》显示，车险以 80% 的搜索指数位居"最受关注商业险"之首。2015 年中国全年的互联网车险保费收入为 716.08 亿元，占互联网销售的所有财产险的保费收入的 93%。2011 年美国的车险保费收入中，互联网销售占比从 2007 年的 3% 上升到 30%[1]；2011 年美国的寿险保费收入中，互联网销售的占比为 8% 左右。2011 年，英国有 50% 的网民通过互联网查询车险费率，41% 的车险和 26% 的家庭财产险是通过互联网销售的。2009 年德国约有 26% 的车险和 13% 的家庭财产险是通过互联网销售的，而到 2010 年，这两个数字分别上升至 45% 和 33%。韩国 2001 年开始出现了互联网车险业务，2012 年车险业务中 25% 是通过互联网销售的，所有财产险和短期人身险业务中有 11% 是通过互联网销售的[2]。

三、机理分析和研究假设

价格离散背离了"一价定律"（The Law of One Price），却是常见的现象，此问题在 Stigler（1961）开创性地分析了信息对人们行为和福利的影响后，引起了学者们的长期关注。如果消费者和厂商都有完全信息，如，可以无成本地搜寻价格并且没有判别能力的缺陷，单一的价格将是 Nash 均衡（Bertrand 价格竞争

---

[1] ComScore, Internet captures market share from traditional agents in purchase of auto insurance policies, http://www.comscore.com/Press Events/Press Releases/2008/05/Auto Insurance Policies Online, Accessed 15 Sept 2011.

[2] 除单独标注外，本段中数据的来源为中国保险行业协会（2014）。

均衡），不存在价格离散（Stigler，1961）。然而，不完全信息也不是价格离散成为均衡的充分条件，如 Diamond（1971）证明，在信息不完全条件下，如果信息搜寻成本是正的，唯一的均衡是垄断价格。因此，理论研究通过引入消费者异质性（如搜寻成本不同）、厂商成本异质性（如固定或可变成本不同）、不同的消费者在厂商之间有不同的偏好（如地理距离远近）、非理性行为（如短期记忆）、需求方面或供给方面的不确定性等因素，得到了价格离散如何做为一种市场均衡存在。对此，可参见 Baye、Morgan 和 Scholten（2006），Hopkins（2008）的综述。

我们认为互联网普及能够通过大幅降低消费者的信息搜寻成本，进而影响保险产品的价格状态。与本章经验研究部分最为相关的理论是 Stahl（1989）的模型，该模型将边际成本定价的 Bertrand 均衡和垄断定价的 Diamond 均衡连接起来。下面简要说明 Stahl（1989）模型的核心内容，提出本章的研究假设。

假设有两类消费者，一类没有信息搜寻成本（称为"Shopper"），其人数占比为 r；另一类有信息搜寻成本，其获得 1 家厂商的报价需要支付 1 次搜寻成本，其人数占比为 $1-r$。进一步假设，两类消费者均购买 1 单位产品，均事先知道市场中厂商群体价格的分布状况，但不知道各家厂商的价格。Stahl（1989）证明：在 Nash 均衡时，无信息搜寻成本的消费者将直接找到最低的价格并购买，而有信息搜寻成本的消费者将在搜寻到保留价格（预先设定的）时，停止搜寻并购买。借助互联网虽然不会将车险价格的搜寻成本降低到 0，但是会大幅度降低搜寻成本，所以本章将互联网使用者在所有消费者中的比重视为 r。基于 Stahl（1989）模型，提出 3 个可以直接检验的研究假设。

（1）随着 r 上升，价格水平将下降，即无信息搜寻成本的消费者占比的增加会降低价格水平。提出 $H1$：车险市场的平均价格随着互联网普及率的提高而降低。

（2）由于消费者有异质性的信息搜寻成本，所以"一价定律"不成立，价格将是离散的。提出 $H2$：车险市场存在价格离散现象。

（3）当 $r=0$ 时，价格将退化为垄断价格，当 $r=1$ 时，价格将退化为完全竞争价格。在 r 从 0 向 1 逐渐增加的过程中，价格离散程度将先增加后减少。在本章的样本初期，中国的互联网用户数量很少，所以可以将 r 视为从较低水平开始增加。提出 $H3$：车险市场的价格离散先是随着互联网普及率的提高而提高，当互联网普及率到达某一水平后，车险市场的价格离散将与互联网普及率负相关。

此外，基于 Varian（1980）模型中的混合策略 Nash 均衡也能够得出 $H3$，只是 Varian（1980）直接假设了两类消费者，一类具有各家厂商的价格知识，另一类没有各家厂商的价格知识。这两类消费者其实可以分别对应于 Stahl（1989）的无信息搜寻成本和有信息搜寻成本的消费者。采用赵冬梅（2008）用于解释价格离散存在性的两类厂商和两类消费者的模型，也能够得出 $H3$。

四、回归设计：模型、变量和数据

（一）基本计量模型

关于车险平均价格和价格离散的计量模型分别为：

$$Avg_{it}=\alpha_0+\alpha_1 Internet_{it}+\phi_i+\eta_t+X'_{it}\alpha_2+\varepsilon_{it} \quad (9.1)$$

$$Disp_{it}=\beta_0+\beta_1 Internet_{it}+\beta_2 Internet^2_{it}+\phi_i+\eta_t+X'_{it}\beta_3++\xi_{it} \quad (9.2)$$

其中，Avg_{it} 和 $Disp_{it}$ 分别表示城市 i 年度 t 的车险市场的平均价格和价格离散。$Internet$ 是互联网普及率，为安装了互联网的住户占所有住户的比重。$Internet^2$ 是 $Internet$ 的平方项，二者联合起来用于反映互联网普及率可能产生的非线性影响。ϕ_i 和 η_t 分别是城市和年度固定效应（使用哑变量控制）。X 是那些同时影响价格与互联网普及率的、同时随城市和年度变化的控制变量。ε_{it} 和 ξ_{it} 是扰动项。

保险产品的价格水平可能存在"黏性"或"均值回归"，因此，在（9.1）式中加入因变量的 1 阶滞后项[1]，将其扩展为动态面板模型，如下：

$$Avg_{it}=\alpha_0+\rho Avg_{it-1}+\alpha_1 Internet_{it}+\phi_i+\eta_t+X'_{it}\alpha_2+\varepsilon_{it} \quad (9.3)$$

对（9.3）式进行差分变换得到（9.4）式，采用差分广义矩（GMM）估计（Arellano and Bond，1991）。

$$\Delta Avg_{it}=\rho\Delta Avg_{it-1}+\alpha_1\Delta Internet_{it}+\Delta\eta_t+\Delta X'_{it}\alpha_2+\Delta\varepsilon_{it} \quad (9.4)$$

结合以有相关文献，回归中控制了如下变量（X）。（1）国内生产总值（GDP）的对数。GDP 越大，保险市场容量越大，且保险业具有一定的规模经济性，同时互联网产业具有网络外部性，所以 GDP 可能同时影响车险价格和互联网普及率。（2）人均 GDP（$GDPPerCap$）的对数。收入水平（财富水平）可能（正

---

[1] 将保险价格水平或其简单变化得到的变量做为回归分析的因变量时，自变量中"不加入因变量的滞后项"、"仅加入因变量的 1 阶滞后项"、"同时加入因变量的 1 阶和 2 阶滞后项"这 3 种做法在已有文献中均较常见。本章随后的回归结果中，Avg_{it-2} 大部分是不显著的，所以本章仅加入了 1 阶滞后项 Avg_{it-1}，且回归的残差通过了 AR(2) 检验。

向或负向）影响人们风险厌恶程度，进而影响保险需求和价格，同时收入水平也与互联网普及率相关。（3）人口密度（*Density*）。提高人口密度一般会降低保险业务的交易成本从而影响保险价格，人口密度还可能影响信息搜寻成本进而影响价格和价格离散，而人口密度高也有助于互联网普及。（4）教育程度（*Edu*）。教育能增强人们对风险和保险产品的理解，进而影响保险需求和价格，而教育水平也可能影响对互联网的使用。（5）服务业占GDP的比重（*Service*）。从事于不同行业的人群的保险需求和对互联网的需求可能不同。（6）市场竞争程度[1]，使用车险市场的赫芬达尔—赫希曼指数（Herfindahl-Hirschman Index，*HHI*）度量，$HHI_{it} = \Sigma_{j=1}^{N_{it}}(S_{ijt})^2$，其中，$S_{ijt}$ 是城市 i 年度 t 的车险市场中公司 j 的保费收入份额，N_{it} 表示城市 i 年度 t 的经营车险的公司数目。HHI_{it} 的值越大表示车险市场集中度越高，竞争程度越低。

（二）衡量平均价格和价格离散

车险产品的价格使用消费者对车险的"保费支出"（即保

---

[1] "保险产品是卖的而不是买的"（Insurance is sold, not bought）是中外保险经营中的一个共识。当没有互联网时，新进入市场的企业往往由于在传统渠道上的积累较少，处于竞争劣势；互联网发展能减弱新企业在传统渠道上的劣势带来的影响，从而吸引更多新企业进入车险市场，通过竞争机制"间接"影响车险的平均价格和价格离散。并且，样本期间中国保险业的市场结构从寡头到垄断竞争并向完全竞争状态发展，车险竞争程度不断加剧，这与互联网普及率在时间上的变化状态是比较一致的。因此，本章研究中控制市场竞争程度很有意义。Baye、Morgan 和 Scholten（2004）认为，Brown 和 Goolsbee（2002）关于互联网影响价格的经验研究的一个不足就是没有控制"市场竞争"因素。

险公司的保费收入)除以消费者收到的"赔付补偿"(即保险公司的赔付支出)来衡量。该价格指标的原理请见第八章第三节的"(三)变量的度量"。车险价格越高表示消费者对每单位车险产品需要支付的金额越大[1]。市场信息不对称性的存在使得很多商品存在客户转换成本,不过,考虑到车险是一年期产品,客户转换成本对本章的影响应当不太大。

对于城市 i 年度 t 的车险市场的平均价格 $[Avg(P)_{it}]$,本章主要采用该城市所有公司的车险价格的"加权平均"确定。$Avg(P)_{it} = \sum_{j=1}^{N_{it}}(P_{ijt}S_{ijt})$,$P_{ijt}$ 是城市 i 年度 t 的车险市场中公司 j 的价格。由于中国车险市场上公司之间的市场份额差别较大,所以采用"加权平均"法比采用"算数平均"法更能反映市场真实的价格水平。$Avg(P)_{it}$ 也即是城市 i 年度 t 的车险市场上消费者的"保费支出"除以收到的"赔付补偿"。对于城市—年度车险市场的价格离散,本章采用 P_{ijt} 的"标准差"度量,$Disp(P)_{it} = \left[\sum_{j=1}^{N_{it}}(P_{ijt} - \sum_{j=1}^{N_{it}}P_{ijt}/N_{it})^2/(N_{it}-1)\right]^{1/2}$,这是相关理论和经验研究中主要使用的价格离散指标。

产品价格差别可能来自产品的异质性,即供给者不同的信用等级、营销手段、声誉等使得产品和服务存在差别,所以度量平均价格和价格离散所使用的价格要剔除产品异质性(Stigler,1961;Brynjolfsson and Smith,2000; Jaeger and

---

[1] 现实中,一些保险企业在销售中会赠送投保人"油卡"等礼品,从而变相降低了保险价格。对此,本章没有很好的处理办法;不过,下文在价格度量中控制了企业主要特征及其与城市固定效应的交互项,所以能一定程度上剔除这个因素造成的影响。

Storchmann，2011；Orlov，2011；吴德胜、李维安和声誉，2011；Gorodnichenko and Talavera，2017），对此，可估计下式：

$$P_{ijt} = \gamma_0 + Z'_{jt}\gamma_1 + (\phi_i \cdot Z_{jt})'\gamma_2 + \lambda_j + \eta_t + v_{ijt} \quad (9.5)$$

其中，控制了公司固定效应（λ_j）、年度固定效应（η_t）、一系列反映公司特征变量的向（Z_{jt}）、Z_{jt}与城市固定效应（ϕ_i）的交互项（$\phi_i \cdot Z_{jt}$）。加入交互项（$\phi_i \cdot Z_{jt}$），既控制了各地区在自然环境、人员素质、车辆状况、道路标识标线等方面的异质性对于车险价格的影响，也控制了不同城市的保险消费者对某个产品特征可能的不同偏好的影响[1]。能够加入城市固定效应与公司特征的交互项，是借助本章的公司—城市—年度3维数据的优势；而如果采用截面数据或普通面板数据，则加入交互项会严重消耗回归中的自由度。γ_0为截距项，γ_1和γ_2为系数，v_{ijt}为干扰项。

估计（9.5）式得到的残差项$\hat{v}_{ijt}$即为剔除了产品异质性的价格。城市i年度t的车险市场上剔除了产品异质性的平均价格和价格离散分别计算为：$Avg(\hat{v})_{it} = \sum_{j=1}^{N_{it}} \hat{v}_{ijt} S_{ijt}$，$Disp(\hat{v})_{it} = \left[\sum_{j=1}^{N_{it}}(\hat{v}_{ijt} - \sum_{j=1}^{N_{it}} \hat{v}_{ijt}/N_{it})^2/(N_{it}-1)\right]^{1/2}$。

基于保险业特点和已有文献，（9.5）式中加入了如下公司特征变量（Z）。（1）公司规模（$Size$）。由于保险经营中"大数法则"效应和金融机构"大而不倒"的现象，规模能反映产品的兑付风险和品牌价格。使用公司总资产的对数度量$Size$。（2）资

---

[1] 这里控制地区层面异质性仅是为了更好地拟合模型。（9.1）式至（9.4）式的回归中均加入了地区固定效应，所以这不会怎么影响对于互联网普及一平均价格关系的研究结果；价格离散是在各个地区一年度市场的内部计算的，所以这也不会怎么影响本章对价格离散的度量。

产负债率（Lev）。其他条件不变时，提高保险公司的资产负债率会提高公司的破产风险。（3）广告支出（AD）的对数。它由公司的业务宣传费用的对数度量。（4）所有权性质（$dOwner$）。中资和外（合）资保险公司的产品有不同的特点，因而加入一个哑变量，对于中资公司取 0，对于外（合）资公司取 1。（5）公司经营年限（Age）的对数，它可能会影响产品的品牌价值。Age 使用样本年度减去公司进入市场的年度度量。

（三）数据

我们从多个公开渠道收集了 2004—2015 年中国约 300 个地级城市的车险市场的数据。剔除某家公司进入某个城市的当年的数据，这是由于公司经营初年的数据常常有较大的不规则波动。为了稳健地计算平均价格和价格离散，样本公司数量不应太少，我们选择至少有 8 家经营车险的公司的市场[1]。样本构成如表 9-1。

表 9-1 样本构成

年份	城市	公司数目 均值	公司数目 标准差	价格原值 均值	价格原值 标准差	年份	城市	公司数目 均值	公司数目 标准差	价格原值 均值	价格原值 标准差
2004	7	8.417	0.378	5.905	10.73	2010	257	12.553	3.846	2.375	1.034
2005	44	8.841	0.776	3.390	4.159	2011	262	13.149	4.722	2.390	1.651

---

[1] 当选择城市的标准设定为 6 家以上（Fengler and Winter, 2007）或 10 家以上时，本章主要结论也成立。Kaplan 和 Menzio（2015）的研究中使用"5 个以上"和"10 个以上"做为价格观察数目的标准。

（续表）

年份	城市	公司数目 均值	公司数目 标准差	价格原值 均值	价格原值 标准差	年份	城市	公司数目 均值	公司数目 标准差	价格原值 均值	价格原值 标准差
2006	87	9.460	1.319	2.500	1.897	2012	262	13.904	5.422	2.886	6.385
2007	149	10.530	2.401	2.569	2.044	2013	283	14.855	5.652	2.221	1.488
2008	209	11.310	3.340	2.064	1.545	2014	294	15.422	5.891	2.248	1.284
2009	251	11.260	3.229	2.221	1.512	2015	302	16.012	5.964	2.024	1.314

注：使用"至少有8家车险公司"做为选择城市的标准。"年度—城市—公司"的样本总量可以通过加总各年的"城市数目 × 公司数目的均值"得到。

本章的数据收集自几个公开可靠的来源。各城市在各年度所有公司的车险保费收入和赔付支出的数据收集自《中国保险年鉴》。在剔除产品异质性[（9.5)式]的回归中，计算总资产（$Size$）、资产负债率（Lev）、所有权性质（$dOwner$）的数据收集自《中国保险年鉴》和各家公司网站中披露的公司年度财务报告；计算公司经营年限（Age）的数据收集自《中国保险年鉴》中关于各地方保险市场的统计部分；业务宣传费用（AD）的数据收集自各家公司的财务报告附注。

本章关注的互联网普及率等于期初的"国际互联网用户数"除以"总户数"，数据收集自《中国城市统计年鉴》。在城市—年度的控制变量（X）中，计算 GDP、$GDPPerCap$、$Density$、Edu 和 $Service$ 的数据收集自《中国城市统计年鉴》。将各年的国内生产总值平减至2015年的价格水平。教育水平（Edu）采用常住人口中在校大学生的占比度量。计算 HHI 所需要变量的数据收集自《中国保险年鉴》。表9-2报告了变量的描述性统计情况。城市层面变量的描述统计是基于7个自变量均不缺失的2280个观测值，也就是下文回归主要使用的样本。

表 9-2 自变量的描述统计

	观察值数	均值	标准差	最小值	中位数	最大值
公司—城市—年度层面						
Assets（百万元）	35875	48424	75479	187.8	15890	415801
Lev	35875	0.812	0.222	0.020	0.794	2.144
AD（百万元）	35875	453	931	0	66	5332
dOwner	35875	0.030	0.173	0	0	1
Age	35875	14.275	9.106	2	12	36
城市—年度层面						
Internet	2280	0.311	0.240	0	0.233	0.893
GDP（亿元）	2280	1733	1730	132	1235	25123
GDPperCap（元）	2280	33454	23530	4491	27342	207163
Density（万人/平方公里）	2280	0.046	0.031	0.000	0.043	0.254
Edu	2280	0.018	0.025	0.000	0.011	0.361
Service	2280	0.369	0.088	0.086	0.342	0.794
HHI	2280	0.533	0.183	0.214	0.488	0.715

五、基本经验结果分析

表9-3报告了剔除产品异质性的车险价格的估计结果[（9.5）式]。4个回归的差别在于控制变量不同。当同时控制公司特征、公司特征与城市固定效应交互项和年度效应[第（4）列]后，模型的 R^2 和调整后 R^2 均最大，反映出企业特征影响了产品价格，

并且同一个企业特征在不同城市的影响程度存在差异,因此,选择第(4)列回归做为剔除产品异质性的模型。可知,在公司特征方面,所有城市平均而言[采用第(4)列回归]:(1)产品价格与公司规模(Size)显著正相关,显示出大公司的品牌效应以及低破产风险;(2)产品价格与资产负债率(Lev)未发现显著关系;(3)产品价格与广告支出(lnAD)没有显著关系;(4)外资保险企业(dOwner=1)的产品价格更低;(5)产品价格与企业经营年限(Age)显著负相关。

表9-3 剔除产品异质性的车险价格估计

	车险价格原值 P_{ijt}			
	(1)	(2)	(3)	(4)
Size	0.045*** (0.009)	0.059*** (0.009)	0.171*** (0.020)	1.035*** (0.357)
Lev	−0.250*** (0.035)	−0.248*** (0.038)	0.088* (0.048)	6.158 (14.280)
lnAD	−0.005 (0.005)	−0.009 (0.007)	−0.065*** (0.010)	−0.250 (0.684)
dOwner	−0.003 (0.045)	0.030 (0.045)	−0.309 (0.252)	−3.057** (1.377)
lnAge	−0.606*** (0.014)	−0.613*** (0.014)	−1.927*** (0.050)	−3.011** (1.198)
企业固定效应			控制	
企业特征与城市固定效应的联合效应				控制
年度固定效应		控制	控制	控制
R^2,调整后R^2	0.094,0.094	0.101,0.100	0.193,0.191	0.270,0.231

注:估计方法为最小二乘回归,观察值均为35875个。系数估计值的下方()内为稳健标准误。

图9-1报告了公司价格与市场平均价格的差异。左图是基于

价格原值计算的，即 $P_{ijt} - Avg(P)_{it}$。右图是基于剔除了产品异质性的价格计算的，即 $\hat{v}_{ijt} - Avg(\hat{v})_{it}$。这两个指标对于每个城市—年度的市场都是以 0 为均值的。从图 9-1（左）和图 9-1（右）可知：（1）剔除产品异质性后得到的价格离散程度有小幅下降；（2）无论是否剔除产品异质性，车险市场均存在较明显的价格离散。表 9-4 报告了车险市场平均价格和价格离散的描述统计。

对于假设 $H2$，除通过观察图 9-1（已有文献大多采用这种方法）外，我们通过与已有文献的对比来间接分析。本章中，$Disp(P)$ 与 $Avg(P)$（未加权）的均值之比为 52.9%（=1.222/2.312）；而 Kaplan 和 Menzio（2015）对多种商品的研究发现，每种商品的价格的标准差与均值之比均大于 19%，并认为所研究商品均有明显的价格离散。因此，建立一个原假设："各城市—年度样本中，厂商的车险价格的变异系数 ≤ 19%"。通过对城市—年度市场的自抽样（bootstrap）构造经验样本，对该原假设的单尾检验显示，在 0.001 的显著性水平上能够拒绝原假设。因此，我们认为 $H2$ 成立。

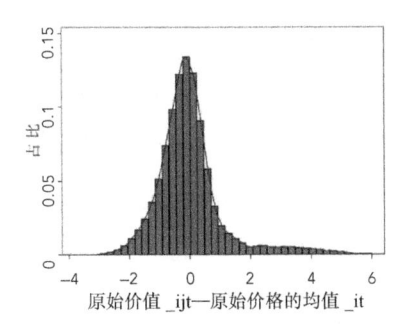

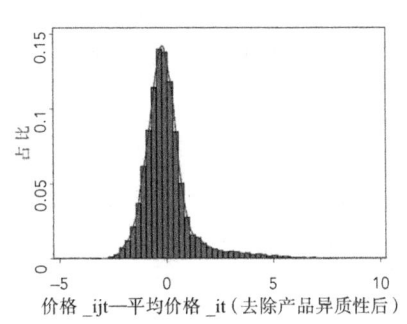

图 9-1 公司价格与市场平均价格的差异

表9-4　平均价格和价格离散的描述统计量

	样本量	均值	标准差	5百分位	中位数	95百分位
$Avg(P)$（未加权）	2402	2.312	0.420	1.700	2.283	3.068
$Avg(P)$	2402	2.054	0.323	1.617	2.091	2.866
$Avg(\hat{v})$（未加权）	2402	−0.002	0.307	−0.464	−0.010	0.531
$Avg(\hat{v})$	2402	−0.004	0.274	−0.42	−0.016	0.486
$Disp(P)$	2402	1.222	0.573	0.410	1.177	2.204
$Disp(\hat{v})$	2402	1.079	0.468	0.448	1.016	1.882

表9-5报告了对平均价格的估计结果。第（1）—（4）列的因变量为$Avg(P)$，第（5）—（8）的因变量为$Avg(\hat{v})$，估计方法分别采用基于（9.1）式的固定效应回归（FE）、随机效应回归（RE）和基于（9.4）式的GMM估计。

在第（1）—（4）列中，Internet的系数估计值均为负向显著。第（4）列回归中，因变量滞后值的系数估计值为正向显著，且Hansen检验和AR(2)检验均没有拒绝原假设，因此，认为第（4）列的系数估计值较之第（1）、（2）、（3）列更为准确。根据第（4）列回归得到的Internet影响的积累效应，得到：互联网普及率提高10个百分点，则车险的平均价格将降低0.069，降低程度占其样本均值水平的3.4%（=0.069/2.054），占样本单位标准差水平的21.3%（=0.069/0.323）。第（5）—（8）列中，Internet的系数估计值均为负，且在两个回归中是高度显著的。基于对第（1）—（4）列之间比较的同样原因，认为第（8）列的系数估计值更为准确。根据第（8）列回归中Internet影响的积累效应，得到：互联网普及率提高10个百分点，则车险平均价格将降低0.047，占样本单位标准差水平的17.8%（=0.047/0.264），与第4列的估计结果比较接近。

综合第（1）—（8）列的估计结果，互联网普及降低了车险的平均价格，支持了假设 H1。中国保险产品的价格是偏高的，2015年中国消费者的车险保费支出为6199亿元人民币，与此同时，2015年样本城市的互联网普及率平均为47.2%。基于第（4）列的估计结果，如果2015年各城市的互联网普及率均提高10个百分点，消费者将节省保费支出208亿元，而如果各城市的互联网普及率都达到北京市2015年的水平（80.3%），消费者将节省保费支出688亿元人民币，所以是较大的消费者福利改善。

这里计算的消费者福利改善还未考虑产品价格降低对购买车险的刺激作用。根据黄枫和张敏（2014）基于"工业企业数据库"的研究，2001—2007年，企业财产险产品需求的价格弹性远远大于1。虽然车险的刚性需求性质强于企业财产险，车险需求的价格弹性小于企业财产险，但是2014年中国车险的投保率仅为58.6%（中国保险行业协会，2015），所以我们认为，互联网普及通过降低车险价格对车险消费仍能够起到不小的促进作用。

在控制变量方面，$\ln GDPperCap$ 的系数估计值有4个为负向显著，故认为车险价格与居民收入水平负相关，这反映出收入水平越高的人的自保能力越强，保险需求的强烈程度可能越低。$Service$ 的系数估计值均为负，且在两个回归中统计显著，故车险价格与服务业发达程度负相关，这是由于服务业发达城市的居民的信息搜寻能力更强。HHI 的系数均为负向且在4个回归中显著，这说明市场竞争有助于中国保险产品降低价格。

表 9-5 互联网普及对平均价格的影响

	$Avg(P)$				$Avg(\hat{v})$			
	(1) FE	(2) FE	(3) RE	(4) AB91	(5) FE	(6) FE	(7) RE	(8) AB91
$Internet$	-0.635** (-2.36)	-0.492* (-1.73)	-0.99*** (-3.94)	-0.648*** (-3.73)	-0.530 (-1.48)	-0.518 (-1.26)	-1.256*** (-3.55)	-0.469*** (-5.41)
因变量滞后值				0.061** (1.99)				0.106*** (4.01)
$Internet$的积累效应				-0.690***				-0.525***
$\ln GDP$		-0.598 (-1.59)	0.287*** (5.81)	-0.450*** (-2.69)		-0.243 (-0.37)	0.504*** (4.75)	-0.268** (-2.39)
$\ln GDPperCap$		-2.460*** (-3.20)	-0.048 (-0.41)	-1.041*** (-5.01)		-2.640** (-2.16)	0.232 (0.91)	-0.682*** (-4.05)
$\ln Density$		0.148 (0.77)	0.029 (0.69)	-0.042 (-1.44)		0.270 (0.89)	0.059 (1.10)	0.014 (0.23)
Edu		-5.393* (-1.86)	-0.672 (-0.39)	-0.670 (-1.39)		-6.914 (-1.49)	1.272 (0.48)	-0.626 (-1.48)
$Service$		-0.287 (-0.24)	0.096 (0.22)	-1.218* (-1.91)		-0.617 (-0.33)	-0.450 (-0.66)	-1.599*** (-2.75)
HHI		0.257*** (2.85)	0.200** (2.29)	0.234*** (2.95)		0.324 (1.30)	0.212 (0.95)	0.230* (1.654)
常数项	2.913*** (13.69)	-17.50*** (-2.60)	-0.196 (-0.12)	0.165* (1.70)	5.762*** (18.56)	-21.03** (-1.96)	1.967 (0.85)	0.426 (1.64)
年度效应	控制	控制	控制	控制	控制	控制	控制	控制
组内R^2	0.15	0.24			0.14	0.20		
Hansen J 检验的P值				[0.19]				[0.16]
AR(2)检验的P值				[0.26]				[0.46]
观察值数	2201	2077	2077	1546	2201	2077	2077	1546

注：系数估计值的下方（）内为t统计量，FE和RE估计采用在城市层面聚类的标准误，AB91估计采用纠偏的两阶段标准误，下文同。"AB91"为差分GMM估计，选择不超过3阶的滞后项做为差分方程的工具变量，下文同。$Internet$的积累效应为

$\alpha_1/(1-\rho)$。***、**、* 分别表示在 0.01、0.05、0.1 的显著性水平上显著，下文同。"Hansen J 检验"用于判断 AB91 估计的过度识别约束是否是有效的，"AR(2) 检验"用于判断原始估计方程的干扰项是否存在序列相关，相关检验中 [ ] 内为可以拒绝该检验原假设的 P 值，下文同。

表 9-6 中报告了对价格离散的估计结果。第（1）—（4）列的因变量为 $Disp(P)$，第（5）—（8）的因变量为 $Disp(\hat{v})$，估计方法分别采用基于（9.2）式设定的固定效应回归（FE）和随机效应回归（RE）。

第（1）—（3）列中，$Internet$ 的系数估计值均为正向显著，$Internet^2$ 的系数估计值均为负向显著，因此，互联网普及对价格离散的影响程度先为正向，当达到某一水平后，变为负向，即影响呈"倒 U"形。比较第（1）—（3）列，$Internet$ 的系数估计值较为接近，$Internet^2$ 的系数估计值也较为接近；第（1）—（3）列之中，$Internet$ 和 $Internet^2$ 这两个变量的系数估计值也较为接近。由于第（2）列较第（1）列控制了时变的城市特征变量，Hausman 检验表明 FE 估计优于 RE 估计，所以以第（2）列的系数估计值为准。在互联网普及率达到 48.4%[= 0.213/(2×0.220)]之前，互联网普及对价格离散的影响为正，而互联网普及率超过 45.2% 后，互联网普及对价格离散的影响为负。第（4）列没有控制 $Internet^2$，所得到的 $Internet$ 的系数估计值要小很多，也不是统计显著的。在第（5）—（7）列中，$Internet$ 的系数估计值均为正且在两个回归中是统计显著的，$Internet^2$ 的系数估计值均为负向显著，因此，对于基于剔除了产品异质性计算的价格离散，互联网普及的影响也呈"倒 U"形。基于认为第（2）列的系数估计值比第（1）和（3）列更准确的类似原因，我们认为第（6）

列的系数估计结果较第（5）和（7）列更准确。此时，互联网普及对价格离散影响的转折点出现在42.7%[= 0.070/（2×0.082）]，与第（3）列的估计结果比较接近。

综合第（1）—（8）列的回归结果，假说 H3 得到支持。互联网普及对价格离散影响"由正到负"的转折点出现在互联网普及率在45%左右。由于2015年样本城市的互联网普及率平均为49.2%，所以今后中国的互联网的普及将主要是降低车险市场的价格离散。

最后，在控制变量方面，lnGDP 的系数估计值在3个回归中为负向显著，反映出市场规模对价格离散有负向影响，这能从信息搜寻模型（如 Carlson and McAfee，1983）、空间竞争模型（如 Perloff and Salop，1985）等模型中得到解释。ln$GDPperCap$ 的系数估计值在4个回归中为正向显著，这可能是由于收入水平高的人群的机会成本更高，更不愿花费时间去搜寻价格，从而提高了价格离散程度。HHI 的系数均为负向且在4个回归中显著，这说明市场竞争会降低车险市场的价格离散。

表 9-6　互联网普及对价格离散的影响

	$Disp(P)$				$Disp(\hat{v})$			
	（1）FE	（2）FE	（3）RE	（4）FE	（5）FE	（6）FE	（7）RE	（8）FE
Internet	0.248** (2.20)	0.213* (1.82)	0.207** (2.12)	−0.062 (−1.23)	0.064 (1.35)	0.070* (1.88)	0.064** (2.10)	−0.036* (−1.80)
Internet^2	−0.238*** (−3.10)	−0.220** (−2.46)	−0.251*** (−3.438)		−0.115*** (−2.75)	−0.082** (−2.07)	−0.066** (−2.22)	

(续表)

	Disp(P)					Disp($\hat{v}$)		
	(1) FE	(2) FE	(3) RE	(4) FE	(5) FE	(6) FE	(7) RE	(8) FE
lnGDP		-0.168** (-2.10)	-0.013 (-1.14)	-0.199** (-2.35)		-0.059 (-1.35)	0.003 (0.52)	-0.065* (-1.80)
ln$GDPperCap$		0.509*** (3.50)	-0.043 (-0.95)	0.565*** (4.33)		0.179*** (3.11)	0.003 (0.23)	0.217*** (3.42)
ln$Density$		0.021 (0.33)	-0.018 (-0.91)	-0.056 (-0.52)		-0.007 (-0.27)	0.002 (0.70)	-0.031 (-0.60)
Edu		-0.250 (-0.54)	0.146 (0.52)	-0.288 (-0.65)		0.019 (0.12)	-0.025 (-0.34)	-0.055 (-0.46)
$Service$		-0.258 (-1.21)	-0.132 (-1.55)	-0.249 (-1.32)		-0.145 (-1.31)	-0.035 (-1.25)	-0.166* (-1.77)
HHI		0.214*** (2.86)	0.124 (0.98)	0.192** (2.28)		0.224* (1.90)	0.090 (0.33)	0.234* (1.88)
常数项	1.262*** (24.13)	-3.124*** (-2.64)	1.184*** (3.22)	-3.720*** (-4.84)	-0.014 (-0.80)	-1.486*** (-2.67)	-0.055 (-0.47)	-1.748*** (-3.39)
年度效应	控制	控制	控制	控制	控制	控制	控制	控制
组内 R^2	0.18	0.21		0.19	0.03	0.08		0.07
观察值数	2201	2077	2077	2077	2201	2077	2077	2077

六、进一步分析：替代性解释、稳健性分析和推论

前文从互联网降低信息搜寻成本的角度分析互联网普及与车险价格的关系，为了增强本章经验结果和所做解释的可信度，本节分析替代性解释的影响，进行稳健性分析以及检验推论。

（一）替代性解释

1. 互联网发展能提高企业运营效率（Dana and Orlov, 2014），所以在互联网普及率更高的城市，保险公司的"互联网+"程度可能更高，进而有更低的人力、物料等产品供给成本，从而"直接"降低车险价格（生产成本部分）。由于相关数据没有系统性的披露，根据2014年大陆31个省区市的车险业务的数据（中国保险行业协会，2015），计算发现：某省区市车险业务的"手续费和佣金支出"/"保费收入"、"业务及管理费用"/"保费收入"与互联网普及率均为正相关，简单相关系数分别为0.153和0.08（在10%的水平上不显著）[1]。因此，不支持这种观点[2]。

2. 由于销售便利等原因，互联网上的车险产品售价可能会低于"线下"售价，互联网发展可能是通过提高了车险产品"线上"销售的比重，进而拉低了车险产品的平均价格。"第一个替代性解释"中已说明，样本期间互联网保险的综合成本并不低，而这些成本应当会转嫁到产品价格中。因此，从互联网上购买车险并

---

[1] 手续费和佣金支出、业务及管理费用和营业税金及附加是保险公司的"三项费用"，其中，营业税金及附加由公司保费规模和法定税率确定，讨论意义不大。

[2] 我们认为，这很可能仅是短期现象。原因在于：保险企业自己建设网站、通过专业第三方网站或综合性网站的保险频道等搭建车险销售平台，需要支付大量前期成本，而中国互联网保险业近几年正处于快速发展期，造成这部分成本是较高的。这些前期成本将被逐步分摊完，所以从长期看，互联网车险的供给成本是较低的。Bock、Lee和Li（2007）对中国和美国几种标准化程度高的商品的研究发现，互联网发展越成熟，在互联网上销售产品将越具有价格优势。

无明显的价格优势[1]。此外，直到 2015 年，中国车险保费收入中直接通过互联进行签约销售（不含查询）的比重仅为 11.5%，该比重在整个样本时期就更低了，所以互联网车险直接拉低样本期间车险整体价格的作用也是很弱的。

　　3. 从供给方面看，保险产品定价的一个基础是所承保标的的风险，车险价格与承保车辆的风险程度高度相关，故如果存在某些我们没有控制的、能提高车辆风险程度的因素与互联网普及率负相关，那么，我们发现的车险价格与互联网普及的负相关性可能仅仅是由于这些风险因素的存在。车险赔偿风险决定于"损失发生概率"和"损失发生的严重程度"两个因素。对于"损失发生概率"，由于没有各地级城市的相关数据，31 个省区市的互联网普及率与车均交通事故发生数、单位数目驾驶员交通事故发生数的 Spearman 相关系数报告于表 9-7，可知：这两个相关系数都很小也不显著。"损失发生的严重程度"取决于人身伤亡和财产损失两部分，其中，人身伤亡的赔偿标准主要依据所在城市劳动者平均收入确定，财产损失赔偿标准主要依据新车价格或车辆零部件价格以及维修人员用工投入价格来确定。表 9-7 报告了地级城市的互联网普及率与在岗职工平均工资、城镇单位就

---

[1] 同一产品在"线上"还是"线下"的售价更低，要根据具体样本确定。Brynjolfsson 和 Smith（2000）对美国市场上图书和 CD 光盘的研究，Lu、Zhou 和 Wang（2007）对中国市场上图书、CD 光盘的研究发现，"线上"的价格更低，但是 Pan，Ratchford 和 Shanka（2002）对美国市场上图书和软件的研究发现，"线下"的价格更低，盛天翔和刘春林（2011）对中国市场上图书、DVD 光盘、手机的研究发现，"线下"的价格至少不高于"线上"的价格。此类文献较多，不再列示。

业人员的平均工资、人均GDP的相关系数，均是显著正相关的。虽然无法获得各城市新车购置价格、车辆零部件价格和维修人员的用工投入价格的数据，不过，它们都应当与所在城市的收入水平正相关，也就与互联网率呈现正相关。因此，考虑这些风险因素不会改变我们的发现和解释。

表9-7　互联网普及率和车险赔偿风险因素的相关系数

变量名	车均交通事故发生数	单位数目驾驶员交通事故发生数	在岗职工平均工资	城镇单位就业人员平均工资	人均GDP
数据来源和结构	a，省级单位	a，省级单位	b，地级单位	c，地级单位	b，地级单位
与互联网普及率的相关系数	−0.013	0.038	0.473***	0.440***	0.526***

数据来源：a——《中国统计年鉴》（2015年的数据），b——《中国城市统计年鉴》（2015年的数据），c——《中国区域经济统计年鉴》（2014年的数据）。

4. 从需求方面的投保人基本特征来看，与互联网普及率和车辆风险因素均相关的因素有人口结构，包括人口性别结构和人口年龄结构。从生活常识和一些学术研究可知，男性中的网民比例高于女性，中青年人群的网民比例高于其他年龄人群（Carlin、Olafsson and Pagel，2017），而男性与女性相比、中青年人与其他人群相比，使用汽车的频率、使用时发生事故的概率和严重程度也有所不同（McDonald and Wren，2016）。于是，我们将"性别比"、"人口抚养比"两个控制变量加入到模型中，由于没有地级城市层面的这两个变量的数据，我们使用了各地级城市所在省区市的这两个变量的数据。表9-8显示，我们的结论依然是成立的。此外，"性别比"的系数估计值均不显著；人口抚养比的系数估计结果大多为正向显著，说明中青年人越多则车险平均价格和价格离散程度越低，反映出中青年人的信息获取能力更强。

表9-8 考虑人口结构因素的估计结果

	Avg(P)		Avg($\hat{v}$)		Disp(P)		Disp($\hat{v}$)	
	(1) FE	(2) RE	(3) FE	(4) RE	(5) FE	(6) RE	(7) FE	(8) RE
Internet	−0.405** (−1.93)	−0.756*** (−3.17)	−0.257* (−1.79)	−0.104 (−1.64)	0.187* (1.88)	0.204** (2.43)	0.051 (1.02)	0.063* (1.94)
Internet^2					−0.189** (−2.38)	−0.221* (−1.95)	−0.055* (−1.84)	−0.061* (−1.87)
性别比（女性=100）	0.017 (1.24)	−0.000 (−0.01)	−0.002 (−0.39)	−0.002 (−0.36)	0.000 (0.02)	0.001 (0.28)	0.000 (0.10)	0.001 (0.50)
人口抚养比	4.125** (2.33)	0.142 (0.12)	1.720*** (3.38)	0.193 (1.10)	1.180*** (4.15)	0.441** (2.40)	0.348*** (3.07)	0.046 (1.00)
组内	0.18		0.08		0.20		0.07	

注：人口抚养比是（"14岁下的人口"+"65岁以下的人口"）/"15—64岁的人口"。8个回归均控制了 ln*GDP*、ln*GDPperCap*、ln*Density*、*Edu*、*Service*、*HHI* 和年度固定效应，观察值均为2077个。

（二）稳健性分析

1. 由于服务于广大普通消费者、高负债经营等原因，保险业在各国都是被较多监管的行业；样本期间，中国保险产品监管的一个基础性变化是费率市场化改革，这在车险领域是产品的条款费率市场化改革。市场化改革均是在地区—年度层面进行的，而我们在度量价格水平［(9.5)式］以及对平均价格和价格离散做回归［(9.1)—(9.4)式］时，均控制了城市和年度固定效应，所以排除了市场化改革对平均价格和价格离散的影响。然而，还需要考虑管制/市场化可能影响互联网普及与平均价格（价格离散）的关系。

对此，将样本按照其所处的产品监管环境生成一个虚拟变量 $dMkt_{it}$，$dMkt$ 对于"条款费率严格监管环境下"的城市—年度取 0，对于"条款费率市场化环境下"的城市—年度取 1[1]。分组前，剔除某年中发生了政策变化的城市—年度样本，包括：2001 年广东省的城市、2006 年所有城市以及 2015 年黑龙江、山东、青岛、广西、重庆和陕西的所有城市。在剩余的样本中，将 2004—2005 年所有城市的样本和 2002 年广东省城市的样本定义为"条款费率市场化环境下"，将其余的城市—年度样本定义为"条款费率严格监管环境下"。将 $dMkt$ 与 $Internet$ 生成一个交互项，做为一个自变量加入到回归中，结果报告于表 9-9。$Internet$ 的系数估计值仍然是显著为负的。条款费率市场化环境下，保险公司的定价行为更自由，故互联网普及可能有更大的影响，即 $Internet \times dMkt$ 的系数为负；不过，4 列回归中 $Internet \times dMkt$ 均不显著。这应当是由于：市场化环境的样本中，互联网车险业务本身的发展水平还较弱［"（三）对推论的检验"对此进一步分析］，对冲了互联网普及的影响。

---

[1] 近十几年中国车险条款费率的形成机制可见本书第一章和第二章。

表9-9 考虑产品监管机制的估计结果

	Avg(P)		Avg($\hat{v}$)	
	(1) FE	(2) AB91	(3) FE	(4) AB91
$Internet$	−0.551* (−1.94)	−0.698*** (−2.64)	−0.504 (−1.40)	−0.522*** (−4.49)
$Internet \times dMkt$	0.129 (0.79)	−0.060 (−0.44)	0.036 (0.24)	0.169 (0.84)
因变量滞后值		0.858*** (3.50)		1.145*** (4.92)
组内 R^2	0.23		0.18	
观察值数	1724	1435	1724	1435

注：4个回归均控制了lnGDP、ln$GDPperCap$、ln$Density$、Edu、$Service$、HHI和年度固定效应，观察值均为1724个。

2. 前文使用加权平均的方法计算各城市各年的车险平均价格。已有文献大部分使用算数平均的方法，这既是由于很多文献没有公司市场份额的数据，也是由于算数平均法对所有公司采用同样的标准，是最自然的平均值计算方法。因此，我们将采用算数平均计算的车险价格做为回归中的因变量，前文所发现的结果是稳健的。

此外，有些城市—年度中公司的车险保费收入低于赔付支出，这是现实中存在（出于多种理性或非理性原因）但我们没有进行理论解释的。我们将这部分样本去掉，对我们结论的影响主要是互联网普及的影响程度在经济意义上稍有减小。

3. 影响消费者搜寻行为的不只是消费者拥有的搜寻条件，还包括消费者是否愿意为搜寻价格花费时间（即"机会成本"）。（1）前文通过加入人均GDP在一定程度上控制了消费者机会成本的差异。（2）其他条件不变时，失业的人的机会成本更低，所以失业人口占比越多的家庭对商品支付的价格更低（Kaplan and Menzio，2015），我们将各城市的城镇居民登记失业率做为一个控制变量，发现该变量并不显著。（3）同等情况下，消费者的时间成本越高则搜寻行为越少，而互联网普及率应当是与消费者的时间成本正相关的，如，时间成本更高的消费者更会去安装互联网。因此，即使回归中对消费者搜寻的机会成本因素控制的不够，也仅仅会低估而不是高估互联网普及的价格效应。

（三）对推论的检验

1. 互联网普及要通过降低消费者搜寻成本而影响车险的价格，首先需要互联网上有保险产品的信息，因此，不难得出时间维度上的一个推论，即：在互联网保险发展水平更高的时期，互联网普及对车险价格的影响更大。虽然无法获得各地级城市互联网保险的发展程度的数据，但至少知道，样本期间中国互联网保险业务是在不断发展的。因此，生成 *Internet* 与"线性时间趋势"的交互项，其中，"线性时间趋势"对 2004 年、…、2010 年、…、2015 年分别取 -6、…、0、…、5。表 9-10 第（1）—（4）列显示，该交互项的系数估计值均为负向显著，因此，互联网普及对车险价格的影响在样本期间有增强的趋势。

中国互联网保险的发展程度并非随年度呈线性提高状态，如，中国保险行业协会（2014）将中国互联网保险分为萌芽期（1997—2007 年）、探索期（2008—2011 年）、全面发展期（2012—2013 年）和爆发期（2014 年以后）。基于此，生成了两个哑变量：$D_{2008-2011}$ 和 $D_{2012-2015}$。$D_{2008-2011}$ 对于 2008—2011 年的样本取 1，对于其余年度的样本取 0；$D_{2012-2015}$ 对于 2012—2015 年的样本取 1，对于其余的样本取 0；将 2004—2007 年做为基期。进一步，生成 Internet 与 $D_{2008-2011}$ 的交互项、Internet 与 $D_{2012-2015}$ 的交互项，加入到自变量中，以考察 Internet 的价格效应是否在这 3 段样本期间有所不同。表 9-10 第（5）—（8）列显示：（1）Internet 的系数估计值不具有统计显著性，所以在"萌芽期"，互联网普及还没有显著影响车险价格，（2）"Internet × $D_{2008-2011}$"系数估计值有两个是统计显著的，所以"探索期"中互联网普及对车险价格的影响应当大于"萌芽期"；（3）"Internet × $D_{2012-2015}$"的系数估计值均为负向显著，所以"全面发展期"和"爆发期"中互联网普及对车险价格的影响显著大于之前的时期。

表 9-10 对推论的检验：考虑时间趋势

	$Avg(P)$		$Avg(\hat{v})$		$Avg(P)$		$Avg(\hat{v})$	
	（1）FE	（2）RE	（3）FE	（4）RE	（5）FE	（6）RE	（7）FE	（8）RE
Internet	−0.047** (−3.83)	−0.114 (−0.80)	−0.202** (−2.40)	−0.007 (−0.35)	0.188 (0.943)	0.145 (0.50)	0.119 (0.66)	0.066 (0.77)
Internet × 线性时间趋势	−0.054*** (−3.31)	−0.092*** (−4.27)	−0.028 (−1.28)	−0.059*** (−3.488)				
Internet × $D_{2008-2011}$					−0.170* (−1.68)	−0.214* (−1.89)	−0.019 (−0.39)	0.011 (0.24)
Internet × $D_{2012-2015}$					−0.495*** (−4.00)	−0.652*** (−5.57)	−0.286*** (−2.70)	−0.386*** (−4.06)
组内 R^2	0.22		0.08		0.22		0.10	

注：8 个回归均控制了 lnGDP、lnGDPperCap、lnDensity、Edu、Severs、HHI 和年度固定效应，观察值均为 2077 个。

2. 样本期间，中国财产险业的互联网业务有9成以上来自车险，所以得出产品维度上的一个推论，即：对于财产险公司经营的、除车险外的其他产品的价格，互联网普及产生的影响应当很小。中国财产险公司可以经营车险、企业财产险等非车财产险和短期人身险共3类。表9-11报告关于"非车财产险"和"短期人身险"的平均价格和价格离散的估计结果。在共16个回归中，$Internet$和$Internet^2$的系数估计值没有统计显著的（在0.1的水平上），所以互联网普及对"非车财产险"和"短期人身险"的确没有产生明显的价格效应。

表9-11 对推论的检验：其他险种

	平均价格（加权平均）				价格离散			
	基于价格原值		基于剔除产品异质性的价格		基于价格原值		基于剔除产品异质性的价格	
	FE	RE	FE	RE	FE	RE	FE	RE
非车财产险（观察值数=1292）								
$Internet$	0.138 (0.36)	−0.026 (−0.19)	0.188 (0.41)	0.045 (0.24)	0.400 (0.64)	1.317 (1.40)	−0.464 (−1.31)	1.082 (1.009)
$Internet^2$					−0.304 (−0.523)	−0.727 (−0.936)	0.009 (0.30)	−1.070 (−0.92)
组内R^2	0.26		0.07		0.20		0.09	
短期人身险（观察值数=745）								
$Internet$	−0.180 (−0.40)	−0.175 (−1.25)	0.133 (0.22)	0.105 (0.12)	0.009 (0.03)	0.000 (0.03)	0.050 (0.60)	−0.184 (−0.48)
$Internet^2$					−0.114 (−0.42)	−0.08 (−0.33)	−0.385 (−0.70)	0.009 (0.43)
组内R^2	0.32		0.08		0.26		0.15	

注："剔除产品异质性的价格"是使用(9.5)式对非车财产险、短期人身险的"价格原值"进行回归后得到的残差。16个回归均控制了$\ln GDP$、$\ln GDPperCap$、$\ln Density$、Edu、$Severs$、相应险种的HHI和年度固定效应。对两种"平均价格"采用差分GMM估计得到的$Internet$的系数估计值不显著（在0.1的水平上），具体结果未列示。

七、小结

互联网影响了社会生产生活的方方面面，"互联网+"得到了中国社会各界的重视，但是鲜见文献分析互联网普及对中国某个行业（或产品）所产生的价格效应。我们认为互联网能够通过大幅降低人们的信息搜寻成本而影响某个行业（或产品）的平均价格和价格离散，进而提出研究假设。本章研究发现：互联网普及降低了车险的平均价格；无论是否剔除产品异质性，车险市场都存在明显的价格离散；互联网普及对车险市场价格离散的影响呈"倒U"形。进一步，本章讨论了4个替代性解释，进行了3个稳健性分析，检验了2个结论的推论，增强了本章结论和解释的可信性。

基于研究结论，本章提出如下政策建议。第一，仅从降低信息搜寻成本来看，互联网对于实体经济的影响也是很大的，所以应当推动互联网普及。（1）加快建设互联网基础设施，做为政府提供公共物品的重要内容。（2）向全民推广互联网的操作培训，提高它在义务教育阶段课程安排中的地位。（3）允许民间资本进入基础电信服务业务，形成基础设施共建共享、业务服务相互竞争的局面，降低互联网使用费用。

第二，信息劣势令消费者付出更高的价格或其他成本，而低收入人群也是使用互联网较少的人群，所以有针对性地提高低收入人群的互联网普及率将有助于精准扶贫和改善不平等。（1）当前应当加快农牧区的移动通信、光纤宽带、数字电视等互联网基础设施，缩小城乡之间的数字鸿沟。（2）为农牧民和城镇低收入群体提供一定的财政补贴或费用减免，降低落后地区和人群的互联网使用成本。

第三,在金融保险服务的供给中加强运用互联网等信息技术,推动互联网、大数据、人工智能和保险服务深度融合。(1)中国保险市场"互联网+"的程度还很低,如2015年中国仅有11.55%(716/6199亿元)的车险是通过互联网销售的,而这个数字在美国(2011年)、英国(2011年)、德国(2010年)、韩国(2012年)已经分别达到30%以上、50%、45%和25%(数据来自中国保险行业协会)。保险公司等金融机构应加快利用数字技术,整合销售、服务、后台运营等信息,提高运行效率,降低产品价格,更好地服务于消费者和实体经济。(2)保险业和其他金融业应推动消费者风险信息、信用记录、产品登记等行业基础设施建设。

最后,本章至少有两个可以拓展之处。(1)除通过降低搜索成本外,互联网普及是否通过提高消费者的金融保险知识水平进而影响了对金融保险产品的需求?(2)对于保险产品,是否网民比非网民支付的价格低,需求的价格弹性更高?检验这两个问题最好借助个体层面的数据。

第四篇

侧重市场——公司篇

第十章
财产保险公司的经营绩效评价

一、问题的提出

为综合评价保险公司经营状况,加强保险监管,促进保险公司改进经营管理和转变发展方式,2015 年 8 月,中国保监会制定发布了《保险公司经营评价指标体系(试行)》(简称"《指标体系》")(保监发〔2015〕80 号,2015 年 8 月 26 日)。《指标体系》设计了速度规模(权重为 30%)、效益质量(权重为 50%)和社会贡献(权重为 20%)3 类指标。评价指标体系全部由定量指标组成,财产险公司包括 12 个评价指标,人身险公司包括 14 个评价指标。

根据中国保险行业协会的介绍,经营评价指标体系是保险公司评价体系的重要组成部分,与服务评价指标体系、分类监管评价体系一起构成"三位一体"完整的保险公司监管评价体系,分别从经营效果、服务水平和风险状况角度对保险公司进行评价。

中国保险行业协会于 2016 年 9 月发布了对 2015 年度 64 家财产险公司法人和 69 家人身险公司法人的经营评价结果,成为关于保险公司经营效果的来自官方类机构的首次公开的评价(中国保险行业协会,关于 2015 年保险公司法人机构经营评价结果的公告,中保协发〔2016〕296号,2016年9月8日)。评价结果认为:整体上讲,2015年保险公司实现了速度规模上的较快增长,保险公司收益稳定、赔付合理、效益质量不断向好,保险业在增强国家财力、服务经济发展的作用日益彰显。此外,中国保险行业协会于2017年12月、2018年10月和2019年11月发布了关于2016年度、2017年度和2018年度保险公司法人机构经营评价结果,具体内容可见该机构网站。

我们收集了2006—2015年的相关数据,研究财产险公司在3类12个经营指标上的运行情况。本章基于各家财产险公司的数据,并不关注各家公司经营状况的好坏,这是本章放到第三篇而非第四篇的原因。

本章随后部分的结构安排如下:第二节回顾相关文献;第三节描述分析中国财产险公司经营状况的12个指标的变动趋势和分布;第四节分析这些指标之间的相关性和统计解释力;第五节小结本章。

二、相关文献回顾

本节按发表时间顺序回顾对中国保险公司经营成果进行综合评价的文献,这些文献的题名中通常有"竞争力"、"绩效"、"综合评价"字样[1]。

---

1 对于本节的文献回顾,有两点说明。(1)本节仅分析了采用基于多个指标的、通过综合打分法得到的评价结果的文献,这是因为《指标体系》也采用此方法。本节没有回顾基于投入产出方法论计算各类效率(efficiency)的研究、采用灰色关联等方法的研究。(2)本节没有回顾那些仅提出如何构建指标体系但未对实际样本进行分析的研究成果,如施建祥和赵正堂(2003)、钱璐和郑少智(2005)等。

（一）对中国财产险公司或人身险公司的研究

李林子和鲁炜（2003）设计了13个评价财产险公司的指标，采用因子分析法确定指标的权重。该文对2000年13家财产险公司的研究主要发现：中资公司综合绩效的平均水平低于外（合）资公司，全国性公司相对区域性公司没有显示出规模效益；在市场规模不断扩大的情况下，中资公司乃至整个中国财产险行业都面临偿付能力不足。

程大友（2008）从盈利能力、偿付能力、经营效率、成长能力等4个方面设计了评价财产险公司的14个指标，采用变异系数法确定指标的权重。该文对2004年18家财产险公司的研究主要发现：整体上讲，中资公司在经营效率方面好于外（合）资公司，在盈利能力和偿付能力方面弱于外（合）资公司。

刘璐（2010）从规模实力、盈利能力、偿付能力、成长性、资产管理能力等5个方面设计了评价人身险公司的17个指标，采用因子分析法确定指标的权重。该文对2017年34家人身险公司的研究主要发现：老牌中资寿险公司保持着强大的综合实力，仍然是中国人寿险市场的主导；外资寿险公司逐步加大规模扩张，资产管理能力不容轻视。

李心愉和郁智慧（2011）从5个方面设计了评价人身险公司的9个指标，采用主成分法计算指标的权重，评价了1999—2006年32家人身险公司的综合绩效。该文进一步发现：赔付率、投资资产比重和保费收入增长率对绩效有显著的正向影响，费用率对绩效有显著的负向影响，规模、人力资本和是否为外（合）资公司对绩效没有显著影响。

（二）对中国财产险公司和人身险公司分别的研究

王成辉和江生忠（2006）从盈利能力、偿付能力、规模及市场占有能力、经营能力等 4 个方面设计了评价财产险公司和人身险公司统一的 14 个指标以及关于财产险公司和人身险公司的各两个额外指标，做为评价保险公司现实竞争力的指标；从潜在发展能力和开发创新能力设计了评价财产险公司和人身险公司统一的 7 个指标，做为评价保险公司潜在竞争力的指标。该文通过因子分析法确定指标的权重。该文对 2004 年 14 家财产险公司和 13 家人身险公司的研究主要发现：中国保险市场是规模与效率并重的，其中，财产险市场更注重经营效益，人身险市场更注重规模。

美国加州州立大学富乐顿分校的亚洲保险公司竞争力研究项目从 2008 年起持续研究了亚洲保险公司的竞争力。该项目对 2015 年保险公司的研究中（石兰兰，2016），基于保险公司的财务数据和对一些保险公司管理人士的问卷调查得到竞争力评价结果。其中，财务指标考虑了市场规模、资本充足性、赔款准备金充足性、盈利能力、流动性和稳定性测试 6 个方面，在问卷还中设计了权重为 5% 的、关于非财务因素的加分项目。该文通过专家打分法设计指标的权重，不过我们尚无法获得权重的资料。2015 年分析了超过 600 家保险公司，其中，中国内地的财产险和人身险公司的数目都超过了 60 家。

徐国祥、李宇海和王博（2008）从 5 个方面设计了评价财产险公司和人身险公司统一的 14 个指标以及关于财产险公司、人身险公司的各 4 个额外指标，采用基于层次分析方法的专家打分法确定指标的权重，研究了 2004 年和 2005 年 27 家财产险公司和 33 家人身险公司的经营状况。

胡宏兵和郭金龙（2010）从规模能力、盈利能力、偿付能力、经营能力、潜在发展能力等 5 个方面设计了评价财产险公司和人身险公司统一的 13 个指标以及关于财产险公司和人身险公司的各 1 个额外指标，采用因子分析法确定指标的权重。该文对 2007 年和 2008 年抽取的中国（30 家）、日本（15 家）、韩国（10 家）和新加坡（10 家）的保险公司的研究主要发现：中国保险公司的总体竞争力同日本、韩国、新加坡的公司之间的差距不大，但在盈利能力和经营能力上还存在差距。

中央财经大学"保险公司竞争力评价研究"课题组从 2011 年起对中国保险公司的竞争力进行了持续性研究。根据该课题组对 2015 年保险公司的研究报告，课题组从盈利能力、资本管理能力、经营能力、风险管理能力、发展能力 5 个方面对财产险公司和人身险公司设计了 60 个左右的指标，采用主成分法和模糊聚类方法确定指标的权重，研究了 56 家财产险公司和 58 家人身险公司的竞争力。

李秀芳和冯占军（2013）采用竞争力绩效、竞争力状况、竞争力成因三大模块在内的"三段式"评价分析方法。从总量、增长和效率三个方面设计了评价财产险公司和人身险公司"竞争力绩效"统一的 6 个指标。从财务竞争力、产品与服务竞争力、营销竞争力、成本竞争力、投资竞争力和运营竞争力等 6 个方面设计了评价财产险公司和人身险公司"竞争力状况"统一的 13 个指标和人身险公司的 1 个额外指标。从先行者优势、资源禀赋、战略与策略、体制机制和流程、公司文化、领导力、执行力、变革与创新等方面对每家代表性公司的竞争力状况的成因进行了逐一分析。该文对 2011 年营业收入居前的 15 财产险公司和 15 家人身险公司进行了研究。进一步，冯占军和李秀芳（2014）分析了 2013 年中国保险公司的竞争力问题。这两篇文献认为：在各类评价体系中，由于评价者的目的、学术背景和思维方式不同，评价的思路和指标体系存在差异。

（三）对中国财产险公司和人身险公司的联合研究

张邯玥、马广军和田高（2007）从 5 个方面设计了评价财产险公司和人身险公司统一的 10 个指标，采用主成分法确定指标的权重，研究了 2000—2005 年财产险和人身险共计 25 家公司的综合绩效及其影响因素。

杨树东和何建敏（2009）从风险管理能力、营运能力、盈利能力、偿付能力、成长能力、投资收益等 6 个方面设计了评价财产险公司和人身险公司统一的 13 个指标，采用因子分析法确定指标的权重。该文对 2006 年财产险和人身险共计 66 家公司的研究主要发现：综合绩效评价中风险管理因子所占比重达到了 20.7%，所以评价保险公司时需要更关注风险管理类指标；财产险公司的偿付能力优于但运营能力弱于人身险公司；外（合）资公司的平均综合绩效得分低于中资公司。

孙蓉和王超（2013）从偿付能力、资产质量、稳健营运、盈利能力、发展能力等 5 个方面设计了评价财产险公司和人身险公司统一的 14 个指标，采用主成分分析法确定指标的权重。该文评价了 2011 年 52 家财产险公司和 61 家人身险公司的经营状况，发现：人身险公司的综合经营绩效高于财产险公司。

顾海峰和季恺伦（2015）从资产质量、赔付、经营水平、利润获取、发展水平、服务水平、人才配置等7个方面设计了评价财产险公司和人身险公司统一的15个指标，采用主成分分析法和因子分析法确定指标的权重。该文评价了2012年28家财产险公司和32家人身险公司的经营状况，发现：财产险公司的运营绩效整体上优于人身险公司。

陶启智、李亮和徐阳（2016）从业务发展、成本费用、资金运用、盈利能力、风险管理等5个方面设计了评价财产险公司和人身险公司统一的20个指标，采用主成分分析法和因子分析法得到指标的权重。该文对2010—2012年40家财产险公司和57家人身险公司的研究主要发现：主要缘于规模因子和成长因子方面的优势，中资保险公司的综合绩效优于外（合）资保险公司；主要缘于盈利能力和收入方面的优势，上市保险公司的综合绩效优于未上市保险公司。

已有文献是我们继续研究的基础，但是也存在着局限性。（1）备选指标及其记分规则往往是主观确定的，难以比较优劣。（2）一些文献对财产险公司和人身险公司采用了统一的评价指标，这忽视了衡量人身险公司经营状况的一些复杂问题，如新业务价值、退保、资产管理服务等。（3）应当主要是由于缺乏相关数据，鲜有文献关注现金流、保险金额、纳税和增加值方面的指标。（4）在指标之间权重的设定上，采用主观方法则影响了客观性，采用统计方法（主成分分析法、因子分析法、变异系数法等）则可能丢失了指标本身的含义且对所使用的样本比较敏感。

在研读学习以上文献的基础上,本章有两点的新意。(1)本章的指标中,百元保费经营活动净现金流、风险保障贡献度、纳税增长率和增加值增长率是已有学术研究中鲜有使用的。(2)我们收集了2006年甚至更早时期至2015年的数据,样本的时间跨度较长,能够对各指标进行趋势分析。

三、财产保险公司经营指标的变动趋势和分布

本节分别分析"速度规模"类、"效益质量"类和"社会贡献"类指标。基于《指标体系》的评价范围,本章分析的样本范围为经营满一个完整会计年度的保险公司法人机构(不含再保险公司、专业养老保险公司和政策性保险公司)。

表10-1 指标及其记分规则

指标类别	指标名称	分值	评分规则
速度规模（共3分）	1. 保费增长率	1	−10%≤指标值≤60%,得1分;−30%≤指标值<−10%或60%<指标值≤100%,得0.5分;否则,得0分。
速度规模（共3分）	2. 自留保费增长率	1	−10%≤指标值≤60%,得1分;−30%≤指标值<−10%或60%<指标值≤100%,得0.5分;否则,得0分。
速度规模（共3分）	3. 总资产增长率	1	−10%≤指标值≤60%,得1分;−30%≤指标值<−10%或60%<指标值≤100%,得0.5分;否则,得0分。

（续表）

指标类别	指标名称	分值	评分规则
效益质量（共5分）	4. 综合成本率	1	指标值≤100%，得1分；100%＜指标值≤105%，得0.5分；否则，得0分。
	5. 综合赔付率	1	指标值≤行业均值，得1分；行业均值＜指标值≤（行业均值+5%），得0.5分；否则，得0分。
	6. 综合投资收益率	1	指标值≥行业均值，得1分；（行业均值−1%）≤指标值＜行业均值，得0.5分；否则，得0分。
	7. 净资产收益率	1	指标值≥行业中位数，得1分；否则，得0分。
	8. 百元保费经营活动净现金流	1	指标值≥行业中位数，得1分；否则，得0分。
社会贡献（共2分）	9. 风险保障贡献度	0.5	指标值≥1%，得0.5分；0.5%≤指标值＜1%，得0.4分；0.1%≤指标值＜0.5%，得0.3分；否则，得0分。
	10. 赔付贡献度	0.5	指标值≥1%，得0.5分；0.5%≤指标值＜1%，得0.4分；0.1%≤指标值＜0.5%，得0.3分；否则，得0分。
	11. 纳税增长率	0.5	指标值≥0，0.5分；−20%≤指标值＜0，得0.3分；否则，得0分。
	12. 增加值增长率	0.5	指标值≥行业中位数，得0.5分；行业中位数×0.8（或1.2）≤指标值＜行业中位数，得0.3分；否则，得0分。（注：当行业中位数为负值时，第2条评分规则左侧取"行业中位数×1.2"。）

注：来自《保险公司经营评价指标体系（试行）》（中国保监会，2015）。

（一）"速度规模"类指标

"速度规模"类有保费增长率、自留保费增长率和总资产增长率3个指标。这3个指标均为"适度型"。《指标体系》的评价规则均为：−10%≤指标值≤60%，得1分；−30%≤指标值＜−10%或60%＜指标值≤100%，得0.5分；否则，得0分。

1. 保费增长率。该指标＝本年保费收入/去年保费收入−1。

图10-1(a)和图10-1(b)分别给出保费增长率在各年的3个"四分位数"（即25%分位数、50%分位数和75%分位数，下文同）和分布图。2006—2015年财产险公司的保费增长率有"放缓但趋于稳定"的趋势，此趋势主要是由于：2006年下半年交强险开始实施，中国汽车销量增速近几年放缓，中央财政支持的农险从2007年实施起逐渐扩大。不同公司的保费增长率有"收敛"的趋势，这说明不同公司之间的差距在缩小，也受到样本期间中国财产险公司地理分布趋同的影响。70.9%的样本的保费增长率处于[−10%, 60%]，所以大部分公司得1分；处于[−30%, −10%)和(60%, 100%]的样本占比分别为2.7%和8.3%，这些公司得0.5分；有1.9%的增长率小于−30%，有10.4%的增长率大于100%，这些公司得0分。

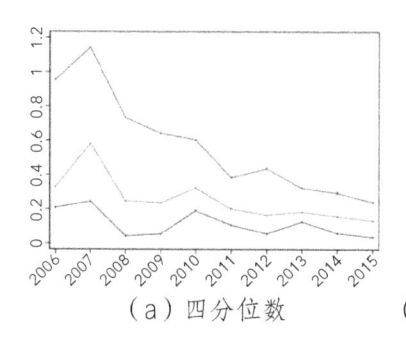

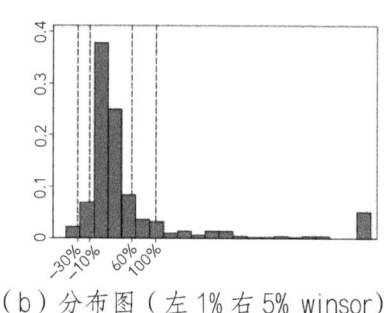

(a) 四分位数　　(b) 分布图（左1%右5% winsor）

图10-1　保费增长率

2. 自留保费增长率。该指标＝本年自留保费/去年自留保费−1，其中，自留保费＝原保费收入＋分保费收入−分出保费。图10-2(a)和图10-2(b)显示，在变化趋势和分布上，自留保费增长率基本沿袭保费增长率，二者的中位数和均值相差无几。

一个不太明显的差异是，自留保费增长率比保费增长率的分布更发散一些，其原因应当是：自身原保费收入增长更快的公司更不会分出业务且更会分入业务，而自身原保费收入负增长的公司（可能由于偿付能力不足）更会分出业务而更不会分入业务。

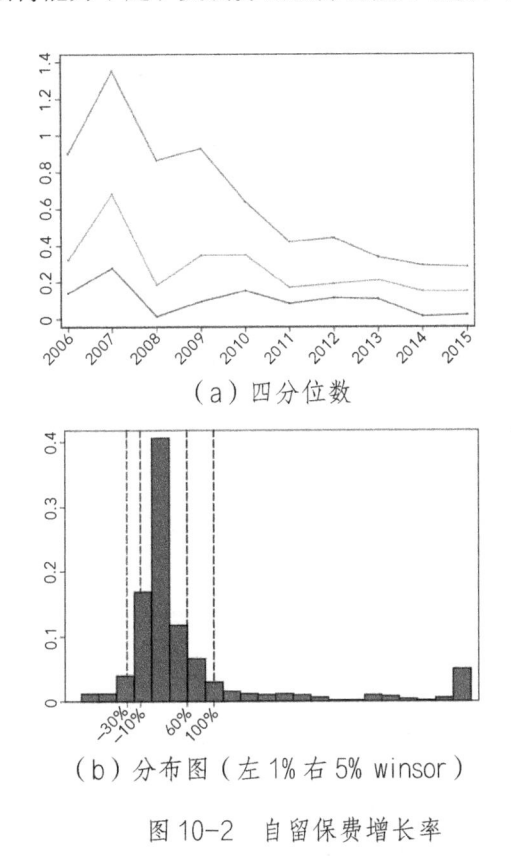

（a）四分位数

（b）分布图（左1%右5% winsor）

图10-2 自留保费增长率

3. 总资产增长率。该指标＝本年末总资产/去年末总资产－1，其中，总资产扣除了卖出回购金融资产款。图10-3(a)显示，由于保费收入和准备金快速增长，加之国有保险公司改制、很多

第十章 财产保险公司的经营绩效评价 | 215

公司进行增资扩股和引入战略投资者，2006年和2007年的总资产增长率很高；2008年及之后的年份，财产险公司总资产增长率的四分位数显示出"平稳较快"增长的状况，其中，中位数保持在20%左右。总资产是存量，其增长率的分布较保费和自留保费这两个流量的增长率的分布更平坦一些，总资产增长率处于[−10%，60%]、[−30%，−10%）和（60%，100%]的占比分别为71.1%、5.6%和7.1%（见图10-3（b））。

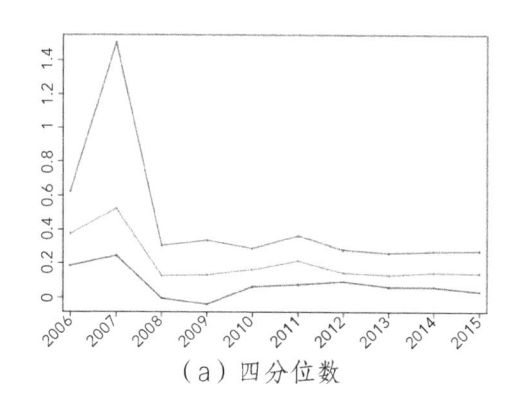

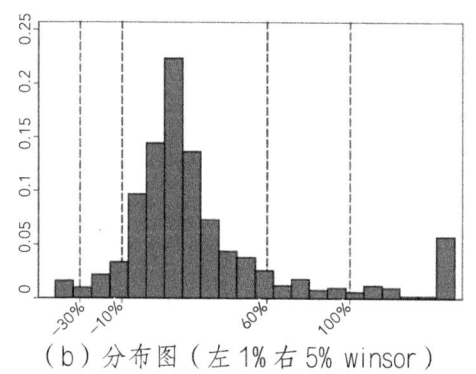

（a）四分位数

（b）分布图（左1% 右5% winsor）

图10-3 总资产增长率

表 10-2 报告了 2006—2015 年在"速度规模"类指标上排名居前的公司。

表 10-2　"速度规模"类指标得分排名前列的公司

| 保费增长率 || 自留保费增长率 || 总资产增长率 ||
平均分	公司名	平均分	公司名	平均分	公司名
1	美亚、中国人民、三井住友、三星、太平洋、天安、现代、永安、中华联合	1	大地、美亚、中国人民、三井住友、太平洋、中华联合	1	北部湾、富邦、锦泰、美亚、中国人民、三井住友、太平、太平洋、信利、中意
0.95	安联、大地、东京海上、平安、日本、太平	0.95	京东海上、平安、日本、太平、永安		

注：部分公司名称中去掉了"中国"、"财产"、"火灾"等字样。

（二）"效益质量"类指标

"效益质量"类指标包括 5 个指标。综合成本率和综合赔付率越低越好，为负向型指标，综合投资收益率、净资产收益率和百元保费经营活动净现金流越高越好，为正向型指标。

1. 综合成本率。该指标 =（赔付支出 + 分保赔付支出 + 再保后未决赔款准备金提取额 − 摊回分保赔款 + 业务及管理费 + 佣金及手续费 + 营业税及附加 + 分保费用 − 摊回分保费用）/ 已赚保费。由于第一次车险条款费率市场化改革试点影响的延续，车险业务从 2006 年起连续 4 年承保亏损；图 10-4(a) 显示，财产险公司的综合成本率先呈现逐渐降低，到 2009 年车险市场秩序才基本恢复正常，此后，综合成本率也较平稳，中位数介于

110%—130%，且公司之间的差距在缩小。综合成本率的分布有一定的右侧拖尾状况［见图10-4(b)］。

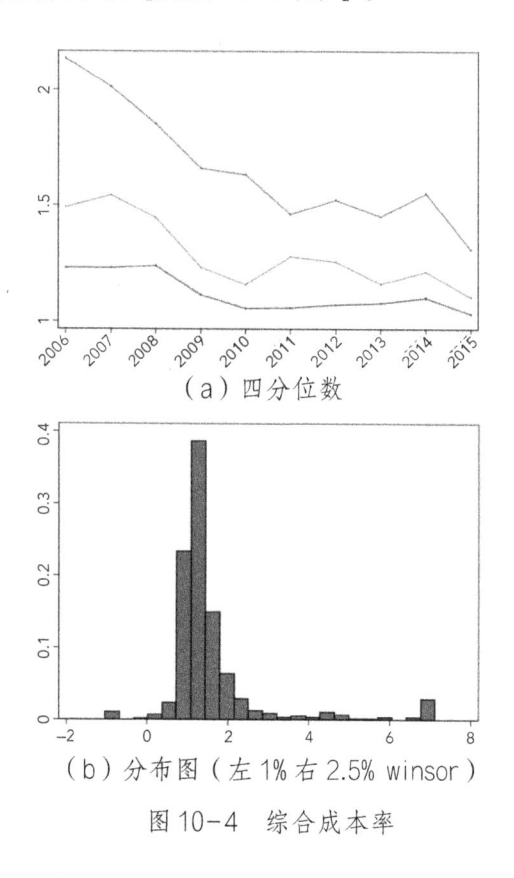

（a）四分位数

（b）分布图（左1%右2.5% winsor）

图10-4 综合成本率

2.综合赔付率。该指标=(赔付支出+分保赔付支出+再保后未决赔款准备金提取额-摊回分保赔款)/已赚保费。图10-5(a)和图10-5(b)显示，2006—2015年综合赔付率的波动幅度较综合费用率小，这主要是由于，第一次车险条款费率市场化改革更多影响的是费用率而非赔付率。2009年后，综合赔付率的波动稳定在 65%—75%。综合赔付率的分布也有一定的右侧拖尾状况。由于综合成本是综合赔付和综合费用之和，为了使指标更有独立的含义，《指标体系》应当将"综合成本率"换为"综合费用率"。

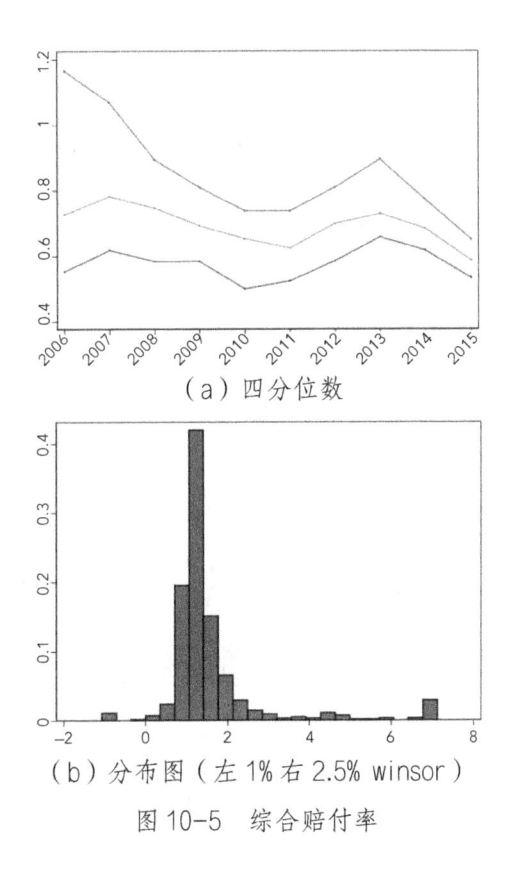

（a）四分位数

（b）分布图（左 1% 右 2.5% winsor）

图 10-5　综合赔付率

3. 综合投资收益率。该指标 =投资收益 +公允价值变动损益 +汇兑损益 +当期可供出售金融资产的公允价值变动净额 −投资资产减值损失 −利息支出）/资金运用平均余额，其中，投

第十章　财产保险公司的经营绩效评价　| 219

资收益即为利润表投资收益的金额（包括存款、债券等投资资产的利息收入），资金运用余额不含独立账户的投资资产[1]。由图10-6(a)可知，综合投资收益率受资本市场的影响很大，其在近几年的上升也部分归因于投资政策的大幅松绑。

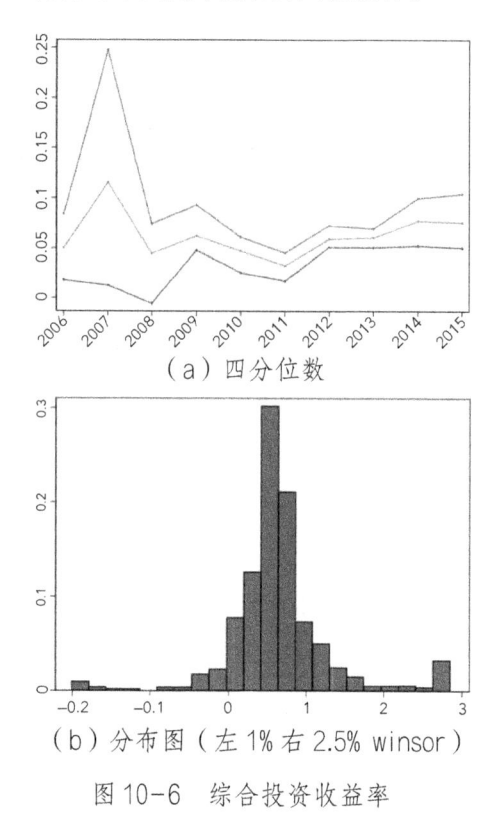

（a）四分位数

（b）分布图（左1%右2.5% winsor）

图10-6 综合投资收益率

4. 净资产利润率。该指标 = 净利润 / 年初年末平均净资产。

---

1 对于"资金运用平均余额"，《指标体系》采用了月平均法，而我们缺少月度数据，所以采用了年平均法。

剔除了净资产为负数的 5 家公司的共 13 个样本。由图 10-7（a）和图 10-7（b）可知，净资产收益率的中位数在 2009 年之后维持在 0—5%，财产险公司的盈利状况不佳，低于同时期上市公司的平均盈利状况。与"综合成本率"和"综合赔付率"分布的右侧拖尾相对应，净资产利润率的分布呈现左侧拖尾。

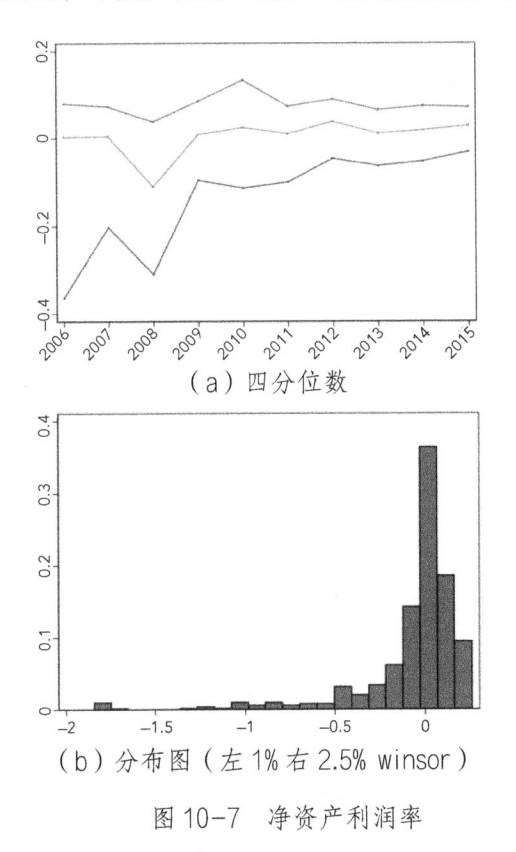

（a）四分位数

（b）分布图（左 1% 右 2.5% winsor）

图 10-7　净资产利润率

5. 百元保费经营活动净现金流。该指标 = 经营活动净现金流 /（保费收入 /100），该指标从现金流角度反映承保业务的收

第十章　财产保险公司的经营绩效评价 | 221

益水平。由图 10-8（a）可知，2010 年和 2011 年该指标的取值较高，这主要归因于承保业务盈利好转以及"应收保费率"由于自查自纠和监督检查而大幅下降。2014 年和 2015 年该指标呈下降状态，而综合成本率（图 10-4）和综合赔付率（图 10-5）也呈下降状态，反映出这两年有更多的经营性现金流出是非承保性质（主要指投资性质）的业务造成的。

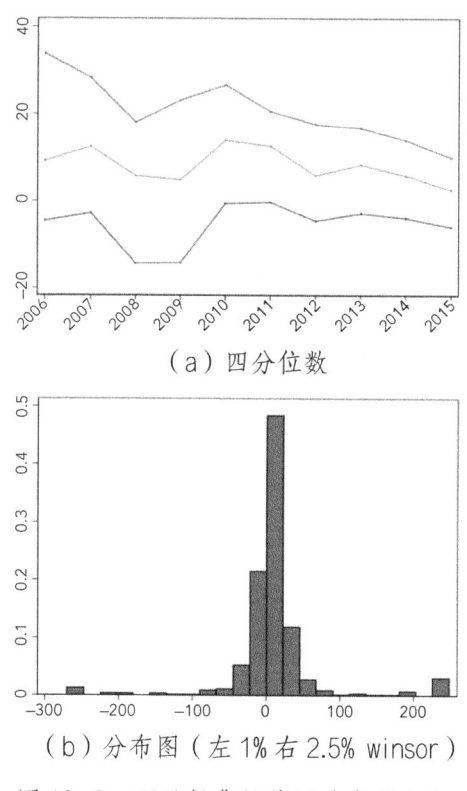

（a）四分位数

（b）分布图（左 1% 右 2.5% winsor）

图 10-8　百元保费经营活动净现金流

表 10-3 报告了 2006—2015 年在"效益质量"类指标上排名居前的公司。

表 10-3 "效益质量"类指标得分排名前列的公司

综合成本率		综合赔付率		综合投资收益率		百元保费经营活动净现金流		净资产收益率	
平均分	公司名	平均分	公司名	平均分	公司名	平均分	公司名	平均分	公司名
1	燕赵	1	诚泰、富德、恒邦、华海、锦泰、乐爱金、美亚、日本兴亚、瑞再企商、苏黎世、太平、信利、燕赵、长江、中意	1	信利、富德	1	国元、华泰、平安、中国人民、三星、太平洋、阳光农业	1	富德、恒邦、华海、泰山、鑫安、中国人寿、众安在线、紫金
0.93	国元			0.92	信达				
0.8	阳光农业			0.9	永安				
0.6	东京海上			0.89	华农				
0.55	安邦								
0.45	中华联合			0.75	太平、紫金、天安、众安、阳光、众诚	0.9	安信、东京海上日东、阳光财产、永安	0.9	出口信用、平安、三星
0.4	安信								
0.38	现代								
0.36	鼎和								
0.35	安华								

注：同表 10-2。

（三）"社会贡献"类指标

"社会贡献"类指标有风险保障贡献度、赔付贡献度、纳税增长率和增加值增长率共 4 个指标，均为正向型指标，越大越好。

1. 风险保障贡献度。该指标 = 公司经营的各险种保险金额之和 / 财产险行业保险金额总和，其中，赔付金额 = 赔付支出 + 分保赔付支出 + 未决赔款准备金提取额。虽然该指标主要决定于财产险公司的市场规模，但是，样本中"保险金额"与"已赚保费"、"自留保费"的 Spearman 相关系数分别为 0.84、0.81，并非完全相关。这是由于，该指标更重视财产险公司的"损失补偿"功能，且不同险种以及同一险种不同保单中的保险金额所代表的"风险含量"是不一样的。该指标为"份额型"指标，不做图分析。

2. 赔付贡献度。该指标＝公司赔付金额/财产险行业赔付金额总和。由于"赔付金额"与"已赚保费"、"自留保费"的关系系数分别达到 0.97 和 0.95，所以该指标基本决定于财产险公司的市场规模。该指标为"份额型"指标，不做图分析。

3. 纳税增长率。该指标＝本年纳税额/去年纳税额－1，其中，纳税额是指保险公司扣除当期税金返还后实际缴纳的营业税、印花税等各项税金的总和以及公司所得税。从图 10-9(a) 可知，财产险公司的纳税增长率高于保费和资产的增长率。纳税增长率的变动趋势主要决定于公司的保费增长率，也与公司盈利状况的变动相关，这反映出财产险公司的税收主要是营业税及相关流转税种，其次是公司所得税。该指标的得分分为 3 档，其中，＜-20% 的，得 0 分，处于 [-20%，0) 的，得 0.3 分，≥0 的，得 0.5 分。经计算（也可从图 10-9(b) 大致看出），该指标处于 ＜-20% 和 [-20%，0) 的样本占比分别仅为 6.35% 和 10.4%，所以该指标对公司的区分度较小。

(a)四分位数

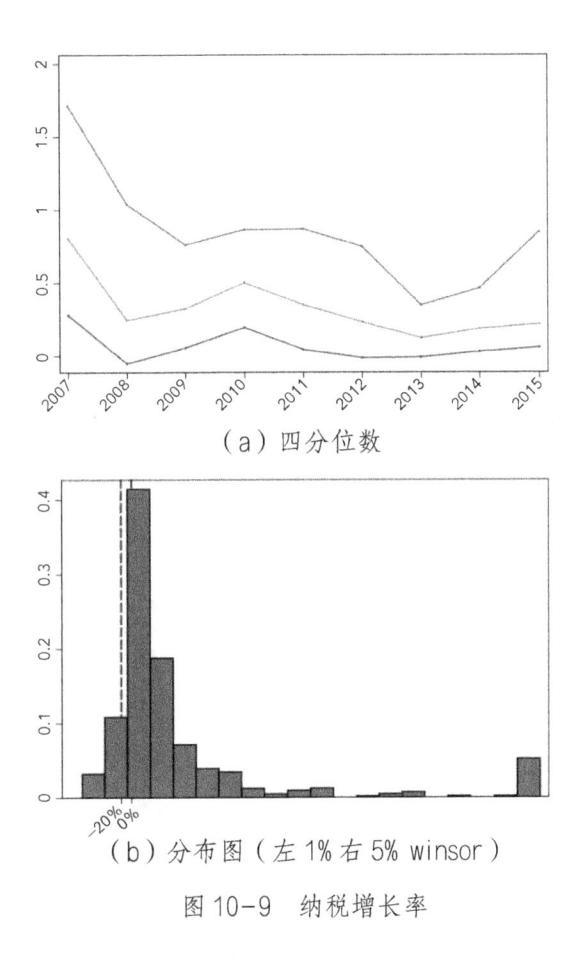

(b)分布图(左1% 右5% winsor)

图 10-9 纳税增长率

4. 增加值增长率。增加值增长率 = 本年增加值 / 上年增加值 -1，其中，增加值 = 劳动者报酬 + 生产税净额 + 固定资产折旧 + 营业盈余，即，收入法核算国内生产总值的方法。从图 10-10(a)可知，2009 年之后，财产险公司的增加值增长率较平稳，几乎每年都略高于保费增长率和自留保费增长率，因此，中国财产险公司创造"增量价值"的程度在提高。

（a）四分位数

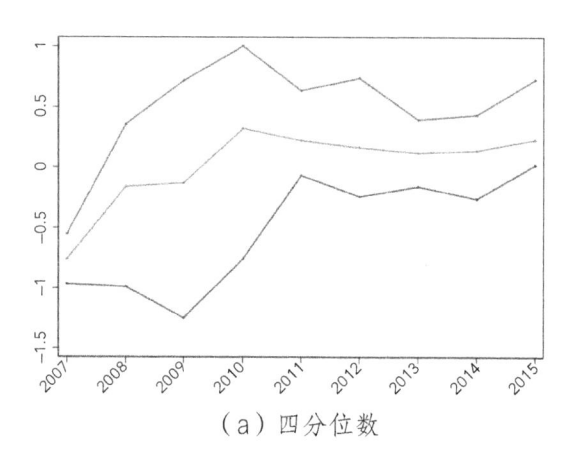

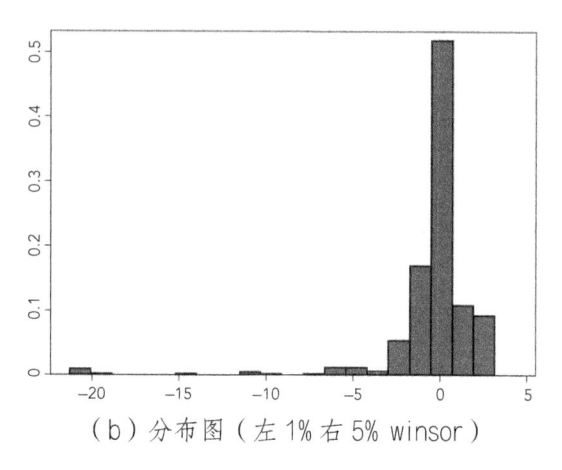

（b）分布图（左1% 右5% winsor）

图 10-10　增加值增长率

表 10-4 报告了 2006—2015 年在"社会贡献"类指标上排名居前的公司。

表 10-4 "社会贡献"类指标得分排名前列的公司

风险保障贡献度		赔付贡献度		纳税增长率		增加值增长率	
平均分	公司名	平均分	公司名	平均分	公司名	平均分	公司名
0.5	恒邦、华海、平安、中国人民、太平洋	0.5	平安、中国人民、太平洋	0.5	共26家公司	0.5	安盛天平、国元、恒邦、华海、劳合社、鑫安、燕赵、长江
		0.4	中华联合				
		0.32	天安				
0.4	安盛太平、燕赵、众安	0.31	中国人寿	0.5	共26家公司	0.5	安盛天平、国元、恒邦、华海、劳合社、鑫安、燕赵、长江
		0.3	共20家公司				
0.36	华安、中银					0.43	阳光
						0.42	中国人寿

注：同表 10-1。

四、经营状况指标的相关性和统计解释力

（一）各指标的相关性

为了考察各指标之间的相关关系，表 10-5 报告 12 个指标两两的 Spearman 相关系数，可以发现一些现象。

（1）指标之间的相关性普遍较高，不过，相较于同类研究，《指标体系》中的指标有较为独立的含义。

（2）综合成本率与保费增长率、自留保费增长率均为显著正相关，净资产收益率与保费增长率、自留保费增长率纳税增长

率均为显著正相关,这说明财产险公司面临增长与效益(或稳定)之间的短期的"权衡"关系。

(3)综合成本率和净资产收益率二者与综合赔付率均为显著正相关,二者与综合投资收益率、百元保费经营活动净现金流均为显著负相关,这显示出综合赔付率、综合投资收益率和百元保费经营活动净现金流会影响综合成本率和净资产收益率的取值。

(4)综合赔付率与综合投资收益率之间显著负相关。这是由于投资业绩好的公司或在投资形势好时,财产险公司为了获得更多的投资资产,可以一定程度上通过降低费率或放松承保条件争取业务量,提高了赔付率。

(5)5个增长率指标之间,除"增加值增长率"与其余4个增长率没有显著关系外,其余4个增长率之间均为显著正相关;增加值增长率与综合成本率显著负相关,与净资产收益率显著正相关。这说明增加值的变化与保费和资产的变化差别很大,增加值与公司效益之间有更多的正向关系,加之增加值是保险业计入GDP的部分,所以今后保险业(公司)相关统计、数据披露和研究中应当加强对增加值指标的关注。

表10-5 指标之间的相互关系

	1 保费增长率	2 自留保费增长率	3 总资产增长率	4 综合成本率	5 综合赔付率	6 综合投资收益率	7 净资产收益率	8 百元保费经营活动净现金流	9 风险保障贡献度	10 赔付贡献度	11 纳税增长率	12 增加值增长率
1	1											
2	0.87***	1										
3	0.43***	0.34***	1									
4	0.17***	0.12**	0.04	1								
5	0.21***	0.19***	0.03	0.22***	1							
6	0.01	0.05	0.10**	−0.14***	0.19***	1						
7	−0.26***	−0.22***	0.01	−0.56***	−0.15***	0.18***	1					
8	0.25***	0.23***	0.51***	−0.25***	−0.06	−0.00	0.19***	1				
9	−0.14***	−0.08*	0.06	−0.36***	−0.17***	0.12***	0.45***	0.22***	1			
10	−0.23***	−0.19***	0.13***	−0.53***	0.00	0.31***	0.51***	0.19***	0.80***	1		
11	0.60***	0.52***	0.31***	0.15***	0.08	0.10*	−0.20***	0.24***	−0.09*	−0.15***	1	
12	0.02	0.04	0.13	−0.23***	−0.05	0.06	0.23***	0.19***	0.09*	0.12*	0.01	1

注：***、**、*分别表示在1%、5%、10%的水平上显著（双尾）。

（二）各指标的统计解释力

我们还关心这 12 个指标在各公司整体经营状况评价上的解释力有多大，这类似于关心：哪些科目拉开了考生的总得分或总排名的差距。我们分别以"公司总得分"和"公司排名"做为被解释变量，以 12 个指标的得分做为解释变量，基于面板数据混合最小二乘（Pooled OLS）回归的 R 方，得到 3 个判断各指标统计解释力的方法。(1) 单独的统计解释力，即，仅将该指标做为解释变量得到的 R 方；(2) 将该指标做为最后 1 个解释变量的边际统计解释力，即，"将所有 12 个指标做为解释变量回归得到的 R 方"－"去掉该指标后回归得到的 R 方"；(3) 逐步回归的增量统计解释力，即，在逐次增加 1 个变量的回归中该指标贡献的 R 方的增量"。

基于表 10-6 中的信息可以发现如下结果。（1）基于"公司总得分"和"公司排名"为被解释变量得到的各指标统计解释力的排序差异很小，而 3 种方法得到的各指标统计解释力的排序差异很大，这提示我们在选择指标权重的计算方法上需要慎重。(2) 净资产收益率和百元保费经营活动净现金流的统计解释力强，在文献中，二者分别是在权责发生制原则和收付实现制原则下衡量保险公司财务绩效的关键指标；综合成本率和增加值增长率的统计解释力位居中游；纳税增长率的统计解释力弱，这归因于纳税状况的外生性强以及《指标体系》对该指标积分上设置的低区别度。（3）在"速度规模"类指标中，自留保费增长率的统计解释力高于保费增长率；在"效益质量"类指标中，综合投资收益率的统计解释力高于综合成本率和综合赔付率，反映出资金运用成果的重要性。

表 10-6 各指标的统计解释力

	《指标体系》中的"权重"	公司总得分 单独的统计解释力（排序）	公司总得分 做为最后1个变量的边际统计解释力（排序）	公司总得分 逐步回归的增量统计解释力（排序）	公司排名 单独的统计解释力（排序）	公司排名（标准化为0—1） 做为最后1个变量的边际统计解释力（排序）	公司排名（标准化为0—1） 逐步回归的增量统计解释力排序
保费增长率的得分	10%	35.21%（3）	1.29%（9）	1.18%（10）	35.21%（3）	0.98%（8）	0.18%（12）
自留保费增长率的得分	10%	42.97%（2）	1.35%（8）	21.66%（2）	36.922%（2）	1.09%（7）	16.49%（2）
总资产增长率的得分	10%	5.92%（11）	3.03%（5）	2.06%（6）	4.30%（11）	2.35%（5）	1.73%（6）
综合成本率的得分	10%	9.82%（10）	2.90%（6）	2.30%（7）	9.22%（8）	2.36%（4）	2.33%（7）
综合赔付率的得分	10%	10.43%（9）	3.40%（4）	3.34%（5）	6.10%（10）	0.00%（12）	1.21%（9）
综合投资收益率的得分	10%	11.47%（8）	6.55%（2）	6.58%（4）	8.59%（9）	3.78%（3）	4.15%（4）
净资产收益率的得分	10%	47.04%（1）	5.12%（3）	47.04%（1）	50.91%（1）	7.16%（1）	50.91%（1）
百元保费经营活动净现金流的得分	10%	15.52%（6）	7.02%（1）	11.10%（3）	16.31%（6）	6.65%（2）	10.70%（3）
风险保障贡献度的得分	5%	24.88%（5）	0.47%（11）	1.72%（9）	28.14%（5）	0.00%（11）	1.85%（5）
赔付贡献度的得分	5%	30.01%（4）	0.41%（12）	0.41%（12）	31.19%（4）	0.35%（10）	0.30%（11）
纳税增长率的得分	5%	0.57%（12）	0.65%（10）	0.67%（11）	0.90%（12）	0.97%（9）	0.94%（10）
增加值增长率的得分	5%	15.17%（7）	1.67%（7）	1.94%（8）	14.76%（7）	1.47%（6）	1.68%（8）

注：由于各年的公司总数目不同，将各车中公司的排名以该车中公司总数目除以该车中公司总数目，标准化为0—1。样本量均为507。估计方法均为面板数据混合最小二乘回归。"逐步回归"为逐次增加1个解释变量，其"排序"为被加入自变量的顺序。

五、小结

我们基于《保险公司经营评价指标体系（试行）》收集和整理了 2006—2015 年的相关数据，分析和解释了中国财产险公司的"速度规模"、"效益质量"和"社会贡献"三大类共 12 个经营指标的变化情况和分布情况。我们认为，《指标体系》中："综合成本率"可以换为"综合费用率"，"风险保障贡献度"可以考虑公司的险种结构（改进难度较大）、对"纳税增长率"基于更宽的区间去打分，还可以加入"净资产增长率"或"杠杆率"的指标。对于各指标的统计解释力，净资产收益率和百元保费经营活动净现金流较强，综合成本率和增加值增长率位居中游，纳税增长率较弱。

与以往学术研究相比，本章分析了百元保费经营活动净现金流、风险保障贡献度、纳税增长率和增加值增长率这 4 个"新的指标"，尝试分析了各指标的统计解释力。本章的主要局限性是：（1）没有研究中国人身险公司的情况；（2）对于指标之间相互关系的几点推测需要进一步检验；（3）没有研究各个指标值或指标得分与公司基本情况、业务结构、治理状况等方面的特征变量的关系，进而提出改进公司经营管理的对策建议。

第十一章
财产保险公司特征对经营绩效的影响

一、问题的提出

为综合评价保险公司的经营状况，促进保险公司改进经营管理和转变发展方式，加强保险监管，2015年8月，中国保监会制定发布了《保险公司经营评价指标体系（试行）》（简称《指标体系》）。《指标体系》设定了速度规模（权重为30%）、效益质量（权重为50%）和社会贡献（权重为20%）共3类12个定量指标，并设计了具体的记分规则。本书第九章从中国财产险行业的角度分析了这12个经营指标的状况。

改进保险公司的绩效或竞争力是一个重要话题。虽然评价财产险公司的绩效或竞争力的文献较多，但是研究绩效或竞争力的影响因素的文献较少。本章收集了2006—2016年的相关数据，将研究哪些因素影响了财产险公司在这12个绩效指标上的"得分"。

本章随后部分的结构安排如下：第二节回顾相关文献；第三节进行经验研究设计，说明计量模型、变量和样本；第四节分析回归结果；第五节小结本章。

二、相关文献回顾

本节主要基于《指标体系》中 12 个绩效指标的顺序，回顾国内外相关文献。

保费增长率和自留保费增长率。主要由于相对缺乏深刻有趣的话题，将公司的保费增长率和自留保费增长率做为因变量的文献很少。Harrington 和 Epermanis（2006）采用事件研究方法发现：信用评级下调后，非寿险公司的保费增长率显著下降了，而低评级公司的评级上调后，保费增长率有所上升。Cole 等（2015）发现：非寿险公司的公司名称变更是一个好的信号，其对保费增长有显著的正向影响；此外，保费增长率与广告支出、地理分散化、经营杠杆率显著正相关，与再保险分出率显著负相关。Upreti 和 Adams（2015）则发现：使用再保险有助于非寿险公司扩大市场份额，且这种影响在竞争性强的产品线上更明显；此外，资产负债率对市场份额有重要的负向影响。

总资产增长率。总资产是衡量公司规模的一个主要指标。Forbes（1970）对 1955—1966 年美国非寿险公司的研究发现：股份制公司比相互制公司的资产增长得更快，这主要归因于股份公司有更强的外部融资能力支持兼并收购、新股发行等，也与股份制公司更好的承保绩效有关；资产在 1000 万美元（基于 1994 年价格水平）以下的小型股份制公司的资产增长率更快。赵桂芹和周晶晗（2007）对 2000—2004 年中国财产险公司的研究发现：公司总资产增长率与公司规模、利润率和所有制形式之间没有显著关系，而险种集中程度更高的财产险公司的总资产率增长率更高。

综合赔付率。Lai 和 Limpaphayom（2003）发现：在日本非寿险业，企业集团下的公司的赔付率高于非企业集团下的股份制或相互制公司；公司的赔付率与保单数目显著正相关，与公司规模没有显著关系。Jametti 和 Ungern-Sternberg（2005）对瑞士家庭财产险经营主体的研究发现：与传统认知不同，公有经营主体在家庭财产险上的赔付率（该文用以衡量供给能力）比私有经营主体高 20 个百分点。Kasman 和 Turgutlu（2009）采用赔付支出做为保险公司的唯一的产出，研究发现：2003—2005 年，土耳其非寿险公司的全要素生产率提高了，这主要归因于本土［而非外（合）资］公司的效率提高了。

综合成本率。综合成本率是综合赔付率和综合费用率之和，较之赔付率和费用率，较少文献研究了综合成本率与公司特征变量的关系。冯占军和李秀芳（2012）研究了 15 家大型财产险公司和 15 家大型人身险公司的竞争力，发现：综合成本率低的几家财产险公司均是注重集约化经营、精细化管理、追求价值成长的公司。此外，不少文献在研究财产险的承保周期时分析了综合成本率；文献中还普遍将综合成本率做为预测保险公司破产风险的重要指标。

综合投资收益率。投资业务是保险公司在承保业务基础上派生出的另一主要业务。Trieschmann 和 Monroe（1972）对 1951—1968 年美国纽约州相关机构的研究发现：保险公司的投资收益率和投资风险均低于专业投资公司；财产险公司中，股份制公司的投资收益率高于相互制公司；投资规模与投资收益率没有显著关系。Lai 和 Limpaphayom（2003）对日本非寿险业的研究发现：相互制公司的"投资收益与保费之比"高于股份制公司和企业集团下的公司；非寿险公司的"投资收益与保费之比"与证券投资程度显著正相关，与不动产投资程度显著负相关。

净资产收益率。净资产收益率（ROE）是基于会计报表数据测算各行业企业的绩效的一个关键指标。例如，Berry-Stölzle、Hoyt 和 Wende（2010）对 50 多个国家 400 多家上市保险公司的研究发现：ROE 与寿险业务保费占公司总保费的比重、公司总资产显著正相关，与公司的资本结构、资产增长率、保费增长率、股份制还是相互制、集团化与否没有显著关系。又如，Hsieh、Lee 和 Yang（2015）对 62 个国家财产险公司的研究发现：ROE 与资产增长率、业务结构的分散化程度显著正相关，与公司总资产没有显著关系。

风险保障贡献度。《指标体系》中的"风险保障"由保险金额度量，但是在风险类型和出险概率接近的情况下，直接比较保险金额才比较有意义。举例来说，中国各省区市的过去十几年的保险金额的数据已经披露了。2015 年，经济和保险业第一大省——广东省的保费收入（2166 亿元）是上海市的（1125 亿元）约 2 倍，而广东省的保险金额（747047 亿元）仅为上海市的（2188686 亿元）约 1/3。如此大的反差需要根据具体的产品结构来理解。然而，一旦充分考虑了风险类型和出险概率，保险金额就转化为赔付金额了。因此，在保险公司效率研究中使用保险金额做为一项产出的文献几乎都是研究的寿险公司，如 Rees 和 Kessner（1999）对德国的研究、Bikker 和 Leuvensteijn（2008）对丹麦的研究。

纳税增长率。由于税收基本是通过规则计算的，分析保险公司纳税影响因素的文献不多；不过，一些文献分析了税收制度对保险公司的影响。郑苏晋（2010）发现：中国保险公司的税负较重（主要是相对于商业银行），其主要归因于财产险公司的流转税税负较重。李小热（2011）发现：中国保险公司的实际税率与盈利水平显著负相关，并会通过保险价格影响市场交易量。彭雪梅和黄鑫（2016）分析了"营改增"对中国财产险公司和人身险公司实际税负的影响，认为6%是比较合适的增值税税率。此外，Adiel（1996）对1976—1990年参与A M Best评级的保险公司的研究发现，保险公司的传统再保险和财务再保险行为都没有受到保险公司边际税率的影响；江生忠和邵全权（2010）研究了所得税与中国财产险公司和人身险公司的净利润、市场份额的关系；Grace和Yuan（2011）研究了保费税对美国寿险公司资产、佣金、责任、准备金等增长的影响。

增加值增长率。由于保险业的多职能性质（经济补偿、资金融通、社会治理管理、灾害管理等），在专门研究保险业生产率或效率的文献中，基本都会设置多种产出，而不是仅使用增加值这个综合性的指标。一般在同时研究多个经济部门的生产率或效率的文献中，才使用增加值做为保险部门的产出。如Verma（2012）对印度1980—2005年多个经济部门的生产率的研究发现：服务业的全要素生产率提高很快，其中，1994—2005年中，银行和保险部门整体的增加值的年增长率达到了14%，其中公有制部分的增加值的年增长率为7%。

最后，财产险公司的主要业务收支基本均有现金流对应，所以少有文献基于"百元保费经营活动净现金流"等现金流指标考察保险公司的绩效的影响因素[1]。"赔付贡献度"是公司赔付占全行业赔付的比重,在控制了公司收入规模的情况下,其由公司赔付率决定,所以少有文献研究赔付贡献度。

三、回归设计:模型、变量和数据

《指标体系》对财产险公司法人从速度规模、效益质量和社会贡献 3 个方面设计了 12 个指标。这些指标及其记分规则见表 11-1。

本章以"得分"而不是以指标原始值为因变量,这主要有三点考虑。(1)绩效指标的取值与"好坏程度"并非呈单调增加或单调减少的关系,或者至少不是呈"正比例"关系;《指标体系》通过对每个指标按照其取值划分为若干区间,以"离散型"的方式来设定得分。(2)由于每年均有部分公司在一些指标上存在异常值,因此,以指标原始值为因变量得到的回归分析结果会受到这些异常值的影响,但以"得分"为因变量得到的回归结果所受到的影响很小。此外,本章基于《指标体系》选择指标,也希望所得的、关于公司经营评价影响因素的结论与《指标体系》的评价结果尽量对应,以便更好地服务于保险从业者的决策。

本章根据 12 个绩效指标的性质(单向型还是适度型)以及《指标体系》中指标的记分规则,选择不同的回归模型。

---

[1] 考察保险公司风险时,现金流是核心指标之一。王凯和谢志刚(2014)分析了 4 个实际案例,讨论了保险公司现金流入和流出的渠道,认为应当从"现金流"角度改进保险公司的偿付能力监管。

（1）对于单向型且只有两种得分分类的两个指标——净资产收益率和百元保费经营活动净现金流，选择专门处理二分类离散变量的 Logit 模型，如下：

$$Y1 = 1\{X'\cdot\beta_1+\varepsilon_1 > 0\} \qquad (11.1)$$

其中，$Y1$ 表示此类指标上的得分，$1\{\cdot\}$ 是示性函数，$\{\cdot\}$ 中的条件成立取 1，否则取 0；X 是所考察的一系列公司特征变量，β_1 是待估系数；ε_1 是服从正态分布的随机扰动项。

（2）对于单向型且有多于两种得分分类的 7 个指标——综合成本率、综合赔付率、综合投资收益率、风险保障贡献度、赔付贡献度、纳税增长率和增加值增长率，选择线性 OLS 回归模型，如下：

$$Y2 = X'\cdot\beta_2+\varepsilon_1 \qquad (11.2)$$

其中，$Y2$ 表示此类指标上的得分，X 是一系列公司特征变量，β_2 是待估系数；ε_1 是随机扰动项。

（3）对于 3 个适度型指标——保费增长率、自留保费增长率和总资产增长率，将得分高的"中间区间"与得分低的"左端区间"和"右端区间"分别进行合并，各进行一次线性 OLS 回归，如下：

$$\begin{cases} Y3 = X'\cdot\beta_{31}+\varepsilon_1 & \text{指标处于左端区间和中间区间的样本} \\ Y3 = X'\cdot\beta_{32}+\varepsilon_2 & \text{指标处于右端区间和中间区间的样本} \end{cases} \qquad (11.3)$$

其中，$Y3$ 表示此类指标上的得分，X 是一系列公司特征变量，β_{31} 是指标处于"左端区间"和"中间区间"时的待估系数，β_{32} 是指标处于"右端区间"和"中间区间"时的待估系数；ε_{31} 和 ε_{32} 是相应分样本回归中的随机扰动项。

我们选择如下的公司特征做为回归分析中的自变量。（1）规模，由标准化后的总资产（$Assets_{std}$）度量，"标准化"是指（总资产 – 总资产的均值）/（总资产的标准差）[1]。（2）规模平方项，即标准化后的总资产的平方项（$Assets_{std}^2$）。规模经济性是关于金融机构研究中的一个重要话题，具体结论要根据样本确定。（3）公司年龄（Age），等于"样本年度"—"公司开始经营保险业务的年度"。（4）公司年龄平方项（Age^2）。与很多企业一样，保险公司可能存在一些生命周期性质（Evans，1987；Choi，2010）。（5）车险业务占比（$AutoRatio$），即"车险保费收入"/"总保费收入"。车险业务是中国财产险公司的主要业务，车险业务占比可能影响公司的经营成果。（6）经营的地理范围（$GeoUnits$），采用财产险公司开展业务的省级单位数目度量。与产品结构一样，地理布局也是衡量财产险业务结构的重要方面。（7）再保分出率（$CedeRatio$），等于"分出保费"/"保费收入"。（8）投资资产占比（$InvestRatio$），即投资资产占总资产的比重。（9）资产负债率（$DARatio$），即"总负债"/"总资产"。该指标用于衡量财产险公司的财务杠杆水平。（10）所有权性质（$OwnType$），对于中资公司取0，对于外（合）资公司取1。一些文献表明，中资与外（合）资金融公司的经营特征和经营成果

---

[1] 为了处理公司规模变量的非正态性，并便于解释回归结果（解释为单位标准差的变动），本章对公司规模采用了标准化处理，Baranoff、Papadopoulos和Sager（2007），纪建悦和孔胶胶（2013）等也采用了这种做法。更多文献的处理方式是，将总资产（或其他公司规模变量）取对数。由于本章的因变量是"得分"，"取对数"也无法将回归结果解释为指标原始值与公司规模之间的（半）弹性关系，所以无法获得"取对数"带来的这方面好处，故采用了标准化的处理方式。

存在系统性差异（王鹏和周黎安，2006；张健华和王鹏，2011；黄薇，2011；孙祁祥、何小伟和郑伟，2012）。(11)董事会变动性（DirectMob），采用当年新任董事人数占董事会人数的比重度量。这是我们新引入的1个变量。(12)年度效应（YearDums），由于一些指标的计算是基于行业整体或行业中所有公司的均值或中位数，所以很有必要加入若干虚拟变量以控制年度效应。

由于经营不满1个完整会计年度的保险公司不纳入《指标体系》的评价范围，我们剔除了这些样本。除公司规模平方项、公司年龄平方项、年度固定效应之外的9个自变量的描述统计量见表11-1。样本期间，根据样本中位数值判断，居中的财产险公司的总资产为29.71亿元，经营年限为8年，60%以上的保费收入来自车险业务，在6个省区市经营，分出了14.7%的保费收入，将46%的资产用于投资，有66.8%的资产负债率；根据样本均值判断，34%的财产险公司为外（合）资公司，每年平均更换约16%的董事。

表11-1 描述统计量

	符号	样本量	均值	标准差	最小值	最大值
总资产（亿元）	Assets	594	226.23	609.30	2.79	4203.79
公司年龄（年）	Age	594	9.94	7.73	1	36
车险业务占比	AutoRatio	594	0.47	0.36	0	1
经营的地理范围（个）	GeoUnits	592	12.10	11.20	1	31
再保分出率	CedeRatio	592	0.23	0.25	0	1
投资资产占比	InvestRatio	594	0.66	4.81	0	0.98
资产负债率	DARatio	594	0.64	0.22	0.02	2.05
所有权性质（0或1）	OwnType	594	0.34	0.48	0	1
董事会变动性	DirectMob	582	0.16	0.17	0	0.43

四、财产保险公司特征对经营绩效的影响

本节报告了对公司特征变量与12个绩效指标关系的回归结果。在所有回归中,为了控制因变量对自变量可能的反向影响,将自变量较因变量取滞后1期值。

(一)"速度规模"类指标

表11-2报告了对"速度规模"类指标上得分的估计结果,采用(11.2)式的模型。样本分组中,"增长率≤60%"是指该回归采用的是保费增长率(或自留保费增长率或总资产增长率)≤60%的样本,"增长率≥-10%"是指该回归采用的是保费增长率(或自留保费增长率或总资产增长率)≥-10%的样本。

由于3个"速度规模"类指标均为增长率,彼此的相关性很高,所以我们根据自变量的顺序解释回归结果。(1)总资产。对于保费增长率和自留保费增长率的"得分",当"增长率≥-10%"时,$Assets_{std}$的系数估计值为正向显著,说明总资产越大,保费增长率(≥-10%时)和自留保费增长率(≥-10%时)越低。这与Pan、Che和Chang(2012)对中国寿险公司的研究结论相同。总资产增长率的"得分"与$Assets_{std}$没有显著关系,因此,本章支持Gibrat法则。这与Hardwick和Adams(2002)对英国非寿险公司、赵桂芹和周晶晗(2007)对中国财产险公司的研究结论相同,而与Forbes(1970)对美国非寿险公司的研究结论、邵全权(2011),李秀芳、卞小娇和安超(2013)对中国人身险公司的研究结论,Adams等(2014)对瑞典寿险公司,Tien和Yang

（2014）对中国台湾地区寿险公司的研究结论不同[1]。3个增长率指标与公司总资产之间没有发现"U"形或"倒U"形的关系。在其他有比较明确结论的自变量方面。（2）对于3个增长率的"得分"，当"增长率≥-10%"时，Age 的系数估计值均为正向显著，Age^2 的系数估计值均为负向显著。这反映出，在公司达到某一成熟阶段之前，越年轻的公司增长越快。（3）$CedeRatio$ 对保费增长率和自留保费增长率的系数估计值均为正，且在"增长率≤60%"的回归中是统计显著的，反映出再保业务能支持原保险公司开展业务。（4）$InvestRatio$ 的系数估计值在3个回归中显著，通过其符号得出：投资资产占总资产比重更高的公司更倾向有更高的保费增长率、自留保费增长率和总资产增长率。这反映出，更为积极开展投资业务的公司，也会更多地进行承保以获取现金流，能更快地积累资产。（5）$DARatio$ 的系数估计值在3个回归中显著，通过其符号可以判断：资产负债率更高的公司倾向于有更低的增长率。这与一些文献（如Upreti and Adams, 2015；朱晶晶和赵桂芹，2016）的发现类似，显示出资本端对公司承保业务和总资产增长造成的市场约束。（6）$OwnType$ 的系数估计值在两个回归中显著，通过其符号可以判断：中资公司比外（合）资公司有更高的增长速度。

还有一些变量没有发现比较明确的结论。（7）$AutoRatio$、

---

[1] 此外，还有研究关注了保险公司的净资产增长率。其中，Choi（2010）对美国产险公司的研究发现，净资产增长率与公司规模没有显著关系；蔡华和张宁静（2012）对中国寿险企业的研究发现，净资产增长率与公司规模显著正相关。

GeoUnits 与 3 个增长率的"得分"之间没有发现显著关系。
(8) *DirectInstab* 仅是在总资产增长率(增长率≥-10%时)的"得分"的方程中是正向显著的,说明董事会变动性强可能降低公司资产的增长率,但是证据很不充分。

表 11-2　对"速度规模"类指标的得分的回归结果

因变量:	保费增长率的"得分"		自留保费增长率的"得分"		总资产增长率的"得分"	
因变量所基于指标的类型:	适度型		适度型		适度型	
样本分组:	增长率≤60%	增长率≥-10%	增长率≤60	增长率≥-10%	增长率≤60	增长率≥-10%
所基于指标"由低到高"变化时,因变量依次的取值:	0分、0.5分、1分	1分、0.5分、0分	0分、0.5分、1分	1分、0.5分、0分	0分、0.5分、1分	1分、0.5分、0分
估计方法:	OLS	OLS	OLS	OLS	OLS	OLS
$Assets_{std}$	0.014 (0.012)	0.045** (0.021)	0.001 (0.014)	0.042* (0.023)	0.008 (0.027)	-0.007 (0.043)
$Assets^2_{std}$						
Age	-0.002 (0.002)	0.077*** (0.007)	0.002 (0.002)	0.084*** (0.008)	0.001 0.004	0.036** (0.007)
Age^2		-0.002*** (0.000)		-0.002*** (0.000)		-0.001*** (0.000)
$AutoRatio$	0.038 (0.042)	-0.065 (0.059)	0.048 (0.057)	-0.077 (0.064)	-0.014 (0.039)	0.011 (0.058)
$CeoUnits$	-0.002 (0.001)	-0.001 (0.002)	-0.002 (0.002)	-0.000 (0.002)	-0.002 (0.002)	0.000 (0.002)
$CedeRatio$	0.177*** (0.051)	0.078 (0.074)	0.121* (0.066)	0.021 (0.108)	-0.070 (0.056)	-0.055 (0.077)
$InvestRatio$	0.036 (0.062)	-0.173* (0.090)	0.127 (0.087)	-0.231** 0.098	0.216*** (0.061)	-0.524*** (0.094)

(续表)

因变量:	保费增长率的"得分"		自留保费增长率的"得分"		总资产增长率的"得分"	
因变量所基于指标的类型:	适度型		适度型		适度型	
样本分组:	增长率 ≤60%	增长率 ≥-10%	增长率 ≤60	增长率 ≥-10%	增长率 ≤60	增长率 ≥-10%
所基于指标"由低到高"变化时,因变量依次的取值:	0分、0.5分、1分	1分、0.5分、0分	0分、0.5分、1分	1分、0.5分、0分	0分、0.5分、1分	1分、0.5分、0分
估计方法:	OLS	OLS	OLS	OLS	OLS	OLS
DARatio	−0.072* (0.047)	0.240*** (0.076)	−0.036 (0.067)	0.128 (0.082)	−0.134*** (0.048)	−0.019 (0.076)
OwnType	0.013 (0.029)	0.017 (0.044)	−0.076* (0.042)	0.076 (0.048)	−0.034 (0.029)	0.097* (0.077)
DirectMob	0.008 (0.033)	0.067 (0.044)	0.019 (0.046)	0.078 (0.057)	0.011 (0.036)	0.097* (0.043)
YearDums	√	√	√	√	√	√
样本量	456	559	444	536	493	545

注:系数估计值下方( )内为稳健标准误。***、**、*分别表示在1%、5%、10%的水平上显著(双尾)。对于是否加入 $Assets_{std}^2$:如果回归能得到因变量与公司总资产之间呈"U"形或"倒U"形关系,则加入;否则,不加入,即,仅保留 $Assets_{std}$ 的一次项。对于是否加入 Age^2,采用与 $Assets_{std}^2$ 类似的处理方法。

(二)"效益质量"类指标

表11-3报告了对"效益质量"类指标上得分的估计结果,采用(11.1)式或(11.2)式的模型。(1)对于综合成本率的"得分"。$Assets_{std}$ 的系数估计值为正向显著,反映出财产险经营的

规模经济性，这已有很多文献的支持。*Age* 的系数估计值为正向显著，*Age*² 的系数估计值为负向显著，反映出经验积累在财产险公司经营前期的重要性。*AutoRatio* 的系数估计值负向显著，说明经营车险业务会降低财产险公司的承保利润水平。*GeoUnits* 的系数估计值负向显著，这应当是由于，财产险公司的地理扩张往往是从经营环境好的地区逐步向经营环境差的地区进行的。综合成本率的"得分"与投资资产占比、资产负债率、所有权性质、董事会变动性之间没有发现显著关系。

（2）对于综合赔付率的"得分"的回归结果与对综合成本率的"得分"的回归结果大体相同，但是，有两点区别。① $Assets^2_{std}$ 的系数估计值不再显著，所以财产险公司的规模经济性主要是由于公司规模的增加降低了平均"费用"而非平均"赔付"；② *GeoUnits* 的系数估计值不再显著，说明各地区不同经营环境对财产险公司"费用"的影响大于对"赔付"的影响。

（3）对于综合投资收益率的"得分"。*AutoRatio* 和 *GeoUnits* 的系数估计值均为正向显著。车险业务赔付率的波动性小于其他主要财产险业务，而经营的地理范围越大，越能通过"共保"效应降低公司的赔付风险，因此，二者与承保风险正相关。在一定的总风险约束（主要由公司资本水平决定）下，公司承保风险越小，越能够投资于高风险、高收益的资产，进而获得更高的综合投资收益率。*InvestRatio* 的系数估计值负向显著，这是由于，投资资金先会投向高收益项目，其他条件不变时，投资资产与综合投资收益率负相关。*OwnType* 的系数估计值为负向显著，说明中资公司比外（合）资公司更重视投资业务或/和有更高的投资收益率。

（4）对于净资产收益率（由"年平均法"计算）的"得分"。$Assets_{std}$ 和 $Assets_{std}^2$ 的系数估计值分别为正向显著和负向显著，故净资产收益率的"得分"与总资产的关系呈"倒 U"形。通过计算，最佳的资产规模出现在总资产取前 87 百分位数，对应到样本中为 306 亿元人民币。不出意料，$AutoRatio$ 和 $OwnType$ 的系数估计值为负向显著，这是由于前者显著提高了综合赔付率，而后者显著降低了综合投资收益率。最后，有效的市场上，盈利和风险之间呈正相关，公司金融领域的研究往往发现净资产收益率（ROE）与资产负债率（或度量财务杠杆的其他指标）显著正相关，而我们发现，$DARatio$ 的系数估计值没有统计显著性。

（5）对于百元保费经营活动净现金流的"得分"。$Assets_{std}^2$、Age、Age^2 和 $AutoRatio$ 的系数估计值与它们在综合成本率的"得分"方程中的系数估计的方向一致，且均是统计显著的，其理由也基本相同。$GeoUnits$ 的系数估计值为正向显著，对此，我们还没有很好的解释，可能财产险公司进行扩张的一个目的就是获得现金流进而直接获利或用于投资，也不排除当前或预期现金获取能力更好的财产险公司更可能去进行地理扩张。$OwnType$ 的系数估计值为负向显著，说明中资公司比外（合）资公司有更好的盈利能力和现金获取能力。

表 11-3 "效益质量"类指标的得分的回归结果

因变量	综合成本率的"得分"	综合赔付率的"得分"	综合投资收益率的"得分"	净资产收益率的"得分"	百元保费经营活动净现金流的"得分"
因变量所基于指标的类型	负向型	负向型	正向型	正向型	正向型
指标"由低到高"变化时，因变量依次的取值	1分、0.5分、0分	1分、0.5分、0分	0分、0.5分、1分	0分、1分	0分、1分
估计方法	OLS	OLS	OLS	Logit（以0分为基准组）	Logit（以0分为基准组）
$Assets_{std}$	0.086*** (0.020)	−0.011 (0.023)	−0.031 (0.023)	0.326*** (0.090)	0.314*** (0.118)
$Assets_{std}^2$				−0.027** (0.013)	
Age	0.025*** (0.007)	0.017** (0.008)		0.006 (0.004)	0.105*** (0.016)
Age^2	−0.001*** (0.000)	−0.000* (0.000)	−0.003 (0.003)		−0.004*** (0.001)
$AutoRatio$	−0.243*** (0.059)	−0.111* (0.065)	0.143** (0.073)	−0.316*** (0.108)	−0.606*** (0.130)
$CeoUnits$	−0.005** (0.002)	0.002 (0.003)	0.006** (0.003)	−0.005 (0.004)	0.010** (0.005)
$CedeRatio$	0.007 (0.073)	−0.103 (0.085)	−0.141 (0.093)	−0.202 (0.155)	−0.081 (0.127)
$InvestRatio$	−0.042 (0.088)	−0.082 (0.098)	−0.603*** (0.110)	−0.203 (0.147)	−0.078 (0.176)
$DARatio$	−0.033 (0.074)	−0.117 (0.082)	−0.147 (0.091)	−0.084 (0.124)	0.039 (0.139)
$OwnType$	−0.259*** (0.044)	−0.035 (0.049)	−0.291*** (0.054)	−0.395*** (0.065)	−0.513*** (0.066)
$DirectMob$	0.072 (0.053)	0.093 (0.059)	0.012 (0.067)	0.026 (0.091)	−0.092 (0.102)
$YearDums$	√	√	√	√	√
样本量	582	582	582	569	582

注：OLS 回归报告系数估计值，二元 Logit 回归报告边际效应估计值。系数估计值下方（ ）内为稳健标准误。***、**、*分别表示在1%、5%、10%的水平上显著（双尾）。对于是否加入：如果回归能得到因变量与公司总资产之间呈"U"形或"倒U"形关系，则加入；否则，不加入，即，仅保留 $Assets_{std}$ 的 1 次项。对于是否加入 Age^2，采用与 $Assets_{std}^2$ 类似的处理方法。

（三）"社会贡献"类指标

表 11-4 报告对"社会贡献"类指标上得分的分析结果，采用（11.2）式的模型。（1）对于风险保障贡献度的"得分"。$Assets_{std}$ 的系数估计值很小也不显著，所以资产规模与保险金额的关系比较弱。Age 的系数估计值为正向显著，这应当是由于：随着公司年龄的增加，公司快速壮大规模的压力变小，加之经验的积累，能更多地开展风险保障类业务而非以获得现金流为主要目标的业务。$GeoUnits$ 的系数估计值为正向显著，反映出，地理分散化通过共保效应降低了公司的承保风险，从而能够承保更多的业务量。$InvestRatio$ 的系数估计值为正向显著，反映出投资业务对承保业务的支撑。$DARatio$ 的系数估值为负向显著，这主要是由于，负债率更低的公司更有能力承担承保风险，如，中国《保险法》规定，"经营财产保险业务的财产险公司当年自留保险费，不得超过其实有资本金加公积金总和的 4 倍"。

（2）对于赔付贡献度的"得分"。不出意料，$Assets_{std}$ 和 $Assets_{std}^2$ 的系数估计值分别为正向显著和负向显著。$CedeRatio$ 的系数估计值为负向显著，这可能是由于分保降低了公司的赔付支出。Age 系数估计值为负向显著，对此，一个可能的解释是，公司经验的积累有助于在实现更多承保的同时更少地赔付。

（3）对于纳税增长率的"得分"。Age 和 Age^2 的系数估计值分别为负向显著和正向显著，故纳税增长率的"得分"与公司年龄的关系呈"U"形，通过计算，"U"形的底部出现在公司年龄约为 5.4 年时。这是一个有意思却不难理解的发现：财产险公司在设立初期的增长潜力大，所以公司年龄从"零"开始逐步增加时,纳税增长率会逐步降低;由于财产险公司往往需要几年才能实现盈利,而亏损的公司不需要缴纳公司所得税,所以当公司年龄增长到一定程度后,再继续增加将会提高纳税增长率。进一步,我们将纳税金额分为流转税额和公司所得税额分别分析,分析结果支持这种推测。*AutoRatio* 的系数估计值为正向显著,这是由于车险业务没有什么税收优惠,而样本期间一些其他财产险业务(如农险、责任险)享受了一些税收优惠。

(4)对于增加值增长率的"得分"。自变量中仅有 *Owntype* 的系数估计值是显著的,反映出中资公司的增加值增长率快于外(合)资公司。

表 11-4 "社会贡献"类指标的得分的回归结果

因变量	风险保障贡献度的"得分"	赔付贡献度的"得分"	纳税增长率的"得分"	增加值增长率的"得分"
因变量所基于指标的类型	正向型	正向型	正向型	正向型
指标"由低到高"变化时,因变量依次的取值	0分、0.3分、0.4分、0.5分	0分、0.3分、0.4分、0.5分	0分、0.3分、0.5分	0分、0.3分、0.5分
估计方法	OLS	OLS	OLS	OLS
$Assets_{std}$	0.002 (0.007)	0.052*** (0.005)	0.001 (0.009)	−0.015 (0.013)
$Assets_{std}^2$		−0.004** (0.001)		
Age	0.007*** (0.001)	−0.005*** (0.001)	−0.014*** (0.003)	−0.001 (0.002)
Age^2		0.000*** (0.000)	0.002*** (0.000)	
$AutoRatio$	−0.025 (0.023)	−0.001 (0.006)	0.065*** (0.025)	0.016 (0.043)

(续表)

因变量	风险保障贡献度的"得分"	赔付贡献度的"得分"	纳税增长率的"得分"	增加值增长率的"得分"
因变量所基于指标的类型	正向型	正向型	正向型	正向型
指标"由低到高"变化时,因变量依次的取值	0分、0.3分、0.4分、0.5分	0分、0.3分、0.4分、0.5分	0分、0.3分、0.5分	0分、0.3分、0.5分
估计方法	OLS	OLS	OLS	OLS
CeoUnits	0.007*** (0.001)	0.0004 (0.002)	−0.000 (0.001)	−0.001 (0.002)
CedeRatio	−0.027 (0.030)	−0.016** (0.008)	−0.045 (0.029)	0.037 (0.062)
InvestRatio	0.108*** (0.035)	−0.014 (0.009)	0.030 (0.038)	−0.063 (0.065)
DARatio	−0.015** (0.008)	0.022 (0.029)	0.014 (0.032)	0.002 (0.054)
OwnType	−0.015 (0.017)	0.006 (0.005)	0.005 (0.019)	−0.095*** (0.032)
DirectMob	0.002 (0.021)	−0.001 (0.006)	−0.010 (0.023)	0.024 (0.041)
YearDums	√	√	√	√
样本量	582	582	582	582

注：系数估计值下方（）内为稳健标准误。***、**、*分别表示在1%、5%、10%的水平上显著（双尾）。对于是否加入$Assets_{std}^2$：如果回归能得到因变量与公司总资产之间呈"U"形或"倒U"形关系，则加入；否则，不加入，即，仅保留$Assets_{std}$的1次项。对于是否加入Age^2，采用与$Assets_{std}^2$类似的处理方法。

五、小结

我们基于《保险公司经营评价指标体系（试行）》，整理了2006—2016年的相关数据，研究财产险公司基本情况、业务特点、财务状况和公司治理等因素与公司在"速度规模"、"效益质量"和"社会贡献"三大类共12个绩效指标上"得分"的关系。我们根据12个绩效指标的性质以及《指标体系》对指标的记分规则，选择了线性回归模型或二元离散选择模型进行经验分析。

本章得到以下关于财产险行业的较为重要的结论。（1）保费增长率和自留保费增长率随着公司资产规模的增加而降低。（2）总资产增长率与总资产水平没有显著关系，这支持Gibrat法则。（3）保费增长率、自留保费增长率和总资产增长率与公司年龄呈"倒U"形关系。（4）更为积极开展投资业务的公司，也会更多地进行承保以获取现金流，能更快地积累资产，有更高的风险保障贡献度，这体现了投资业务对承保业务的促进作用。（5）资产负债率更高的公司有更低的增长率、更低的风险保障贡献度。（6）公司规模扩大降低了费用率而未显著影响赔付率。（7）净资产收益率与总资产的关系呈"倒U"形。（8）各因素对百元保费经营活动净现金流"得分"的影响与它们对综合成本率"得分"的影响非常接近，所以基于会计指标和现金流指标测算的收益差别不大。（9）纳税增长率的"得分"与公司年龄呈"U"形关系。（10）中资公司比外（合）资公司有更快的增长速度、更高的投资收益率、更强盈利能力和现金获取能力。

在研读学习保险公司绩效或竞争力的影响因素的文献的基础上，本章有4个特点。（1）分析了现金流、风险保障、纳税和增加值等方面的绩效指标的影响因素；（2）采用的因变量为指标上的"得分"而不是指标原始值，并据此选择回归模型；（3）自变量中考虑了规模影响的非线性、年龄影响的非线性和董事会变动性；（4）整理了2006年甚至更早时期至2016年的数据，样本量大。

本章也存在着局限性。(1) 选择的自变量并非是财产险公司完全可控的 (此类研究往往如此),所以多大程度上能将本章经验结果中的相关性解读为因果性是见仁见智的;(2) 由于数据所限,本章对公司治理类因素如何影响公司绩效的研究还很不充分。

第十二章
财产保险公司的投资业务与经营效率

一、问题的提出

风险管理和长期储蓄是保险的基本功能,是保险业独立存在的根本价值所在。由于获得保费收入与做出损失赔偿之间存在时间差,保险公司可以利用闲置资金进行投资,实现保险资金的保值增值,因此,投资成为保险的重要功能。在现代保险业中,投资业务和承保业务是难以分离的。效率反映一个决策单位的综合绩效或竞争力,效率研究能够为公司的管理者和股东、行业监管者和宏观政策制定者的决策提供有价值的信息。本章研究投资业务对财产险公司的经营效率产生了何种影响?

关于投资业务的相对重要性,中国保险业自1980年恢复经营之来,无论在理论界还是实务界人士,都很关心这一发展理念上的话题。我们做为观察者,认为存在以下现象。(1)整体而言,将实务界和理论界相比:实务界更重视发展投资业务,更倾向于"承保和投资两条腿走路",希望通过发展投资型保险业务来壮大保费收入和资产规模;理论界则更倾向于强调"风险管理是保险业的根本职能",保险业应当"集中精力做好承保业务"。(2)在实务界和理论界内部,这两种倾向都有支持者。过去更鼓励发展投资业务时，实务界内部的分歧相对小，理论界内部的分歧相对大；近几年，更强调做好承保业务时，实务界内部的分歧相对大，理论界内部的分歧相对小。（3）政策制定者根据所属的领域、层级、所处的产业周期不同，也自然或多或少有不同的倾向。整体而言，非保险部门的政策制定者，相对不支持发展保险的资金融通功能，即使也认为保险资金在稳定资本市场、支持长期建设项目上有优势，能发挥重要作用；保险部门的政策制定者则比较开明，鼓励各类合法有益的创新，但是在保险资金投资收益不佳或投资风险大幅增加时（20世纪90年代初、"次贷"危机爆发后的一两年、近几年来），会更加要求和促使行业进行"保险姓保"、"结构调整"、"回归保障本质"。

在中国保险业复业以来约40年的发展历程中，保险资金运用的监管政策可以划分为"紧、松、紧、缓慢放开、快速放开、重新定位"6个阶段。（1）"紧"：在1987年之前，保险资金只能以协议存款的形式存入商业银行。（2）"松"：1987—1995年，保险资金运用几乎没有任何政策限制，各家保险公司及其分支机构将资金投向了股票、不动产、民间借贷等，形成了大量投资损失。（3）"紧"：1995年《保险法》颁布实施，保险资金运用受到了严格的约束，投资渠道仅限于银行存款、买卖政府债券、金融债券和国务院规定的其他资金运用形式。（4）"缓慢放开"：1998年保险资金被允许参与银行间同业拆借业务，此后陆续被允许购买AA+级以上的政府债券（1999年）、购买证券投资基金（1999年）、购买中央银行票据（2003年）、购买银行次级债（2004年）、直接买卖股票（2004年）、间接投资基础设施建设（2006年）、运用自由外汇或购汇的境外投资（2007年）、投资不动产（2009年）等，但投资于这些渠道的资金都被限制在公司总资产的一定比例内。2009年《保险法》相关条款修改为，"保险资金可以投资银行存款、债券、股票、证券投资基金、不动产及国务院规定的其他形式。"（5）"快速放开"：随着中国金融市场的发展完善和保险机构的逐渐成熟，"次贷"危机高潮过后，监管机构出台了多项措施赋予保险公司更大的投资自由度，保险资金运用管制进入"快速放开"的阶段。2009年2月、2010年2月、2012年7月、2013年1月、2014年1月、2014年10月、2014年12月、2015年7月、2015年9月和2016年7月，保险公司被先后允许投资不动产、参与股指期货交易、委托机构开展定向或专项资产管理、直接开展公募基金管理业务、投资创业板上市公司股票、直接投资优先股、投资创业投资基金、设立保险投资基金、投资私募基金和以更灵活的方式投资基础设施。其中，2014年4月，《保险资金运用管理暂行办法》删除了有关各投资对象比例的具体监管规定，并声明保监会可以根据情况调整保险资金的投资比例限制。（6）"重新定位"：2016年"十三五"规划启动，加之此后的一系列事件，防范化解重大风险和服务实体经济成为中国金融保险业的两个首要目标。保监会于2016年7月发布《保险资金间接投资基础设施项目管理办法》，于2017年1月发布"进一步加强保险资金股票投资监管有关事项"的通知，于2017年4月发布"进一步加强保险监管 维护保险业稳定健康发展"的通知，于2017年4月发布"关于保险资金投资政府和社会资本合作项目有关事项"的通知，于2018年1月发布"关于保险资金设立股权投资计划有关事项"的通知，于2018年1月修订发布《保险资金运用管理办法》，于 2018 年 2 月会同国家外汇管理局发布"关于规范保险机构开展内保外贷业务有关事项"的通知。银保监会于2018年6月发布"关于保险资金参与长租市场有关事项"的通知，于2018年6月发布《金融资产投资公司管理办法(试行)》，于 2018 年 8 月发布"进一步做好信贷工作提升服务实体经济质效"的通知。这些政策均是落实这两个定位尤其是"服务实体经济"定位的体现。

本章首先通过一个理论模型说明投资业务如何影响保险公司经营；然后，基于中国 44 家财产险公司的面板数据，采用对无效率项和随机误差项的假设灵活的 Lee 和 Schmidt（1993）、Ahn、Lee 和 Schimidt（2001）的随机前沿模型，估计了财产险公司的成本效率和利润效率；进而检验了发展投资业务对财产险公司经营效率的影响。本章的研究结果表明：由于范围经济和交叉补贴效应的存在，中国财产险公司发展投资业务显著地正向影响了成本效率；由于投资水平不高且投资比例受限，发展投资业务对财产险公司利润效率影响的方向不确定且不显著。此外，本章采用国际比较的视角，分析了中国财产险业收入中的投资贡献水平及其形成原因。

鲜有国内外文献经验检验了保险公司的投资业务对公司效率的影响，但是有两个领域的已有文献对本章研究有一定的参考意义。（1）一些文献评价了保险公司的投资业务。孙祁祥和 Maxwell（1998）分析了监管者在限制投资还是放松保险业投资上的两难问题。秦振球和俞自由（2003）建立一个保险公司最优投资比例的模型，发现中国保险公司对风险性较高的证券投资基金的投资不足。王建伟和李关政（2008）认为，中国财产险公司的投资渠道受到限制、投资能力也较弱，成为造成保险资金的乘数效应和加速效应无法实现的主要原因，使得财产险公司对经济增长没有产生明显的促进作用。黄薇（2009）基于两阶段 DEA 方法发现，中国保险公司的资金筹集和资金运用的效率都不高，中资和外（合）资保险公司的投资特点不同。李心愉和赵景涛（2014）基于 DEA 方法发现，中资保险公司在投资上的规模效率低于外（合）资公司，但纯技术效率高于外（合）资公司。

（2）研究商业银行业务转型中"非传统业务"——"非利息收入"业务对商业银行经营的影响。如 Clark 和 Siems（2002）对 1992—1997 年美国上市银行的研究发现，非利息收入业务占比对商业银行的成本效率和利润效率不存在显著的影响。Akhigbe 和 McNulty（2003）将样本限制在美国的小型商业银行，发现非利息收入对利润效率存在一定程度的正向影响。Ariff 和 Can（2008）利用 1995—2004 年中国 28 家商业银行的数据，发现非利息收入业务对利润效率存在显著的正向影响，但对成本效率的影响不显著。张健华和王鹏（2009）对 1999—2008 年中国银行业的研究发现，四大国有商业银行的总贷款、总存款和其他收益资产的数值较大，使得收入（尤其是非利息收入）变得相对小，导致整体效率下降。

本章随后部分的结构安排如下：第二节通过一个理论模型说明投资业务在财产险公司经营中的作用；第三节介绍回归模型的设定及估计方法，说明数据；第四节分析回归结果，进行稳健性检验；第五节分析中国财产险业收入中的投资贡献水平及其形成原因；第六节小结本章。

二、机理分析和研究假设

本节基于 Spellman、Witter 和 Rentz（1975）的模型来说明财产险的资金融通功能如何与风险管理与损失补偿功能相互联系，并影响财产险公司的经营成果。假设财产险公司面对的被保险人的风险是同质的，每单位保险产品的损失为 L，L 在 $[0, K]$ 之间服从同样的分布，K 表示每单位保险产品可能发生的最大损失。

（一）风险管理与损失补偿业务

假设每单位保险产品的保费为 P，财产险公司卖出的保单数量为 $Q = Q(P)$，根据需求函数的性质，$Q(P)$ 为的减函数，那么，财产险公司获得的保费收入为 $P \cdot Q$。对于财产险公司来说，开展基本业务的成本包括运营成本和损失补偿成本。假设财产险公司的运营成本（手续费及佣金支出、各项业务及管理费用）是保单数量 Q 的增函数，即 $C = C(Q)$。此项假设的经济含义是：财产险公司的规模越大（保单数量越多），其经营成本越高。令 $\bar{L}$ 表示每单位保险产品的平均损失，β 表示财产险公司每单位保险产品平均损失的期望，则

$$\beta = E\left[\bar{L}|Q(\ )\right] \int_0^{K\bar{J}} \bar{L} \cdot f(\bar{L}|Q(\ )) \tag{12.1}$$

其中，$f(\bar{L}|Q)$ 表示平均损失 $\bar{L}$ 以保险数量 Q 为条件的概率密度函数，则财产险公司的损失补偿成本为 $\beta \cdot Q$。根据上述设定，财产险公司的风险汇聚与损失补偿业务的净利润（π_1）为

$$\pi_1 = P \cdot Q - C(Q) - \beta \cdot Q \tag{12.2}$$

（二）投资业务

由于保费收入和损失赔偿之间存在一定的时间差，财产险公司可以利用闲置资金（包括自有资金）投资。需要注意的是，财产险公司不能将全部保费收入用于投资，公司首先需要支付运营成本，并留存部分收入充当备付准备金。假设财产险公司对每单位保险的保费收入留下 α 的比例做为库存现金，以备补偿被保险人的损失，那么，财产险公司可以用于投资的资金总额为 $P\cdot Q - C(Q) - \alpha \cdot Q + W$，其中，$W$ 表示公司的自有资金（包括资本金、资本公积、未分配利润等）。假设财产险公司可以实现的投资收益率为 i_a，则获得的投资收益为 $i_a \cdot [P \cdot Q - C(Q) - \alpha \cdot Q + W]$。

财产险公司的投资业务同样需要支付成本。如果每单位保险实际发生的损失（L）大于库存现金和自有资金之和（$\alpha + \frac{W}{Q}$），那么保险公司就需要通过强制结算投资资产或者向外部借入资金来赔偿被保险人。假设每单位资金的结算成本或者借入成本为 i_b，$i_b = g(\bar{L} - \alpha - \frac{W}{Q})$，那么每单位保险产品的期望结算成本（借入成本）$B$ 如下：

$$B = \int_{\alpha + \frac{W}{Q}}^{K} i_b(\bar{L} - \alpha - \frac{W}{Q}) \cdot f(\bar{L}|Q) d\bar{L}。 \quad (12.3)$$

基于上述设定，财产险公司投资业务的净利润（π_2）为：

$$\pi_2 = i_a \cdot [P \cdot Q - C(Q) - \alpha \cdot Q + W] - B \cdot Q。 \quad (12.4)$$

最后，财产险公司需要确定每单位保险产品的保费（P）来实现利润最大化，即

$$\max_p \pi = \pi_1 + \pi_2 \quad (12.5)$$

对（12.5）式求一阶偏导，并根据大数定律，当保单数量较大时，β 和 B 趋近于与 Q 无关的常数，因此，$\frac{d\beta}{dQ} \approx 0$，$\frac{dB}{dQ} \approx 0$，那么，可

以得到下式：

$$(1+i_a)(Q \cdot \tfrac{d\beta}{dQ}+P)=(1+i_a)\tfrac{d\beta}{dQ}+B+i_a \cdot \alpha+\beta \quad (12.6)$$

不难看出，等式的左端为边际收入，其中 $Q \cdot \tfrac{d\beta}{dQ}+P$ 表示来自风险汇聚和损失补偿业务的边际收入，$i_a(Q \cdot \tfrac{d\beta}{dQ}+P)$ 表示来自投资业务的边际收入；等式的右端为边际成本，其中，$(1+i_a)\tfrac{d\beta}{dQ}$ 表示日常经营对应的边际成本，B 表示赔付资金不足时对应的边际成本，$i_a \cdot \alpha$ 表示为维持必要的流动性所需要支付的边际成本，β 表示损失补偿对应的边际成本。其中，进一步假设财产险公司面临的需求函数的弹性 [$e(e=\tfrac{dQ/Q}{dP/P})$] 为常数，则最优的保费价格 (P^*) 为：

$$P^*=\tfrac{e}{1+e}(\tfrac{dc}{dQ}+\tfrac{B}{1+i_a}+\tfrac{i_a \cdot \alpha}{1+i_a}+\tfrac{\beta}{1+i_a})。 \quad (12.7)$$

通过上述分析可知，投资业务主要通过两个途径影响财产险公司利润。（1）投资获得的收益是当期利润的一个组成部分，故会直接影响公司利润。其他条件不变时，投资收益越高，公司的利润越高；（2）投资收益的高低会影响承保业务中单位保险产品的最优定价，进而间接影响公司利润。当 $B+\beta-\alpha>0$ 时，公司的投资收益越高，其他条件不变时，公司单位产品的最优保费（P^*）就越低，令产品更具市场竞争力从而卖出更多数量（Q）的保单。（3）投资业务还可以通过影响保单数量（Q）来影响保险公司的运营成本 $C(Q)$。

上述理论模型刻画了财产险公司开展风险汇聚和损失补偿业务以及投资业务的原理，并分析了投资业务影响财产险公司的成本和利润的渠道。下面经验分析发展投资业务对财产险公司成本效率和利润效率的影响。需要说明的是，前文的文字和模型分析适用于财产险公司和人身险公司，而后文将只分析财产险公司。

三、回归设计：模型、变量和数据

（一）效率估计的计量模型

效率反映一家决策单位的综合绩效或竞争力，效率研究能够为公司的管理者和股东、行业监管者和宏观政策制定者的决策提供有价值的信息。在战略管理领域，有学者也认为，在衡量机构的绩效或竞争力上，效率指标比传统财务指标更能体现公司运用资源的能力，具有更深刻的含义（Chen、Delmas and Lieberman，2015）。本章采用随机前沿分析（Stochastic Frontier Analysis，SFA）模型估计财产险公司效率。

假设统一的计量模型为：

$$y_{it}=x'_{it}\beta+\varepsilon_{it}=x'_{it}\beta-u_{it}+v_{it}=x'_{it}\beta-y_t\cdot u_i+v_{it} \quad (12.8)$$

其中，y_{it} 表示财产险公司 i 在时期 t 的实际产出，x_{it} 表示生产中的 K 项投入，$u_{it}>0$ 表示无效率项，v_{it} 表示随机误差项。当 y_{it} 和 x_{it} 都是对数形式时，财产险公司 i 在时期 t 的效率为：

$$TE_{it}=\frac{E[\exp(y_{it})|u_{it},x_{it},t=1,2,\cdots,T]}{E[\exp(y_{it})|u_{it}=0,x_{it},t=1,2,\cdots,T]}=\exp(-u_{it})。 \quad (12.9)$$

从上述定义不难看出，效率衡量的是财产险公司在时期的实际产出与可能达到的最优产出之间的比值。

不同于 Battese 和 Coelli（1992）等被广泛使用的随机前沿估计方法，Lee 和 Schmidt（1993）以及 Ahn、Lee 和 Schimidt

(2001)采用迭代最小二乘法得到效率的估计值[1],不需要对u_i和v_{it}的分布做出假设,同时允许u_i和x_{it}之间存在相关性,所以避免了由于模型误设或者效率与决定产出的投入之间的相关性而导致的估计结果不一致。具体地,令$X_i=(X_{i1},\cdots,X_{iT})$, $Y_i=(Y_{i1},\cdots,Y_{iT})$, $P_\xi=\xi(\xi'\xi)^{-1}\xi'$, $M_\xi=I_T-P_\xi$,其中,$\xi_-=(1,\gamma_2,\cdots,\gamma_T)$,不失一般性地,将标准化为。通过最小化损失函数(12.10)式,可以得到(12.11)式和(12.12)式。

$$LossFunction: \sum_{i=1}^{N}(Y_i-X_i\beta-\xi u_i)'(Y_i-X_i\beta-\xi u_i) \quad (12.10)$$

$$\hat{\beta}=(\sum_{i=1}^{N}X_i'M_\xi X_i)^{-1}(\sum_{i=1}^{N}X_i'M_\xi X_i) \quad (12.11)$$

$$\hat{u}_i=\frac{\xi'(Y_i-X_i\beta)}{\xi'\xi} \quad (12.12)$$

此外,ξ是$\sum_{i=1}^{N}(Y_i-X_i\beta)'(Y_i-X_i\beta)$的最大特征值所对应的特征向量。令$\hat{u}_t=\max(\hat{u}_{it})$,则财产险公司$i$在时期$t$的效率估计为$\exp[-(\hat{u}_{it}-\hat{u}_t)]$。

(二)成本函数和利润函数的设定

对于成本函数和利润函数,本章采用在经验研究中广泛使用的超越对数函数(translog function),该函数形式摆脱了传统生产函数关于可加性和常替代弹性的限制。成本函数的设定如下:

---

[1] 具体地,可以采用固定效应模型或者普通最小二乘法赋予β一个初值,然后得到$\sum_{i=1}^{N}(Y_i-X_i\beta)'(Y_i-X_i\beta)$的最大特征值和$\gamma_t$的估计,进而得到$u_i$的估计,并且更新了$\beta$的估计值;上述过程不断迭代,最终让损失函数趋近于最小值,从而在得到参数β的估计的同时,也得到了效率的估计。

$$\ln\left(\frac{TC}{A}\right)=\alpha_0+\Sigma_{i=1}^{3}\alpha_i\ln(w_i)+\Sigma_{j=1}^{2}\beta_j\ln\left(\frac{Y_j}{A}\right)+\frac{1}{2}\Sigma_{i=1}^{3}\Sigma_{k=1}^{3}\gamma_{ik}\ln(w_i)\ln(w_k)$$
$$+\frac{1}{2}\Sigma_{j=1}^{2}\Sigma_{l=1}^{2}\delta_{jl}\ln\left(\frac{Y_j}{A}\right)\ln\left(\frac{Y_l}{A}\right)+\Sigma_{i=1}^{3}\Sigma_{j=1}^{2}\eta_{ij}\ln(w_i)\ln\left(\frac{Y_j}{A}\right)-u+v$$

(12.13)

其中，TC 表示财产险公司的营业成本，y_j 表示产出数量，w_i 表示投入价格，A 表示资产总额[1]。为了表述方便，将下标 i 和 t 省略。将营业成本和产出数量除以资产总额，从而减少规模差异引起的偏误。对于财产险公司的产出，选择"引致损失"（赔付支出＋准备金增量）和"投资资产"（Cummins and Weiss，2000，2013）。其中，"赔付支出"对应于公司当期支付的赔付，"准备金增量"对应于公司在未来期间增加支付的赔付。

对于财产险公司的投入，我们选择劳动、物料和金融资本3项，对应的投入价格分别设定为：职工薪酬／员工人数、（业务及管理费用－职工薪酬）／固定资产、实际资本／资产总额。其中，"职工薪酬"体现了财产险公司真实发生的用工成本，"实际资本"等于认可资产与认可负债之差，实际资本比所有者权益更能与资本做为"应对非预期损失"这一职能相对应，如，实际资本包括符合一定条件的具有权益性质的次级债、可转债。表12-1报告效率估计中的变量及其衡量方式。

---

[1] 假设某家公司最优化其成本，即 min wz，其中，w 是投入的价格，z 是投入的数量，这家公司面临生产条件 $f(z)>q$ 的限制，其中，$f(z)$ 表示生产函数，q 表示产出的数量。通过最优化，可以得到这家公司的成本函数 $c=c(w,q)$，因此成本函数是产出数量 q 和投入价格 w 的函数。

表12-1 效率估计中的变量及定义

变量名称		变量符号	变量定义	单位
产出项	损失补偿	y_1	赔付支出+准备金增量	千元
	投资	y_2	投资资产=以公允价值计量且其变动计入当期损益的金融资产、买入返售金融资产、贷款、定期存款、可供出售金融资产、持有至到期投资、投资性房地产、长期股权投资	千元
投入项	劳动	x_1	职工人数	人
	物料	x_2	固定资产	千元
	金融资本	x_3	实际资本	千元
投入项价格	劳动	ω_1	职工薪酬（包括职工工资、"五险一金"、工会经费和职工教育经费等）/职工人数	千元/人
	物料	ω_2	（业务及管理费用—职工薪酬）/固定资产	比值
	金融资本	ω_3	实际资本/资产总额	比值
总成本		TC	业务及管理费用	千元
总利润		π	税前利润	千元

根据成本函数的价格齐次性，有 $\Sigma_{i=1}^{3}\alpha_i=1$，$\Sigma_{i=1}^{3}\gamma_{ik}=1$，$\Sigma_{i=1}^{3}\eta_{ij}=0$，根据对称性，有 $\gamma_{ik}=\gamma_{ki}$，$\delta_{jl}=\delta_{lj}$。因此，（12.13）式可以进一步化简为：

$$\ln\left(\frac{TC}{Aw_3}\right)=\alpha_0+\Sigma_{i=1}^{2}\alpha_i\ln\left(\frac{w_i}{w_3}\right)+\Sigma_{j=1}^{2}\beta_j\ln\left(\frac{Y_j}{A}\right)+\frac{1}{2}\gamma_{11}\left[\ln\left(\frac{w_1}{w_3}\right)\right]^2+\gamma_{12}\ln\left(\frac{w_1}{w_3}\right)\ln\left(\frac{w_2}{w_3}\right)+\frac{1}{2}\gamma_{22}\left[\ln\left(\frac{w_2}{w_3}\right)\right]^2+\frac{1}{2}\delta_{11}\left[\ln\left(\frac{Y_1}{A}\right)\right]^2+\delta_{12}\ln\left(\frac{Y_1}{A}\right)\ln\left(\frac{Y_2}{A}\right)+\frac{1}{2}\delta_{22}\left[\ln\left(\frac{Y_2}{A}\right)\right]^2+\Sigma_{i=1}^{2}\Sigma_{j=1}^{2}\eta_{ij}\ln\left(\frac{w_i}{w_3}\right)\ln\left(\frac{Y_j}{A}\right)-u+v$$

（12.14）

对于利润函数，Berger 和 Mester（1997）提出了"标准利润函数"和"替代利润函数"之分，考虑到中国财产险公司服务水平差异较大、竞争程度不高等特征，我们采用替代利润函数形式，即财产险公司在给定产出数量和投入价格的基础上实现利润最大化。用税前利润（π）代替成本函数（12.14）式中的营业成本（TC），得到如下的利润函数估计式：

$$\ln\left(\frac{\pi}{Aw_3}\right) = \alpha_0 + \Sigma_{i=1}^2 \alpha_i \ln\left(\frac{w_i}{w_3}\right) + \Sigma_{j=1}^2 \beta_j \ln\left(\frac{Y_j}{A}\right) + \frac{1}{2}\gamma_{11}[\ln\left(\frac{w_1}{w_3}\right)]^2 +$$
$$\gamma_{12}\ln\left(\frac{w_1}{w_3}\right)\ln\left(\frac{w_2}{w_3}\right) + \frac{1}{2}\gamma_{22}[\ln\left(\frac{w_2}{w_3}\right)]^2 + \frac{1}{2}\delta_{11}[\ln\left(\frac{Y_1}{A}\right)]^2 +$$
$$\delta_{12}\ln\left(\frac{Y_1}{A}\right)\left(\frac{Y_2}{A}\right) + \frac{1}{2}\delta_{22}[\ln\left(\frac{Y_2}{A}\right)]^2 + \Sigma_{i=1}^2\Sigma_{j=1}^2 \eta_{ij}\ln\left(\frac{w_i}{w_3}\right)\ln\left(\frac{Y_j}{A}\right) - u + v$$

（12.15）

需要注意的是，一些财产险公司的税前利润为负，不能取对数。Bos 和 Koetter（2010）提出了"指标变量"，该方法将小于 0 的税前利润 π 替代为 1，同时在利润函数的右边增加一个新的变量——指标变量 Z。对于税前利润为正的观察值，令 $Z=1$；对于税前利润为负的观察值，令 Z 等于税前利润的绝对值。

根据（12.14）式和（12.15）式分别估计财产险公司的成本效率和利润效率，两式的自变量相同，因变量不同的。由于成本最小化是利润最大化的必要条件但不是充要条件，本章同时从成本效率和利润效率两个方面对保险公司的经营情况进行评估是有意义的。

（三）效率的影响因素

当得到成本效率和利润效率的估计值后，我们进一步探究发展资金融通功能对效率的影响。对于效率影响因素的研究，通常有两种做法：一步法和两步法。一步法主要是采用 Battese 和

Coelli（1992）的模型，采用极大似然估计，在得到效率值的同时估计效率的影响因素对应的系数。我们采用两步法估计效率的影响因素，主要原因如下：首先，我们采用 Lee 和 Schmidt（1993）以及 Ahn、Lee 和 Schimidt（2001）的模型解决了由于效率的影响因素与影响产出的投入之间的相关性带来的偏误；其次，我们采用 Papke 和 Wooldridge（1996）的比例因变量模型探究效率的影响因素，它采用拟极大似然估计的方法，避免了极大似然估计由于分布的误设带来的偏误。

在两步法中，OLS 和 Tobit 模型是常见的回归方法，不过，OLS 并没有考虑因变量位于 [0,1] 内；而 Tobit 模型虽然考虑了因变量的受限性，但效率值并不是删失数据（censored data），我们并不能找到其背后的潜变量（latent variable）。根据效率的定义，成本效率（利润效率）是最优成本（实际利润）与实际成本（最优利润）的比值，因此，成本效率和利润效率的估计值属于比例因变量（proportional dependent）（McDonald，2009）。Papke 和 Wooldridge（1996）研究了比例因变量的估计方法。具体地，

$$E(Y_{it}|Z_{it}) = G(Z'_{it}\eta), \quad (12.16)$$

其中，Y_{it} 是效率估计值，Z_{it} 是自变量，$G(\cdot)$ 的取值属于 [0,1]，$G(\cdot)$ 通常设定为 Logistic 函数。Papke 和 Wooldridge（1996）采用拟极大似然方法（QMLE）估计参数 η，其优势在于：只要条件期望的设定是正确的，参数 η 的估计就是一致的。

（四）数据

我们从保险行业协会、《中国保险年鉴》和中国保监会等渠

道收集了中国所有财产险公司，样本是2009—2013年中国44家财产险公司的面板数据[1]。出于可比性的考虑，我们剔除了2009年之后建立的公司以及专业经营农险或者出口信用保险的公司。2013年，这44家财产险公司的保费收入占财产险业保费收入的91.96%，说明样本具有很好的代表性，得出的结论能够比较全面地展示财产险公司的经营情况。

四、投资业务对财产保险公司经营效率的影响

（一）基本回归分析

表12-2报告44家财产险公司2009—2013年成本效率和利润效率的估计结果。可以看出，成本效率的均值为0.1539，利润效率的均值为0.3481。中国财产险公司的成本效率低于利润效率，而在Cummins和Weiss（2000，2013）对国际保险业效率研究的综述中，在同时研究成本效率和利润效率（或收入效率）的17篇文献中，有15篇得到的成本效率高于利润效率（收入效率）。由于成本效率反映财产险公司在成本控制方面的能力，利润效率则同时反映财产险公司最小化成本和最大化收入的能力，本章得到的经验结果可能反映出中国保险市场的两个特点：（1）各家

---

[1] 值得注意的是，对银行业的研究，可以从Bureau van Dijk（BvD）公司的Bankscope数据库获得丰富的财务数据，但是尚无数据库可以提供比较完善的各国保险公司的财务信息（尽管BvD公司建立了ISIS全球保险公司分析库，但样本的缺失程度很严重）。

保险公司普遍重视增加收入，但不少公司，特别是治理能力、经营管理水平比较差的公司，进行控制成本的意识和能力还很弱；（2）中国保险业较高的垄断程度主要体现在产品市场上，例如，2014年按照保费收入和总资产计算的财产险业的CR4（前4家最大的公司份额之和）分别达到66.13%和68.46%，而保险公司在劳动、资金等要素市场上则缺乏市场势力。

表12-2　44家财产险公司的成本效率和利润效率

	观察值	均值	标准差	中位数	25%分位数	75%分位数
成本效率	209	0.1539	0.1880	0.0819	0.0566	0.1688
利润效率	209	0.3481	0.2856	0.2535	0.1124	0.5641

表12-3报告44家财产险公司的成本效率和利润效率在各年的均值情况。成本效率在2009—2013年逐年增加，从0.1406增加到0.1848，利润效率总体上呈下降趋势，从2009年的0.5373降至2013年的0.2515，因此，成本效率和利润效率的差距有收敛的趋势。这可能源于随着时间的推移，财产险公司的跨地域经营程度普遍提高，公司之间的竞争更为充分。

表12-3　成本效率和利润效率随年度的变化

	2009年	2010年	2011年	2012年	2013年
成本效率	0.1406	0.1464	0.1476	0.1485	0.1848
利润效率	0.5373	0.3333	0.2668	0.3770	0.2515

我们采用财产险公司投资收益占营业收入（已赚保费与投资收益之和）的比重（$Invest$）衡量投资业务的发展程度。我们纳

入公司层面和宏观层面的因素做为控制变量。公司规模（Size），使用公司资产总额的对数度量。公司的所有权类型，对于中资公司，Type = 0，对于外（合）资公司，Type = 1。根据《中华人民共和国外资保险公司管理条例》及其实施细则的规定，外（合）资保险公司包括外国保险公司在华设立的子公司和分公司，也包括外（合）资股份占比超过 25% 的合资保险公司。公司经营年限（Age），使用"样本年度" – "公司成立年度"度量。国内生产总值增长率（GDP）、消费价格指数度量的通货膨胀率（CPI）用于控制宏观经济环境的影响。表 12-4 的描述统计显示，Invest 的均值为 7.7%、中位数为 5.5%，中国财产险公司九成以上的收入来自于传统的承保业务。33.5% 的样本为外（合）资公司，66.5% 的样本为中资公司。财产险公司普遍比较年轻，平均经营年限为 9.52 年，还处于初期发展阶段。

表 12-4 效率影响因素的描述性统计

	单位	观察值	均值	标准差	最小值	最大值
Invest	比值	208	0.077	0.079	0.001	0.781
Size	ln（千元）	209	14.879	1.605	12.510	19.335
Type	0 或 1	209	0.335	0.473	0	1
Age	年	209	9.52	3.88	5.08	20.20
GDP	%	5	8.86	1.03	7.70	10.40
CPI	%	5	2.75	1.91	−0.70	5.41

数据来源：各财产险公司年度报告和国家统计局网站。

表 12-5 报告投资业务发展程度对财产险公司效率影响的计量结果，第（1）、（2）、（3）列的因变量为成本效率，第（4）、（5）、（6）列的因变量为利润效率。Invest 对成本效率有显著的正向

影响。以第（3）列的结果为例，其他条件不变时，投资收益在营业收入中的比重提高10个百分点，则成本效率提高约0.025。我们认为，发展投资业务正向影响成本效率有以下原因。

第一，在投入项上的范围经济。财产险公司在承保业务的基础上开展投资业务不需要增加太多投入，投资业务具有分担固定成本的作用。财产险公司开发有吸引力的"投资型"保险产品，既为投资业务获得了资金来源，也降低了产品本身的销售难度和销售费用。对此，计算发现，样本中财产险公司的 $Invest$ 与营业费用率（总费用/营业收入）、人均费用的相关系数分别为0.3117、0.1595，分别在1%和5%的水平上显著，支持我们的推测。

第二，两项产出的交叉补贴、相辅相成。（1）当投资环境好时，财产险公司往往会一定程度地降低费率或放松承保条件以争取业务量，进而获得更多的保费收入用于投资，这可以称为"现金流承保"，其结果是：由于承保业务量的增加和承保条件的降低，财产险公司的赔付总量和赔付率都将增加。对此，计算发现，样本中财产险公司的投资收益率（投资收益/年初和年末平均的投资资产）与赔付率（赔付支出/保费收入）、$Invest$ 增量（当年的 $Invest$ －上年的 $Invest$）的相关系数分别为0.1677、0.3819，分别在5%和1%的水平上显著，支持我们的推测。（2）保险业存在偿付能力监管，偿付能力充足率的计算同时考虑承保业务和投资业务，所以财产险公司在资本充足时，风险承担能力较强，会扩大承保业务量，同时会更多地进行投资或投资于更高收益（更高风险）的资产，因此，造成高的赔付支出与高的投资规模并存。对此，计算发现，样本中财产险公司的资本充足率与下一年赔付支出增长率（下一年的赔付支出/当年的赔付支出－1）、$Invest$

的相关系数分别为 0.2018 和 0.5554，均在 1% 的水平上显著，支持我们的推测。

表 12-5　全样本回归结果

	成本效率			利润效率		
	（1）	（2）	（3）	（4）	（5）	（6）
Invest	0.256* （0.155）	0.220** （0.103）	0.249** （0.107）	0.014 （0.267）	0.200 （0.214）	−0.069 （0.212）
Size		−0.009 （0.006）	−0.010 （0.006）		0.086*** （0.011）	0.085*** （0.010）
Type		0.189*** （0.022）	0.187*** （0.022）		−0.008 （0.048）	−0.015 （0.046）
Age		−0.001 （0.001）	−0.001 （0.001）		−0.014*** （0.004）	−0.014*** （0.004）
GDP			−0.014 （0.010）			0.032** （0.016）
CPI			0.006 （0.006）			−0.047*** （0.008）
拟对数极大似然值	−69.607	−59.686	−59.433	−104.818	−96.154	−92.011
观察值	208	208	208	208	208	208

注：参数估计值为边际效应值，括号内为对应的标准差，估计方法为 Papke 和 Wooldridge（1996），*、** 和 *** 分别表示在 10%、5% 和 1% 的水平上显著。表 12-7 和表 12-8 同。

表 12-5 的第（4）、（5）、（6）列显示，投资收益占比对财产险公司利率效率的影响不显著。主要原因在于，财产险公司的投资收益率较低，难以有效增加利润。表 12-6 报告了 2009—2013 年样本公司平均的投资收益率、中国保险资金（包括财产险和人身险）投资收益率的情况，为了对比，同时列示了年末商业银行 3 年期定期存款基准利率。中国没有公布财产险业和人身险业分开的投资收益率的数据，但由于财产险的负债期限比人身险公司

短很多，财产险业的投资收益率一般会比保险业整体的投资收益率低。

表12-6中可以看出，除2009年外，其他年份的保险公司投资收益率均不理想，样本财产险公司整体投资收益率在2010—2012年甚至低于3年期定期存款基准利率，而全国保险投资收益率在2011年、2012年也低于3年期定期存款基准利率。

表12-6 保险资金投资收益率和银行定期存款基准利率（%）

年度	2009	2010	2011	2012	2013
样本公司整体的投资收益率	4.91	3.63	2.72	3.92	4.73
全国保险资金投资收益率	6.41	4.84	3.49	3.39	5.04
银行3年期定期存款基准利率	3.33	4.15	5	4.25	4.25

数据来源：保险公司年报、《中国保险年鉴》和《中国金融年鉴》。

对于控制变量。（1）规模对成本效率未发现显著影响，对利润效率有显著的正向影响。原因在于，规模对财产险公司成本的正向影响和负向影响相抵后未呈现出成本规模经济或不经济，而规模大的财产险公司可以利用市场势力获得一定的超额收益。在以往研究中，姚树洁、冯根福和韩钟伟（2005）发现，中国大型保险公司比小型公司的生产效率更高，赵桂芹（2009）发现，规模对中国财产险公司的收入效率没有显著影响。（2）外（合）资财产险公司的成本效率显著高于中资财产险公司，不过，中、外（合）资公司的利润效率并无显著差异。这可能是由于，中资财产险公司在产品设计、承保、理赔等多个经营环节的成本控制能力可能弱于外（合）资同行；中资财产险公司比外（合）资同行更加重视扩大保费收入，而更不重视控制成本；中国保险市场上产品的标准化、同质化程度一直偏高，这使得某些外（合）资公司的新型产品难以获得超额收益。（3）经营年限对公司的成本效率没有显著影响，但对公司的利润效率有显著的负向影响，这可能反映出老公司对变化的市场环境的反应相对迟缓，且保险市场退出机制还不健全。（4）GDP 增长率和通货膨胀率（CPI）对利润效率分别有显著的正向和负向影响，与我们的预期相符，反映了宏观经济金融环境的影响。

（二）稳健性检验

为了加强结论的稳健性，我们将样本按照公司规模、所有权类型、经营年限分别分组，进行回归。公司规模、经营年限按照该变量的样本中位数分组，所有权类型按照中资和外（合）资进行分组。表 12-7 中，变量 *Invest* 对成本效率的 6 个边际效应的估计值都为正，其中 4 个结果具有统计显著性；表 12-8 中 *Invest* 对利润效率的 6 个边际效应估计值仍然都不显著。因此，发展投资业务对成本效率有正向影响和对利润效率无显著影响的结论是稳健的。

在控制变量方面，表 12-7 中，公司规模对中资财产险公司成本效率的负向影响变得显著了，可能反映出中资公司较低的成本管理水平。所有权类型对成本效率的影响仍然为正，经营年限除对中资财产险公司有显著的负向影响外，在其余的情形中均不显著。表 12-8 中，公司规模对利润效率的边际效应估计值仍然都为正，且在 3 种情形中显著。经营年限仍然对利润效率存在负向作用。

表12-7 分样本回归结果（成本效率）

	成本效率					
	小型公司	大型公司	中资公司	外（合）资公司	新公司	老公司
Invest	0.420** (0.204)	0.015 (0.028)	0.064*** (0.022)	1.441** (0.628)	0.202 (0.192)	0.202* (0.116)
Size			−0.008*** (0.002)	0.023 (0.053)	−0.028 (0.019)	−0.001 (0.002)
Type	0.256*** (0.036)				0.228*** (0.035)	0.123*** (0.023)
Age	−0.000 (0.004)	−0.000 (0.000)	−0.001* (0.000)	0.000 (0.004)		
GDP	−0.015 (0.020)	−0.011*** (0.002)	−0.011*** (0.003)	−0.006 (0.030)	−0.014 (0.019)	−0.016** (0.007)
CPI	0.008 (0.011)	0.004*** (0.001)	0.004*** (0.001)	0.007 (0.015)	0.006 (0.010)	0.007** (0.003)
拟对数极大似然值	−40.370	−18.927	−26.536	−32.387	−37.023	−22.038
观察值	104	104	138	70	104	104

注：由于所有的大型公司都是内资公司，因此在大型公司的回归中，*Type* 的参数估计值缺失。下表同。

表12-8 分样本回归结果（利润效率）

	利润效率					
	小型公司	大型公司	中资公司	外（合）资公司	新公司	老公司
Invest	0.014 (0.209)	−0.209 (0.299)	0.000 (0.198)	−0.798 (0.872)	0.179 (0.205)	−0.378 (0.333)
Size			0.095*** (0.010)	0.000 (0.054)	0.082*** (0.024)	0.099*** (0.011)
Type	−0.010 (0.040)				−0.052 (0.056)	0.132* (0.085)
Age	−0.012 (0.009)	−0.013*** (0.005)	−0.016*** (0.003)	−0.008 (0.010)		

(续表)

	利润效率					
	小型公司	大型公司	中资公司	外（合）资公司	新公司	老公司
GDP	0.016 (0.024)	0.043* (0.023)	0.034** (0.016)	0.015 (0.035)	0.031 (0.024)	0.038 (0.021)
CPI	−0.043*** (0.011)	−0.055*** (0.012)	−0.049*** (0.009)	−0.037** (0.015)	−0.043*** (0.001)	−0.056*** (0.011)
拟对数极大似然值	−44.146	−50.614	−60.875	−30.642	−46.604	−45.482
观察值	104	104	138	70	104	104

考虑到公司规模为总量型变量，在效率影响因素的估计中可能造成"内生性"问题。我们将保险公司人员数目（取对数）做为公司规模的工具变量，进行表12-5、表12-7和表12-8中的回归，回归结果不改变我们的经验结论。此外，考虑到规模对效率的影响可能存在非线性效应，我们将 $Size$ 的平方项做为成本和利润效率回归方程中的一个控制变量，不过发现其系数估计值并不显著。

五、财产保险公司收入中的投资贡献及原因：国际比较

（一）财产险业收入中的投资贡献

财产险业的收入主要来自承保业务和投资业务，前者基本是"已赚保费"，后者即各类投资业务获得的收益，包括"投资收益"、"公允价值变动收益"、"利息收入"等。通过计算投资收益在营业收入中的比重，能够从收入的角度，描述保险业对投

资业务的依赖程度。

由于中国保险统计中报告的营业收入、投资收益、投资资产等指标并没有区别财产险业和人身险行业，所以我们收集了各家财产险公司的财务数据，通过加总得到行业层面的数据。表12-9报告了中国和OECD（Organization for Economic Co-operation and Development）国家的财产险业的收入构成情况。可以发现，投资业务对中国财产险业的收入贡献明显低于OECD国家[1]。2009—2014年，中国财产险业的投资收益占营业收入比重平均为4.75%，除2014年之外，每一年都在5%以下；而同期OECD国家的平均比重达到了7.99%。

表12-9　中国和OECD国家财产险业投资收益占营业收入比重（%）

	2009—2014年均值	2009年	2010年	2011年	2012年	2013年	2014年
中国	4.75	4.99	4.05	3.58	4.38	4.62	6.87
OECD国家平均	7.99	11.23	7.79	6.06	7.24	7.23	8.70

注：参加统计的OECD国家包括澳大利亚、奥地利、比利时、加拿大、智利、捷克、丹麦、芬兰、爱沙尼亚、法国、德国、希腊、匈牙利、冰岛、以色列、意大利、日本、韩国、卢森堡、墨西哥、荷兰、新西兰、挪威、波兰、斯洛文尼亚、西班牙、瑞典、瑞士、土耳其、英国和美国，共34个。

数据来源：中国各财产险公司年报、OECD Insurance Statistics 2011—2014（http://www.oecd-ilibrary.org/）。

我们又收集了更早一段时期中，一些国家（七国集团成员国）财产险业的收入结构数据。从表12-10可知，在20世纪后五六

---

[1] OECD对各国保险业的投资资产、投资收益、总资产、净资产等数据的披露是从2009年开始的。

年中，这 7 个发达国家的财产险业的投资收益占营业收入的比重都超过了 10%，英国和美国甚至超过了 15%。如果将考察期延伸到 2004 年，即使由于世纪之交的高科技"泡沫"破裂，欧美资本市场受到了一定的影响，该比重有所下降，但除日本外，这些国家的平均比重仍然保持在 10% 以上[1]。因此，中国财产险业投资业务发展程度大幅落后于最发达的几个国家。

表 12-10　七国集团成员国的财产险业投资收益占营业收入的比重

	美国	加拿大	英国	德国	法国	日本	意大利
考察时期	1996—2000	1996—2000	1996—1999	1995—1999	1995—1999	1995—1999	1995—1999
占比	15.82%	14.16%	19.74%	13.57%	13.34%	13.64%	11.03%
	美国	加拿大	英国	德国	法国	日本	意大利
考察时期	1994—2004	1994—2004	1994—2004	1994—2004	1995—2004	1996—2004	数据缺失
占比	13.94%	12.12%	14.38%	13.34%	11.82%	4.49%	

数据来源：Swiss Re.（2001，2006）。

此外，做为一个相关紧密的话题，我们比较了 2009—2014 年中国和 OECD 国家财产险业的承保业务的赔付率（赔付支出/保费收入）和费用率（营业费用/保费收入）（见表 14-11）。赔付率越高，说明保费收入中用于发挥损失补偿功能的赔付支出的占比就越大，而费用、留存收益等部分的占比就越小，可以粗略地认为，保险供给的效率越高（Jametti and Ungern-Sternberg，

---

[1] 日本由于在考察期间债券收益率维持在极低水平，股市在也一直下滑，所以该比重明显低于其他几个发达国家。

2005）。样本期间，中国财产险业的赔付率低于 OECD 国家的平均水平（63.65% 对比 71.49%），说明中国财产险业的承保业务的效率较低；与此对应的是，中国财产险业的费用率高于 OECD 国家的平均水平（34.87% 对比 30.07%）。OECD 国家财产险业能够维持较高的赔付率的主要原因就是：投资业务贡献了较大的收益，分摊了总费用。

表 12-11　中国和 OECD 国家财产险业的承保业务情况（%）

	2009—2013 年均值	2009 年	2010 年	2011 年	2012 年	2013 年	2014 年
赔付率							
中国	63.65	70.23	57.57	60.05	64.21	64.70	65.18
OECD 国家平均	71.49	69.42	74.17	75.53	70.18	69.38	70.25
费用率							
中国	34.87	35.96	33.01	34.72	35.13	34.73	35.67
OECD 国家平均	30.07	25.62	34.50	37.54	32.74	26.56	27.24

注：34 个 OECD 国家见表 12-9 的注释。
数据来源：中国财产险公司年报、http://stats.oecd.org/。

（二）中国财产险公司收入中投资收益占比低的原因

为什么中国财产险业的投资收益占营业收入的比重偏低？通过对该指标的分解［（12.17）式］，得到以下 4 个可能的原因。（1）同样的投资资产获得的投资收益低，即"投资收益率"（Return on Investment，ROI）低。（2）总资产中以投资资金形式运用出去的比重低，即"资金运用率"（Assets Investing Ratio，$AIRatio$）低。（3）已赚保费占净资产的比重高，即"承保杠杆"

（Operating Leverage，*OperLev*）高。（4）净资产占总资产的比重高，即"权益比率"（Equity-to-Asset Ratio，*EARatio*）高。

$$\frac{投资收益}{营业收入} \approx \frac{投资收益}{投资收益+已赚保费}$$

$$= \frac{\left(\dfrac{投资收益}{投资资产} \times \dfrac{投资资产}{总资产}\right)}{\left(\dfrac{投资收益}{投资资产} \times \dfrac{投资资产}{总资产} + \dfrac{已赚保费}{净资产} \times \dfrac{净资产}{总资产}\right)}$$

$$= \frac{ROI \times ATRatio}{ROI \times ATRatio + OperLev \times EARatio} \quad (12.17)$$

根据（12.17）式的分解结果，表12-12中报告了2009—2014年中国和OECD国家财产险公司的几项指标。

第一，中国财产险公司的投资收益率平均为4.33%，高于OECD国家平均的2.18%。由于中国是新兴市场国家，中国的经济增长率和资金回报率自然高于OECD国家，所以我们分析投资收益水平时最好剔除投资环境的影响。我们计算了中国和OECD国家财产险公司投资收益率与短期利率的"比值"和"差值"情况，"比值"和"差值"反映出：中国财产险公司的投资能力要明显弱于OECD国家（1.38对比3.03，0.59%对比1.37%）。需要说明的是，OECD统计的各国（或地区）利率指标包括短期利率、长期利率和活期存款利率，我们选择短期利率是因为：（1）仅有"短期利率"的统计中报告有中国的数据；（2）"短期利率"的计算期间与财产险公司的承保期间更接近。

第二，中国财产险公司的资金运用率在2009—2014年平均为62.38%，低于OECD国家的73.92%。因此，较低的资金运用率也是中国财产险公司营业收入中投资收益占比低于发达国家的重要原因。较低的资金运用率反映了样本期间财产险自身的资金运用意识较差和投资能力不足；此外，监管政策也是重要因素，比如，2010年之后中国财产险公司的资金运用率明显上升即是受益于监管政策的松绑。

第三，2009—2014年，中国财产险公司的承保杠杆平均为2.20，明显高于OECD国家的1.68。承保杠杆是保险公司的经营杠杆，而为了保证保险公司的稳健经营，各国监管当局一般对该比率或类似比率有所要求。如中国1995年、2002年、2009年和2015年的《保险法》分别在第九十八条、第九十九条、第一百零二条和第一百零二条规定，"经营财产保险业务的保险公司当年自留保险费，不得超过其实有资本金加公积金总和的四倍"；又如，在美国保险监管信息系统（Insurance Regulatory Information System，IRIS）中，该比率（称为"Kenney比率"）做为一个用于预测财务状况的变量，被建议不超过2—3（根据经营险种具体确定）。因此，较高的承保杠杆也是中国保险公司营业收入中投资收益占比低于发达国家的原因。从该指标可以发现：其实，中国财产险公司花在承保业务上的"力气"其实是多于发达国家的。

第四，中国财产险公司的权益比率各年差别很小，平均为22.36%，略低于OECD国家的平均值24.66%。因此，权益比率（可近似视为资本充足率）不是中国保险公司营业收入构成中投资收益占比偏低的原因。

最后，较低的资金运用率、较高的承保杠杆和较低的权益比率"并存"是有内在逻辑的。较低的资金运用率造成"资产端"风险较低,较高的承保杠杆造成"负债端"风险较高,较低的权益比率造成"资本端"风险较高[1],三者并存,使得中国财产险公司的整体风险维持在一定的水平(本章没有研究该水平的"合理程度")。

表 12-12 中国和 OECD 国家财产险公司的几项指标

	2009—2014 年均值	2009 年	2010 年	2011 年	2012 年	2013 年	2014 年
投资收益率							
中国	4.49%	4.91%	3.63%	2.72%	3.92%	4.73%	7.04%
OECD 国家平均	2.14%	4.15%	2.20%	1.75%	1.85%	0.92%	1.98%
投资收益率/短期利率							
中国	1.38	3.09	1.38	0.53	0.91	0.95	1.47
OECD 国家平均	3.23	3.37	2.72	1.29	3.25	4.18	4.60
投资收益率−短期利率							
中国	0.59%	3.32%	1.00%	−2.41%	−0.39%	−0.25%	2.25%
OECD 国家平均	1.37%	2.92%	1.39%	0.39%	1.28%	0.70%	1.55%
资金运用率							
中国	62.38%	53.73%	64.04%	65.14%	63.99%	64.61%	68.78%
OECD 国家平均	73.92%	77.71%	72.39%	71.79%	73.10%	73.97%	74.54%
承保杠杆							
中国	2.20	2.09	2.00	1.65	2.70	2.38	2.40
OECD 国家平均	1.68	1.68	1.60	1.95	1.56	1.55	1.71
权益比率							
中国	22.76%	19.24%	19.22%	29.09%	23.40%	22.61%	22.97%
OECD 国家平均	24.66%	23.91%	25.96%	23.28%	23.89%	24.63%	26.30%

注:34 个 OECD 国家见表 12-9 的注释。

数据来源:中国各财产险公司年报、OECD Insurance Statistics 2011—2014(http://www.oecd-ilibrary.org/)、http://stats.oecd.org/。

---

[1] 由于中国金融机构的资本的"质量"高于 OECD 国家,所以权益比率低并不一定说明中国财产险公司资本不足。

六、小结

风险管理与长期储蓄是保险的基本功能，资金融通功能是保险的另一主要功能。车险条款费率市场化和人身险预定利率市场化的一个共同结果是加剧市场竞争，降低保险产品价格。虽然产品价格下降有利于增加销售，但是销售数量上升对盈利的增进难以弥补产品价格下降对盈利的减损，所以承保业务盈利面临更大的压力。

随着中国金融市场的发展完善和保险经营主体的逐渐成熟，"次贷"危机高潮过后，行业监管者接连出台措施扩宽保险公司的投资自由度。在这一背景下，我们研究财产险公司开展投资业务对于成本效率和利润效率产生了何种影响，影响的机理是怎样的？

我们先通过一个理论模型说明财产险公司的投资业务在公司经营中的作用以及影响成本和利润的可能渠道，在此基础上，采用随机前沿模型估计财产险公司的成本效率和利润效率，最后，检验发展投资业务对成本效率和利润效率的影响。经验结果表明：财产险公司的资金融通功能显著地正向影响了成本效率，这主要归因于范围经济和交叉补贴效应；资金融通功能对利润效率的影响方向不确定且不显著，这是由于投资比例受限且投资收益率较低。

中国财产险业中投资业务的发展还不足，这主要归因于：中国财产险业的资金运用率较低，投资收益率（剔除投资环境的影响后）较低，承保杠杆较高。为了发展投资业务，可以采取以下措施：提高投资资金大类配置和具体操作水平，且由于风险与收益正相关，财产险资金运用中可以适当多承担风险；财产险业的投资风险需要与承保风险、资本风险继续统筹考虑。此外，监管层应当逐步放弃投资比例等硬性指标，更多地关注资本监管和偿付能力监管，提高监管的灵活性，并完善市场的退出机制。

　　本章仍有可拓展之处。（1）本章没有分析更为复杂的"资本端"的融资结构问题，没有分析业务结构（收入结构）对保险公司和保险业的"风险"的影响，没有分析寿险业的情况。（2）分析业务结构或收入结构时，保障型业务和投资型业务的"占比"必然是"此消彼长"的。因此，更应当关注：保障型业务和投资型业务在"供给"上有何种范围经济的效果，在"需求"上存在着何种竞争或互补关系。

参考文献

边文龙、王向楠、李冉（2014）：《保险费率市场化效果的解释和评估》，《经济学》（季刊）第 4 期。

边文龙、王向楠（2016）：《中国产险公司的投资业务对经营效率的影响研究》，《财经研究》第 7 期。

别涛、樊新鸿（2007）：《环境污染责任保险制度国际比较研究》，《保险研究》第 8 期。

蔡华、张宁静（2012）：《企业成长的影响因素——基于中国寿险业的实证研究》，《保险研究》第 1 期。

曾海舰、苏冬蔚（2010）：《信贷政策与公司资本结构》，《世界经济》第 8 期。

陈彦斌、陈小亮、陈伟泽（2014）：《利率管制与总需求结构失衡》，《经济研究》第 2 期。

程大友（2008）：《基于变异系数法的财产保险公司绩效评价研究》，《改革与战略》第 2 期。

崔惠贤（2012）：《车险市场价格竞争的博弈分析——基于费率市场化改革背景》，《保险研究》第 6 期。

董志勇（2011）：《费率市场化对车险市场影响的经济学模型分析》，《保险研究》第 5 期。

方蕾、粟芳（2016）：《中国国情下的保险费率监管模式选择及影响分析——来自车险市场的经验证据》，《财经研究》第 4 期。

方颖、赵扬（2011）：《寻找制度的工具变量：估计产权保护对中国经济增长的贡献》,《经济研究》第 5 期。

冯占军、李秀芳(2012):《中国保险企业竞争力研究》,中国财政经济出版社。

高海霞、王学冉(2012):《国际巨灾保险基金运作模式的选择与比较》,《财经科学》第 11 期。

顾海峰、季恺伦(2015):《中国境内保险公司运营绩效评价体系及实证研究——来自保险业 60 家机构的经验证据》,《经济与管理评论》第 2 期。

国家统计局城市社会经济调查司(2017):《中国城市统计年鉴 2017》,中国统计出版社。

胡宏兵、郭金龙(2010):《保险业竞争力测评的理论、方法与实证分析——基于中、日、韩、新四国比较的研究》,《金融评论》第 4 期。

黄枫、张敏(2014):《费率市场化与企业财产保险需求》,《金融研究》第 11 期。

黄浩(2014):《匹配能力、市场规模与电子市场的效率——长尾与搜索的均衡》,《经济研究》第 7 期。

黄薇(2009):《中国保险机构资金运用效率研究——基于资源型两阶段 DEA 模型》,《经济研究》第 8 期。

黄薇(2011):《外资进入对中国保险业效率的影响》,《金融研究》第 3 期。

纪建悦、孔胶胶(2013):《利益相关者关系视角下考虑非期望产出的商业银行效率问题研究》,《中国管理科学》第 6 期。

江生忠、邵全权(2009):《中外资所得税/两税合并的经济效应研究——基于理论分析及来自中国保险业的实践经验》,《山西财经大学学报》第 2 期。

蒋才芳、陈收(2015):《人寿保险市场结构、效率与绩效相关性研究》,《中国软科学》第 2 期。

寇业富、陈辉、张宁、周县华、刘达(2016):《2016 年中国保险公司竞争力与社会责任评价研究报告》,中国财政经济出版社。

李俊江、孙黎(2011):《美国保险市场对外开放的发展及对中国的启示》,《保险研究》第 8 期。

李林子、鲁炜（2003）：《财产保险公司绩效的因子分析》，《管理科学》第 3 期。

李小热（2011）：《中国保险业税收的制度、效应及完善机制探析》，《保险研究》第 1 期。

李心愉、郁智慧（2011）：《我国寿险公司绩效影响因素实证研究》，《商业研究》第 11 期。

李心愉、赵景涛（2014）：《产险资金运用效率与影响因素研究——基于 DEA 模型与面板固定效应模型》，《保险研究》第 10 期。

李秀芳、卞小娇、安超（2013）：《寿险企业成长模型：基于 Gibrat 法则的实证检验》，《保险研究》第 3 期。

李秀芳、冯占军（2013）：《企业篇》，《中国保险业竞争力报告（2012—2013）——转型的艰难起步》，社会科学文献出版社。

林斌（2015）：《商业车险条款费率市场化改革：欧盟、日本的经验与启示》，《南方金融》第 12 期。

刘红岩、高洪忠（2010）：《交强险经营结果影响因素分析》，《统计与决策》第 8 期。

刘璐（2010）：《基于因子分析的中国寿险公司经营效率综合评价》，《数学的实践与认识》第 8 期。

孟生旺（2008）：《交强险的经营结果和费率结构分析》，《统计研究》第 4 期。

孟生旺（2013）：《交强险保费的公平性与保险公司的市场竞争》，《统计研究》第 8 期。

孟生旺、李晔、商月（2011）：《交强险的成本因素分析》，《统计研究》第 6 期。

彭雪梅、黄鑫（2016）：《"营改增"对我国保险业税负的影响——基于大中小保险公司对比研究》，《保险研究》第 3 期。

钱璐、郑少智（2005）：《基于 APH 方法的我国保险公司核心竞争力的综合评价》，《统计与决策》第 9 期。

秦振球、俞自由：（2003）《保险公司投资比例问题研究》，《财经研究》

第 2 期。

邵全权（2011）：《Gibrat 法则是否适用于中国寿险公司——兼论寿险公司规模与成长的影响因素》，《财经研究》第 10 期。

盛天翔、刘春林（2011）：《网络渠道与传统渠道价格差异的竞争分析》，《管理科学》第 3 期。

施建祥、赵正堂（2003）：《保险企业核心竞争力及其评价指标体系研究》，《现代财经》第 8 期。

石兰兰（2016）：《〈2016 亚洲保险公司竞争力研究报告〉正式发布》，中国经济网，2016 年 12 月 9 日，http://district.ce.cn/newarea/hyzx/201612/09/t20161209_18549964.shtml。

孙祁祥、Maxwell, J.（1998）：《论寿险业投资的市场化运作——兼论中国监管者面临的两难选择》，《经济研究》第 12 期。

孙祁祥、何小伟、郑伟（2012）：《"入世"十年外资保险公司的经营战略及评价》，《国际商务——对外经济贸易大学学报》第 5 期。

孙蓉、王超（2013）：《我国保险公司经营绩效综合评价》，《保险研究》第 1 期。

陶启智、李亮、徐阳（2016）：《中国保险公司绩效衡量——基于全面风险管理框架》，《金融论坛》第 9 期。

王成辉、江生忠（2006）：《我国保险业竞争力诊断指标体系及其应用》，《南开经济研究》第 5 期。

王建伟、李关政（2008）：《财产保险对国民经济总量和经济波动性的影响——基于套期保值模型与中国的实证》，《财经研究》第 8 期。

王鹏、周黎安（2006）：《控股股东的控制权、所有权与公司绩效：基于中国上市公司的证据》，《金融研究》第 2 期。

王凯、谢志刚（2014）：《现金流视角下的保险公司偿付能力定义》，《保险研究》第 2 期。

王向楠（2017）：《中国保险费率监管机制的回顾和改革》，《金融监管蓝皮书：中国金融监管报告（2017）》（胡滨、尹振涛、郑联盛编），社科文献出版社。

王向楠（2019）：《互联网普及的价格效应——基于保险市场的数据》，《世界经济文汇》第2期。

王向楠、边文龙（2017）：《市场集中造成了中国财产险的高价格吗？》，《经济科学》第5期。

王向楠、郭金龙（2017）：《我国财产保险公司经营状况分析：2006—2015年》第3期。

王向楠、郭金龙、冯凌（2016）：《"交强险"运行状况分析及机制完善建议——"交强险"十周年回顾》，《保险研究》第9期。

魏华林、洪文婷（2011）：《巨灾风险管理的困境与出路——兼论中、美洪水灾害风险管理差异》，《保险研究》第8期。

魏丽、杨斐滟（2018）：《我国商业车险改革评析》，《保险研究》第5期。

吴德胜、李维安、声誉（2008）：《搜寻成本与网上交易市场均衡》，《经济学》（季刊）第4期。

谢世清（2009）：《巨灾风险管理工具的当代创新研究》，《宏观经济研究》第6期。

熊衍飞、陆军、陈郑（2015）：《资本账户开放与宏观经济波动》，《经济学》（季刊）第4期。

徐国祥、李宇海、王博（2008）：《我国保险公司经营状况综合评价研究》，《统计研究》第4期。

阎建军、崔鹏（2017）：《车险费率市场化改革》，《中国金融》第13期。

杨京钟（2012）：《巨灾保险财税政策的国际经验及中国借鉴》，《中国软科学》第6期。

杨树东、何建敏（2009）：《基于ERM的我国保险公司绩效评估实证分析》，《西安电子科技大学学报（社会科学版）》第11期。

姚树洁、冯根福、韩钟伟（2005）：《中国保险业绩效的实证分析》，《经济研究》第7期。

易观智库（2015）：《中国互联网保险发展模式专题研究报告2015》，北京易观智库网络科技有限公司，http://www.analysys.cn/，2015/12/22。

张川川、陈斌开（2014）：《"社会养老"能否代替"家庭养老"》，《经济研究》第 11 期。

张邯玥、马广军、田高良（2007）：《我国保险公司绩效影响因素的实证研究》，《当代经济科学》第 5 期。

张健华、王鹏（2009）：《中国银行业前沿效率及其影响因素研究——基于随机前沿的距离函数模型》，《金融研究》第 12 期。

张健华、王鹏（2011）：《银行效率及其影响因素研究——基于中、外银行业的跨国比较》，《金融研究》第 5 期。

张宗韬（2016）：《关于后商车费改时代的若干思考》，《上海保险》第 8 期。

赵冬梅（2008）：《电子商务市场价格离散度的收敛分析》，《经济学》（季刊）第 2 期。

赵桂芹（2009）：《我国产险业资本投入绩效及对经营绩效影响的实证分析》，《金融研究》第 12 期。

赵桂芹、周晶晗（2007）：《公司成长与规模是否遵循 Gibrat 法则——对我国非寿险公司的实证检验》，《产业经济研究》第 3 期。

郑苏晋（2010）：《中国保险税制变迁与保险公司税负实证研究》，《管理世界》第 10 期。

中国保险行业协会（2014）：《互联网保险行业发展报告 2014》，中国财政经济出版社。

中国保险行业协会（2015）：《中国机动车辆保险市场发展报告 2014》，中国金融出版社。

中国保监会（2011）：《互联网保险业务监管暂行规定（征求意见稿）》，2011 年 4 月 15 日，http://www.circ.gov.cn/web/site0/tab5208/info162268.htm。

中国保监会（2015）：《互联网保险监管暂行办法》，保监发〔2015〕69 号，2015 年 7 月 22 日，http://www.circ.gov.cn/web/site0/tab5176/info3968308.htm。

中国保险年鉴编委会（1999）：《中国保险年鉴 1999》，中国保险年鉴社。

中国保险年鉴编委会（2017）：《中国保险年鉴 2017》，中国保险年鉴社。

周桦、曾辉（2008）：《中国车损险市场不对称信息存在性的实证分析》，《金融研究》第 4 期。

周华林、王向楠、张文韬（2018）：《车险费率市场化改革的政策效果》，

《经济研究参考》第 14 期。

周晶晗、赵桂芹（2007）：《我国产险公司财务恶化预警研究——基于 Logistic 模型》，《经济科学》第 3 期。

周县华（2010）：《我国交通事故责任强制保险定价研究——来自北京、吉林、内蒙古和山东的经验证据》，《统计研究》第 5 期。

朱晶晶、赵桂芹（2016）：《保险业市场约束：来自消费者需求的证据》，《经济管理》第 5 期。

朱铭来、刘宁馨（2015）：《中国机动车保险市场发展报告 2014》，中国保险行业协会（编）《中国机动车保险市场发展报告 2014》，中国金融出版社，第 197—236 页。

朱南军、张昭蓉（2015）：《我国交强险经营的社会效率与企业效率测算及影响因素分析——基于 2008—2012 年的分省数据》，《保险研究》第 1 期。

朱南军、张昭蓉（2015）：《中国保险公司交强险经营效率测算及影响因素分析——基于企业与社会的视角》，《保险研究》第 11 期。

卓志、丁元昊（2011）：《巨灾风险：可保性与可负担性》，《统计研究》第 9 期。

Adams, M., L. F. Andersson, P. Hardwick and M. Lindmark (2014): "Firm Size and Growth in Sweden's Life Insurance Market Between 1855 and 1947: A Test of Gibrat's Law", *Business History*, Vol. 56, No. 6, pp. 956-974.

Adiel, R. (1996): "Reinsurance and the Management of Regulatory Ratios and Taxes in the Property—Casualty Insurance Industry", *Journal of Accounting and Economics*, Vol. 22, No. 1, pp. 207-240.

Ahn, S. C., Y. H. Lee and P. Schimidt (2001): "GMM Estimation of Linear Panel Data Models with Time-varing Individual Effects", *Journal of Econometrics*, Vol. 101, No. 2, pp. 219-255.

Akhigbe, A. and J. E. McNulty (2003): "The Profit Efficiency of Small US Commercial Banks", *Journal of Banking & Finance*, Vol. 27, No. 2, pp.

307-325.

Arellano, M. and S. Bond (1991): "Some Tests of Specification for Panel Data: Monte Carlo Evidence and an Application to Employment Equations", *Review of Economic Studies*, Vol. 58, No.2, pp. 277-297.

Ariff, M. and L. Can (2008): "Cost and Profit Efficiency of Chinese Banks: A Non-parametric Analysis", *China Economic Review*, Vol. 19, No. 2, pp. 260-273.

Bai, C., Q. Li and M. Ouyang (2014): "Property Taxes and Home Prices: A Tale of Two Cities", *Journal of Econometrics*, Vol. 180, No. 1, pp. 1-15.

Baranoff, E. G., S. Papadopoulos and T. W. Sager (2007): "Capital and Risk Revisited: A Structural Equation Model Approach for Life Insurers", *Journal of Risk and Insurance*, Vol. 74, No. 3, pp. 653-681.

Battese, G. E. and T. J. Coelli (1992): "Frontier Production Functions, Technical Efficiency and Panel Data: With Application to Paddy Farmers in India", *Journal of Productivity Analysis*, Vol. 3, No. 1-2, pp. 153-169.

Baye, M, R., J. Morgan and P. Scholten (2004): "Price Dispersion in the Small and in the Large: Evidence from an Internet Price Comparison Site", *Journal of Industrial Economics*, Vol. 52, No. 4, pp. 463-496.

Baye, M. R., J. Morgan, P. Scholten (2006): "Information, Search, and Price Dispersion", in: Hendershott, T. (Ed.), *Handbook on Economics and Information Systems* (Vol. 1), Amsterdam: Elsevier.

Berger, A. N. and L. J. Mester (1997): "Inside the Black Box: What Explains Differences in the Efficiencies of Financial Institutions?", *Journal of Banking & Finance*, Vol. 21, No. 7, pp. 895-947.

Berry-Stölzle, T. R. and P. Born (2012): "The Effect of Regulation on Insurance Pricing: The Case of Germany", *Journal of Risk and Insurance*, Vol. 79, No. 1, pp. 129-164.

Berry-Stölzle, T. R., R. E. Hoyt and S. Wende (2010): "Successful Business Strategies for Insurers Entering and Growing in Emerging Markets",

Geneva Papers on Risk and Insurance—Issues and Practice, Vol. 35, No. 1, pp. 110-128.

Bikker, J. A. and M. van Leuvensteijn (2008): "Competition and Efficiency in the Dutch Life Insurance Industry", *Applied Economics*, Vol .40, No. 16, pp. 2063-2084.

Bock, G.-W., S-Y. T. Lee and H. Y. Li (2007): "Price Comparison and Price Dispersion: Products and Retailers at Different Internet Maturity Stages", *International Journal of Electronic Commerce*, Vol. 11, No.4, pp. 101-124.

Bos, J. W. and M. Koetter (2011): "Handling Losses in Translog Profit Models", *Applied Economics*, Vol. 43, No. 3, pp. 307-312.

Bresnahan, T. F. (1989): "Empirical Studies in Industries with Market Power" in: Schmalensee, R. and R. D. Willig (eds), *Handbook of Industrial Organization* (Vol. II), Amsterdam: Elsevier Science Publishing.

Brown, J. R. and A. Goolsbee (2002): "Does the Internet Make Markets More Competitive? Evidence from the Life Insurance Industry", *Journal of Political Economy*, Vol. 110, No. 3, pp. 481-507.

Brynjolfsson, E. and M. D. Smith (2000): "Frictionless Commerce? — A Comparison of Internet and Conventional Retailers", *Management Science*, Vol. 46, No. 4, pp. 563-585.

Butler, R. J. (2004): Form Regulation in Commercial Insurance, in: Cummins, J. D. (ed), *Deregulating Property-Liability Insurance: Restoring Competition and Increasing Market Efficiency*, Washington, D.C.: Brookings Institution Press.

Carlin, B., A. Olafsson and M. Pagel (2017): "FinTech Adoption Across Generations: Financial Fitness in the Information Age", NBER Working Paper No. 23798.

Carlson, J. A. and R. P. McAfee (1983): "Discrete Equilibrium Price Dispersion", *Journal of Political Economy*, Vol. 91, No.3, pp. 480-493.

Cavallo, A., B. Neiman and R. Rigobon (2014): "Currency Unions, Product

Introductions, and the Real Exchange Rate", *Quarterly Journal of Economics*, Vol. 129, No. 2, pp. 529-595.

Cavallo, A. (2017): "Are Online and Offline Prices Similar? Evidence from Large Multi-channel Retailers", *American Economic Review*, Vol. 107, No.1, pp. 283-303.

Chen, C. M., M. A. Delmas and M. B. Lieberman (2015): "Production Frontier Methodologies and Efficiency as a Performance Measure in Strategic Management Research", *Strategic Management Journal*, Vol. 36, No. 1, pp. 19-36.

Choi, B. P. (2010): "The US Property and Liability Insurance Industry: Firm Growth, Size, and Age", *Risk Management and Insurance Review*, Vol. 13, No. 2, pp. 207-224.

Clark, J. A. and T. Siems (2002): "X-efficiency in Banking: Looking beyond the Balance Sheet", *Journal of Money Credit & Banking*, Vol. 34, No. 4, pp. 987-1013.

Cole, C. R., S. G. Fier, J. M. Carson and D. Andrews (2015): "The Impact of Insurer Name Changes on the Demand for Insurance", *Journal of Risk and Insurance*, Vol. 82, No. 1, pp. 173-204.

Cummins, J. D. and M. A. Weiss (2000): Analyzing Firm Performance in the Insurance Industry using Frontier Efficiency and Productivity Methods, in: Dionnes, G. (ed) *Handbook of Insurance*, Boston: Kluwer Academic Publishers.

Cummins, J. D. and M. A. Weiss (2013): Analyzing Firm Performance in the Insurance Industry using Frontier Efficiency and Productivity Methods, in: Dionnes, G. (ed) *Handbook of Insurance* (2nd edition), Boston: Kluwer Academic Publishers.

Dafny, L. S., M. Duggan and S. Ramanarayanan (2012): "Paying a Premium on Your Premium? Consolidation in the US Health Insurance Industry", *American Economic Review*, Vol. 102, No. 2, pp. 1161-1185.

Dana, J. D. and E. Orlov (2014): "Internet Penetration and Capacity Utilization in the US Airline Industry", *American Economic Journal: Microeconomics*, Vol. 6, No.4, pp. 106–137.

Diamond, P. A. (1971): "A Model of Price Adjustment", *Journal of Economic Theory*, Vol. 3, No.2, pp. 156–168.

Dybdahl, D. J. and Taylor, R. J. (1996): "Environmental Insurance", *Commercial Liability Insurance and Risk Management CPCU 4*, Vol. 2, 3rd edn, Malvern, PA: American Institute.

Encaoua, D. and A. Jacquemin (1980): "Degree of Monopoly, Indices of Concentration and Threat of Entry", *International Economic Review*, Vol. 21, No.1: 87–105.

Evans, D. S. (1987): "The Relationship between Firm Growth, Size, and Age: Estimates for 100 Manufacturing Industries", *Journal of Industrial Economics*, Vol. 35, No. 4, pp. 567–581.

Evans, W. N., L. M. Froeb and G. J. Werden (1993): "Endogeneity in the Concentration-Price Relationship: Causes, Consequences, and Cures", *Journal of Industrial Economics*, Vol. 41, No.4, pp. 431–438.

Fengler, M. R. and J. K. Winter (2007): "Price Variability and Price Dispersion in a Stable Monetary Environment: Evidence from German Retail Markets", *Managerial and Decision Economics*, Vol. 28, No. 7, pp. 789–801.

Flanigan, G. B. (2002): "A Perspective on General Liability Insurance and the Pollution Hazard: Exposures and Contracts", *Journal of Insurance Regulation*, Vol. 20, No. 3, pp. 296–337.

Forbes, S. W. (1970): "Growth Performances of Nonlife Insurance Companies: 1955–1966", *Journal of Risk and Insurance*, Vol. 37, No. 3, pp. 341–360.

Ghose, A. and Y. Yao (2011): "Using Transaction Prices to Re-examine Price Dispersion in Electronic Markets", *Information Systems Research*, Vol 22,

No.2, pp. 269-288.

Gorodnichenko, Y. and O. Talavera (2017): "Price Setting in Online Markets: Basic Facts, International Comparisons, and Cross-Border Integration", *American Economic Review*, Vol. 107, No. 1, pp. 249-282.

Grace, M. F. and Y. Yuan (2011): "The Effect of Premium Taxation on US Life Insurers", *Journal of Insurance Regulation*, Vol. 30, No. 1, pp. 227-259.

Hardwick, P. and M. Adams (2002): "Firm Size and Growth in the United Kingdom Life Insurance Industry", *Journal of Risk and Insurance*, Vol. 69, No. 4, pp. 577-593.

Harrington, S. E. and K. Epermanis (2006): "Market Discipline in Property/Casualty Insurance: Evidence from Premium Growth Surrounding Changes in Financial Strength Ratings", *Journal of Money, Credit, and Banking*, Vol. 38, No. 6, pp. 1515-1544.

Hay, G. A. and D. Kelley (1974): "An Empirical Survey of Price Fixing Conspiracies", *Journal of Law & Economics*, Vol. 17, No.1, pp. 13-38.

Hopkins, E. (2008): "Price Dispersion", in: Durlauf, S. and L. Blume (Eds), *New Palgrave Dictionary of Economics* (2nd editon), New York: Palgrave MacMillan.

Hsiao, C., H. S. Ching and S. K. Wan (2012): "A Panel Data Approach for Program Evaluation: Measuring the Benefits of Political and Economic Integration of Hong Kong with Mainland China", *Journal of Applied Econometrics*, Vol. 27, No. 5, pp. 705-740.

Hsieh, M. F., C. C. Lee and S. J. Yang (2015): "The Impact of Diversification on Performance in the Insurance Industry: The Roles of Globalisation, Financial Reforms and Global Crisis", *Geneva Papers on Risk and Insurance—Issues and Practice*, Vol. 40, No. 4, pp. 585-631.

Lu, Y., T. Zhou and B. A. Wang (2007): "A Comparison of Prices in Electronic Markets and Traditional Markets of China", *Chinese Economy*,

Vol. 40, No. 5, pp. 67−83.

Jaeger, D. A. and K. Storchmann (2011): "Wine Retail Price Dispersion in the United States: Seaching for Expensive Wines?", *American Economic Review*, Vol. 101, No. 3, pp. 136−141.

Jametti, M. and T. Ungern-Sternberg (2005): "Assessing the Efficiency of an Insurance Provider—A Measurement Error approach", *Geneva Risk and Insurance Review*, Vol. 30, No. 1, pp. 15−34.

Kalirajan, K. P. (1993): "On the Simultaneity between Market Concentration and Profitability: The Case of a Small-Open Developing Country", *International Economic Journal*, Vol. 7, No.1, pp. 31−48.

Kaplan, G. and G. Menzio (2015): "The Morphology of Price Dispersion", *International Economic Review*, Vol. 56, No. 4, pp. 1165−1206.

Kasman, A. and E. Turgutl (2009): "Total Factor Productivity in the Turkish Insurance Industry", *Journal of the Economics of Business*, Vol. 16, No. 2, pp. 239−247.

Lai, G. C. and P. Limpaphayom (2003): "Organizational Structure and Performance: Evidence from the Nonlife Insurance Industry in Japan", *Journal of Risk and Insurance*, Vol. 70, No. 4, pp: 735−757.

Lee, Y. H. and P. A. Schmidt (1993): "Production Frontier Model with Flexible Temporal Variation in Technical Efficiency", in: Fried, H. and K. Lovell (eds), *The Measurement of Productive Efficiency: Techniques and Applications*, New York: Oxford University Press.

McDonald, J. (2009): "Using Least Squares and Tobit in Second Stage DEA Efficiency Analyses", *European Journal of Operational Research*, Vol. 197, No. 2, pp. 792−798.

McDonald, S. and C. Wren, 2016, "Consumer Search Ability, Price Dispersion and the Digital Divide", *Oxford Bulletin of Economics and Statistics*, Vol. 79, No. 2, pp. 1−17.

Nekarda, C. J. and V. A. Rame (2013): "The Cyclical Behavior of the Pricecost Markup", National Bureau of Economic Research Working Paper, No. 19099.

Orlov, E. (2011): "How Does the Internet Influence Price Dispersion? Evidence from the Airline Industry", *Journal of Industrial Economics*, Vol. 59, No. 1, pp. 21-37.

Pan, G., S. S. Chen and T. Chang (2012): "Does Gibrat's Law Hold in the Insurance Industry of China? A Test with Sequential Panel Selection Method", *Panoeconomicus*, Vol. 59, No. 3, pp. 311-324.

Pan, X., B. T. Ratchford and V. Shankar (2002): "Can Price Dispersion in Online Markets Be Explained by Differences in E-tailer Service Quality?", *Journal of the Academy of Marketing Science*, Vol. 30, No. 4, pp. 433-445.

Papke, L. E. and J. M. Wooldridge (1996): "Econometric Method for Fractional Response Variables with an Application to 401(k) Plan Participation Rates", *Journal of Applied Econometrics*, Vol. 11, No. 6, pp. 619-632.

Perloff, J. M. and S. Salop (1985): "Equilibrium with Product Differentiation", *Review of Economic Studies*, Vol. 52, No. 1, pp. 107-120.

Pope, N. (2004): "Deregulation in the Japanese Insurance Market, Sizzle or Fizzle?", *Journal of Insurance Regulation*, Vol. 22, No. 3, pp.19-38.

Pope, N. and Y. L. Ma (2008): "The Market Structure-Performance Relationship in the International Insurance Sector", *Journal of Risk and Insurance*, Vol. 75, No. 4, pp. 947-966.

Property Casualty Insurance Reform Committee (PCIRC) (2006): Florida Hurricane Catastrophe Fund.

Rees, R. and E. Kessner (1999): "Regulation and Efficiency in European Insurance Markets", *Economic Policy*, Vol. 14, No. 29, pp. 363-398.

Schmalensee, R. (1989): "Inter-industry Studies of Structure and Performance", in: Richard, S. and D. W. Robert (eds), *Handbook of*

Industrial Organization (Vol. II), Amsterdam: North-Holland.

Singh, V. and T. Zhu (2008): "Pricing and Market Concentration in Oligopoly Markets", *Marketing Science*, Vol. 27, No. 6, pp. 1020-1035.

Spellman, L. J., R. C. Witt and W. F. Rentz (1975): "Invest Income and Non-life Insurance Pricing", *Journal of Risk and Insurance*, Vol. 42, No. 4, pp. 567-577.

Stahl, D. O. (1989): "Oligopolistic Pricing with Sequential Consumer Search", *American Economic Review*, Vol. 79, No. 4, pp. 700-712.

Stigler, G. J. (1961): "The Economics of Information", *Journal of Political Economy*, Vol. 69, No. 3, pp. 213-225.

Swiss Re. (2001): "Profitability of the Non-life Insurance Industry: It's Back-to-basics Time", *Sigma*, No. 5, pp. 1-38.

Swiss Re. (2006): "Measuring Underwriting Profitability of the Non-life Insurance Industry", *Sigma*, No. 3, pp. 1-36.

Tien, J. J. and S. S. Yang (2014): "The Determinants of Life Insurer's Growth for a Developing Insurance Market: Domestic vs Foreign Insurance Firms", *Geneva Papers on Risk and Insurance-Issues and Practice*, Vol. 39, No. 1, pp. 1-24.

Toivanen, O. and M. Waterson (2005): "Market Structure and Entry: Where's the Beef?", *RAND Journal of Economics*, Vol. 36, No. 3, pp. 680-699.

Trieschmann, J. S. and R. J. Monroe (1972): "Investment Performance of PL Insurers' Common Stock Portfolios", *Journal of Risk & Insurance*, Vol. 39, No. 4, pp. 545-554.

Upretia, V. and M. Adams (2015): "The Strategic Role of Reinsurance in the United Kingdom's (UK) Non-life Insurance Market", *Journal of Banking & Finance*, Vol. 61, pp. 206-219.

Varian, H. R. (1980): "A Model of Sales", *American Economic Review*, Vol. 70, No. 4, pp. 651-659.

Verma, R. (2012): "Can Total Factor Productivity Explain Value Added

Growth in Services?", *Journal of Development Economics*, Vol. 99, No. 1, pp. 163−177.

Weiss, M. A. and B. P. Choi (2008): "State Regulation and the Structure, Conduct, Efficiency and Performance of US Auto Insurers", *Journal of Banking & Finance*, Vol. 32, No.1, pp. 134−156.

Zhang, L., Z. Du, C. Hsiao and H. Yin (2015): "The Macroeconomic Effects of the Canada-US free Trade Agreement on Canada: A Counterfactual Analysis", *World Economy*, Vol. 38, No.5, pp. 878−892.